Sammlung Metzler
Band 331

Christian Schärf

Der Roman im 20. Jahrhundert

Verlag J.B. Metzler Stuttgart · Weimar

Der Autor:

Christian Schärf, geb. 1960; Hochschuldozent am Deutschen Institut der Universität Mainz; Buchveröffentlichungen zur Theorie der modernen Prosa, zur Geschichte des Essays und zu Franz Kafka. Bei J.B. Metzler ist erschienen: *Goethes Ästhetik. Eine Genealogie der Schrift.* 1994.

Die Deutsche Bibliothek – CIP-Einheitsaufnahme

Schärf, Christian:
Der Roman im 20. Jahrhundert / Christian Schärf.
– Stuttgart ; Weimar : Metzler, 2001
   (Sammlung Metzler ; Bd. 331)
   ISBN 3–476–10331–5

Gedruckt auf chlorfrei gebleichtem, säurefreiem und alterungsbeständigem Papier

SM 331
ISBN 3-476-10331-5
ISSN 0558 3667

© 2001 J.B. Metzlersche Verlagsbuchhandlung
und Carl Ernst Poeschel Verlag GmbH in Stuttgart
www.metzlerverlag.de
info@metzlerverlag.de
Einbandgestaltung: Willy Löffelhardt
Satz: Johanna Boy, Brennberg
Druck und Bindung: Franz Spiegel Buch GmbH, Ulm
Printed in Germany
April/2001

Verlag J.B. Metzler Stuttgart · Weimar

Inhalt

Einleitung

Im Zeitalter der Bildmedien erscheint der Roman als Relikt einer Neuzeit, die sich nicht zuletzt durch die Verbreitung des Buchdrucks von den literarisch-kommunikativen Gegebenheiten des Mittelalters abzusetzen wusste. Der Roman in seiner vielschichtigen Erscheinungsweise war zunächst ein Vehikel, später dann mythischer Zielpunkt dieses Aufbruchs. Er konstituierte sich bei Cervantes dadurch, dass dieser in der humoristischen Auseinandersetzung mit den mittelalterlichen Ritterepen und ihren populären Nachfolgeformen die erzählerischen Mittel schuf, um eine sich ständig erneuernde Welt und ihren Menschentypus darzustellen. Die Geschichte des Romans seit dem späten 16. Jahrhundert geht einher mit der Geschichte des Ausbaus der Schriftmedien zu Knotenpunkten aller Kulturvollzüge. In der Produktion und der Rezeption von Romanen wird dieser Umbau zugleich vorgezeichnet und eingeübt.

So kam es, dass man in der Romantik dem Roman die Potenz einer geschichtsphilosophisch eminenten Wirksamkeit zusprechen wollte. Mit dem Roman glaubte man, sich die Welt als ganze aneignen zu können, sofern man das geistige Prinzip, das diese Ganzheit organisiert, erzählerisch umzusetzen wüsste. Hier fällt zum ersten Mal das den modernen Roman bestimmende Schlüsselwort von der ›Totalität‹, das die Romantiker in den Mittelpunkt stellten und das durch Hegels Ästhetik zu unvergleichbarer Prominenz gelangen sollte. Es ist das Signum einer geschichtsphilosophischen Hauptrolle, die man der noch nicht von jedermann als Kunstform akzeptierten Gattung zuzuschreiben gedachte und deren Variationen bis ins 20. Jahrhundert wirksam sind.

Die hegelianischen Ästhetiker, im 20. Jahrhundert allen voran Georg Lukács, die dem Roman diese Rolle unbeirrt zuwiesen, übersahen den Graben, der zwischen einem Sprachwerk und der empirisch-sozialen Wirklichkeit liegt, mit der Blindheit der Ideologen. Ihr Konzept von Totalität beruhte auf einem naiven Glauben an einen notwendigen inneren Bezug zwischen den Zeichen und den Dingen und konnte nur noch durch ideologisches Dekret als Poetik des Romans verordnet werden. Die moderne Kritik an der Sprache, von Hofmannsthal über Nietzsche, de Saussure bis hin zu Wittgenstein, hatte diesen Glauben längst entzaubert. Das war am Roman

nicht spurlos vorbeigegangen. Dennoch ließen seine Autoren nach
1900 die Idee einer Totalität, die sich durch das Romanwerk müsse
repräsentieren lassen, nicht fallen. Daran änderten auch andere wissenschaftliche und philosophische Errungenschaften der Epoche
nichts, die ausnahmslos auf die Relativierung von repräsentationellen Ganzheiten abgezielt waren. Wie sich zeigt, lebte der Roman
von der Vorstellung, es ließe sich so etwas wie das Ganze des Lebens
erzählerisch umsetzen. Dieter Wellershoff schreibt zu Beginn seines
Überblicks über die Geschichte des neuzeitlichen Romans: »Die
Vorstellung, ein totales Panorama des menschlichen Lebens zu entwerfen, ist eine heimliche Utopie der Romanautoren. Sie scheint aus
der Universalität und Flexibilität ihres Mediums wie eine sublime
Versuchung oder ein Größenwahn hervorzugehen.« (Wellershoff
1988, S. 15).

Wellershoff benennt zwei wesentliche Momente, Universalität
und Flexibilität. Sie prädestinieren den Roman in seiner niemals
festzulegenden Gestalt zum Passepartout aller Formintentionen. Der
Roman überlebt auch noch den Zusammenbruch der realistischen
Illusion, zwischen der Wirklichkeit und der Sprache existiere ein Re-
ferenzband, das ihm exklusiv zugänglich sei. Dabei muss er die aus
dieser Illusion gespeiste Anmaßung, er bringe die Totalität des Lebens zur Darstellung, nicht aufgeben. Im Gegenteil, die Anmaßung
wird nur noch größer und steigert sich ins Ungeheuerliche. Denn
am anderen Ende der Skala, die in Wellershoffs Bemerkung aufscheint, stehen nicht zufällig die Begriffe ›Versuchung‹ und ›Größenwahn‹. Sie gehören dem Unternehmen Roman genauso an wie
Universalität und Flexibilität, sie sind gleichsam ihre Komplemen-
tärteilchen.

Der Roman im 20. Jahrhundert ist demnach die Geschichte einer literarischen Form, die so flexibel ist, dass sie auch unter den er-
kenntnistheoretischen Bedingungen des Relativismus den Anspruch
auf Universalität und damit Totalität aufrecht zu erhalten vermag.
Gerade darin aber zeigt sich die andere Seite dieser Geschichte, der
Größenwahn, oder, erzähltheoretisch ausgedrückt, die Neigung zur
Herstellung von hybriden Konstruktionen. Denn im Relativismus
gibt es keine Ganzheit mehr, auch keine erzählerisch inszenierte.
Dass die Autoren und Autorinnen in zum Teil hochartifiziellen
Projekten sich dennoch auf dieses Abenteuer eingelassen haben,
liegt in nicht unwesentlichem Maße an jener ›Versuchung‹, die
den Modernen suggeriert, gerade der Perspektivismus und die Relativität aller Werte und Zusammenhänge erfordere als Kunstform
den Roman.

Der **Zentralaspekt der Totalität** kann nach vielerlei Richtungen gedeutet werden. Das reicht von den Varianten der Widerspiegelungstheorie bis hin zu einem spirituellen Begriff von ›Wahrheit‹, den etwa Franz Kafka seinem Schreiben zugrunde legt. Die Spannweite geht von raffiniert umgeformten Realismuskonzepten wie beim frühen Thomas Mann über die Einrichtung einer in sich geschlossenen Erinnerungswelt wie bei Marcel Proust bis hin zu unabschließbaren Utopieentwürfen wie in Robert Musils *Mann ohne Eigenschaften*. Vor allem aber reicht sie bis in die Negation von Totalität, die sich im Medium ihrer Repräsentation, im Roman also, zu vollziehen habe.

Ein Großteil der nachfolgend ins Blickfeld kommenden Autoren und Autorinnen arbeiten im Roman an der Aufsprengung jener Materie, die die Substanz des neuzeitlichen Romans bildet, und befinden sich damit noch immer im Anspruchshorizont von Totalität. Doch zeigt sich auch schon dort, wo es offensichtlich um die Wiedergabe von Wirklichkeit geht, ein Zug zur Dezentrierung der Mittel, mit denen diese Idee umzusetzen wäre. Das Phänomen der Dezentrierung der Gestaltungsmittel aber liegt schon in der per se regellosen Konstitution der Gattung selbst begründet. Da es keine zentrale Gattungsbestimmung gibt, ist die Praxis des Romans immer ein exzentrischer Akt, in dem idealiter alle denkbaren Stilmittel und Elemente anderer Gattungen produktiv einfließen können. Im 20. Jahrhundert wächst sich dieser Zug zur absoluten Freiheit des Stils, der Strukturierung und der Wahl der ästhetischen Mittel aus. Die Exzentrizität des Romans wird jetzt zur Garantie seiner ästhetischen Vorrangstellung, die sich als eine historische Sonderstellung entpuppt. Der Reiz des Romans, der ihn nun über andere im 19. Jahrhundert vielleicht noch beliebtere Erzählformen wie etwa die Novelle hinaushebt, besteht in der suggestiven Kontamination eines Totalentwurfs des Lebens bei gleichzeitig völliger Freiheit der dafür einzusetzenden Mittel. Deshalb steht das zentrale Kapitel der vorliegenden Darstellung unter der Überschrift »Totalität und Dezentrierung«.

Der Glaube an die Konzepte des Realismus und des Naturalismus zerfällt in kurzer Zeit. Schon um 1900 ist ein wohlabgewogener Realismus im Stile Theodor Fontanes kein Thema mehr. Mit Thomas Mann und seinem Erstlingsroman *Buddenbrooks* (1901) wird der Roman zum Forum eines radikalen ästhetischen Anliegens. Die Darstellung der Wirklichkeit kann nicht mehr durch Abbildung ihrer Komponenten geschehen, sondern soll allein im Medium des Kunstwerks erfolgen. Das scheint auf den ersten Blick keine Spezifizierung gegenüber den Entwürfen des poetischen Realismus und des Naturalismus darzustellen. Jedoch der Begriff des Kunstwerks ist jetzt ein anderer (dazu vgl. Rothenberg 1969; Hillebrand 1993; Schärf 1999b).

An Thomas Manns Anfängen wird besonders deutlich, wie die Auseinandersetzung mit romantisch-idealistischen Denktraditionen, die noch der poetische Realismus in Deutschland pflegte, einer im höchsten Maße identifikativen Abarbeitung an den Vorgaben Schopenhauers, Nietzsches und vor allem Richard Wagners weichen musste. Die *Buddenbrooks* verschmelzen Realismus und Ästhetizismus zu einer spezifischen Schreibweise, die aufs Engste mit den literarischen Möglichkeiten und den Strategien des ›großen Autors‹ Thomas Mann verknüpft waren, also keineswegs schulbildend im Sinne einer Realismus-Doktrin sein sollten.

Das wird sich im weiteren Verlauf von Thomas Manns Schaffen immer deutlicher erweisen. Von Anfang an gehören im Roman des 20. Jahrhunderts die alten ästhetischen Schulen und Epochenbildungen der Vergangenheit an. Jeder schreibt für sich allein, mit der ihm eigenen idiosynkratischen Vorgabe und mit dem irreduziblen Risiko einer vollständigen Rückhaltlosigkeit. Das ist nach 1900 nicht mehr nur ein Stilphänomen, sondern berührt und durchdringt den gesamten Komplex der Modernität, eben die Relativierung und Perspektivierung aller Realitätsmomente.

Da Sprache und Welt keine gemeinsame Basis haben, auf der sie substantiell eine Einheit bilden können, tritt ein Moment auf, das der späte Wittgenstein zur Grundlage aller sprachlichen Akte erklärt hat, **das Spiel**. Die Welt wird nicht mehr repräsentiert von der Sprache, sondern im Spiel der Sprache – bei Wittgenstein gleichbedeutend mit dem Gebrauch der Sprache – evoziert. Darin liegt ein für die ästhetische Moderne charakteristischer Sprung in eine genuin moderne Artistik des Erzählens, die in Namen wie James Joyce oder Virginia Woolf ihre herausragenden Vertreter hat. Die Bedeutung von Joyce für den hier zu beschreibenden Kontext ist deshalb unvergleichlich, weil bei ihm praktisch alle erzählerischen Neuerungen in einen Roman ineinander fließen, der als solcher die typologischen Koordinaten des Romans der Neuzeit hinter sich gelassen hat. Dennoch bringt er keine neue Richtung hervor, sondern storniert gleichsam die Geschichte des Romans im permanenten Selbstverweis. Jede Lektüre des *Ulysses* führt immer wieder auf den Text selbst zurück. Der Text tilgt jedes wie auch immer vorstellbare Entwicklungskontinuum des Romans, in das er sich einfügen ließe. Und doch steht er historisch an einer bestimmten Stelle, auch innerhalb der Romangeschichte. Mit dem *Ulysses* vollzieht sich ein entscheidender paradigmatischer Wechsel. Wir fragen jetzt nicht mehr danach, was dieser Roman an Wirklichkeit repräsentiert, da die einzige Wirklichkeit, die er noch zur Disposition stellt, die des Textes selbst ist. In das für den Leser unerschöpfliche Sprachwerk sind alle Momente dessen eingegangen, was einmal im Rahmen der Repräsentation von Wirklichkeit ›Totalität‹ hieß. Diese kann es jetzt nur noch in der Sprache geben, wo sie sich zugleich entzieht, weil die Sprache des Romans nichts anderes als eine unausschöpfbar variable Verweisungsfunktion auf wiederum Sprache ist. So ist das Konzept der Totalität restlos zu einem Produkt der totalen Dezentrierung der erzählerischen und damit sprachlichen Mittel geworden.

Joyce hat den Roman an seine äußerste Grenze geführt. Aber auch nach ihm wurden und werden Romane geschrieben. Interessant ist in diesem Zusammenhang die Rolle des so genannten Anti-Romans. Er nimmt auf den traditionellen Roman wie auf die Idee ›Roman‹ überhaupt Bezug, indem er sich zu ihm in radikale Opposition stellt und prätendiert, mit dem Roman sei es notwendigerweise und unwiderruflich zu Ende. Das steht in einer ähnlich paradoxen Konstellation zur Geschichte der Gattung wie das Anliegen der Vertreter des *Nouveau Roman*, den Roman durch gerade jene Mittel zu erneuern, die sich seiner gesamten neuzeitlichen Traditionslinie explizit widersetzen.

Es fragt sich, was das für Texte sind, die sich nach Joyce, nach Kafka und nach Beckett noch ›Roman‹ nennen. Immer wieder wird von der Literaturkritik auf das Kriterium der so genannten ›Weiterführung‹ verwiesen, Weiterführung des Realismus, Weiterführung der Destruktion alter Erzählformen, Weiterführung des inneren Monologs. Demgegenüber steht die Persiflage auf alles, was weiterzuführen wäre. Mit dieser Konstellation tauchen wir mitten in die zweite Hälfte des 20. Jahrhunderts ein, einer Zeit, in der statistisch gesehen mehr Romane geschrieben und verlegt werden als jemals zuvor, in der aber zugleich der Roman als Erzählform seine Möglichkeiten längst ausgeschöpft zu haben scheint. Nicht zufällig nehmen die artistisch interessanteren Produkte dieser Phase einen unverhohlen parodierenden oder persiflierenden Bezug zu ihrem eigenen Genre auf (dazu vgl. Kap. 3.1.1; 3.1.2; 3.2.1). Totalität wird jetzt als Anspruch und in der Durchführung überzeichnet und mithin selbst zur letztmöglichen Form der Dezentrierung. Wir treten damit in die so genannte Postmoderne ein. Die Spannung von Totalität und Dezentrierung verflüchtigt sich dahin gehend, dass der Roman eine Metaposition zu sich selbst und zu seiner Geschichte einnimmt (dazu Kap. 3).

Am Genre ›Roman‹ zeigt sich besonders deutlich, dass die Postmoderne eine entwicklungsgeschichtliche Einbahnstraße darstellt, in der die experimentellen Möglichkeiten der Moderne bis zum Überdruss durchgespielt und dann fallen gelassen werden. Nur wenige Romanprojekte der Postmoderne weisen einen neuen Weg. Eine Ausnahme dürfte zweifellos das Werk des französischen Schriftstellers Georges Perec *Das Leben. Gebrauchsanweisung* (*La vie mode d'emploi*) von 1978 bilden. Es versammelt praktisch alle bekannten und vorstellbaren Schreibweisen des Romans und des Erzählens und könnte durchaus als Steinbruch zu neuen ästhetischen Projektionen dienen.

Im letzten Teilkapitel dieses Buches wird die Frage gestellt, was eigentlich nach der Postmoderne, die nun immerhin seit mehr als zehn Jahren der Geschichte angehört, gekommen ist. Was bedeutet es heute, ein Buch ›Roman‹ zu nennen? Es wäre unsinnig, im Roman noch so etwas wie eine letzte Bastion der Gutenberg-Ära erblicken zu wollen, die von unerschrockenen Kämpfern verteidigt wird. Hierin spiegelte sich die Situation Don Quijotes, der aufgrund einer anachronistischen medialen Disposition – der ausschließlichen Lektüre von Ritterromanen – selbst zu einer anachronistischen und damit irrsinnigen Gestalt wird.

Heutige Romane sind **Produkte der Medienindustrie** und gehorchen deren Gesetzen von Präsentation und Vermarktung. Sie bilden nicht mehr die Wirklichkeit ab und auch nicht mehr sich selbst, sie generieren kein Konzept von Totalität mehr, sondern arbeiten daran, im Roman eine Bildlichkeit zu erzeugen, die der Bildlichkeit virtueller Welten entspricht und in Analogie zu dieser virtuellen Bilderwelt rezipiert werden kann. Das betrifft nicht so sehr bestimmte individuelle Schreibweisen als vielmehr das gesamte System von Produktion und Rezeption. Allein die Prätention einer realistischen Schreibweise, die viele Gegenwartsromane noch oder wieder präsentieren, ist nur in der Vermittlung über bestimmte Simulationsformen von Wirklichkeit als Realismus zu verstehen. Die total medialisierte Wirklichkeit macht das Erzählen überflüssig, da die Medienindustrie selbst täglich und stündlich nichts anderes tut, als die Welt zu erzählen. In diesem Zusammenhang wäre der Romanautor/die Romanautorin tatsächlich ein hoffnungsloses Relikt, entstünde nicht unmittelbar die Möglichkeit, realistisches Erzählen selbst als intelligentes Arrangement von unterhaltsamen Versatzstücken zu rezipieren. Da diese Entwicklung aus der Struktur und der Geschichte des Romans herausgewachsen ist und sich seit über zwanzig Jahren vorbereitet hat, gehört sie zu einer Darstellung des

Romans im 20. Jahrhundert zweifellos dazu. Die Geschichte dieses fast vollständigen Wandels einer metaphysischen Ästhetik zu einer von den meisten Autoren wie von den Lesern affirmierten Warenästhetik in der Literatur der vergangenen dreißig Jahre ist noch nicht geschrieben, obgleich die theoretischen Möglichkeiten dazu vorhanden wären (vgl. dazu kulturkritisch Strauß 1999; medienphilosophisch Flusser 1998, Hartmann 2000; als Überblick: Von der Stimme zum Internet 1999).

Selbstorganisation der Gattung

Der russische Literaturwissenschaftler Michail Bachtin (1895-1975), von dem im Folgenden noch öfter die Rede sein wird, schreibt in seiner bedeutenden Studie *Epos und Roman*:

»Der Roman ist das einzige im Werden begriffene und noch nicht fertige Genre. Die genrebildenden Kräfte agieren vor unseren Augen: Die Geburt und das Werden des Romangenres vollziehen sich in der vollen Taghelle der Geschichte. [...] Historisch wirksam sind nur einzelne seiner Muster, nicht aber ein Genrekanon als solcher. Die Erforschung der anderen Genres ist dem Studium toter Sprachen vergleichbar, die Erforschung des Romans hingegen dem Studium lebender Sprachen, die überdies noch jung sind.« (Bachtin 1989, S. 210f.).

Der so zu skizzierende prozessuale Charakter des Romans gerade im 20. Jahrhundert erschwert die Bildung von differenzierenden Kategorien erheblich. Das kommt insbesondere darin zum Ausdruck, dass fast alle Romanprojekte und Werkunternehmungen ingeniöse Setzungen eines Autors oder einer Autorin sind. Es soll aber vermieden werden, eine Art Aufzählungskatalog des Romanschaffens im 20. Jahrhundert zu erstellen. Der Versuch, bestimmte Tendenzen projektiver, intentionaler und experimenteller Art als solche zu erfassen, kann nur gelingen, wenn man sie mit einem bestimmten Autor in Zusammenhang setzt, der eine bestimmte Tendenz in besonderem Maße vorangetrieben hat. So erst kann es zur Herausbildung von Grundzügen und strukturell charakteristischen Kategorien kommen. Auch das betont schon Bachtin. Der Roman ist nicht geprägt von der Normativität eines Gattungskonzeptes, sondern von einer, aufs Ganze hin gesehen, **anarchischen Energie der Selbstorganisation**, die der Experimentierlust einzelner Subjekte und der spezifischen Iterarität bestimmter Projekte untersteht. Entsprechend muss die Balance zwischen einer Autorenpoetik, die hier nicht im

Vordergrund stehen soll, und einer Epochenbeschreibung, die ohne die jeweils einzelne Autorenpoetik nicht auskommt, gefunden werden.

Dies deutet darauf hin, dass wir es beim Roman überhaupt, noch mehr aber angesichts des Romans im 20. Jahrhundert nicht mit einer Gattung im aristotelischen Sinn des Wortes zu tun haben. Entsprechend kann es nicht darum gehen, Gattungsmerkmale aufzuspüren und darzulegen. Der für das 20. Jahrhundert hinsichtlich des Romans besonders untaugliche Begriff der literarischen Gattung wird nachfolgend ersetzt durch den von Gérard Genette exponierten Begriff der **Architextualität**. Dabei handelt es sich um die in einem Text verwirklichte oder suggerierte Gattungszugehörigkeit, die vom Text selbst nicht unbedingt geklärt oder auch nur benannt werden muss (vgl. Genette 1993, S. 13f.; ausführlich: Genette 1979).

Der Begriff soll hier in Anwendung auf den modernen Roman noch erweitert werden. Er soll das Phänomen einer stets virulenten Gattungsidentität bezeichnen, deren einzig sicheres Merkmal die permanente Metamorphose ist. Jeder der betrachteten Texte ist ein Roman, doch erfüllt keiner ein Gattungskonzept ›Roman‹, weil es dieses Konzept als normative Messlatte nie gegeben hat und nicht geben kann.

Diese Sachlage lässt sich auch daran erkennen, dass die Produktion von Romanen nicht erst seit der Romantik von dem exzessiven Bemühen um eine Romanpoetik oder eine Romantheorie flankiert war. Die Forschung der letzten Jahrzehnte hat diese Phänomene und Zusammenhänge umfassend aufgearbeitet (vgl. Deutsche Romantheorien 1968; Hillebrand 1993; Bauer 1997). Teilweise hat sich die Romantheorie zu einer selbständigen wissenschaftlichen Disziplin ausgewachsen, die anhand des Konzepts ›Roman‹ bestimmte semiologische und erkenntnistheoretische Aspekte durchspielt. Andererseits wird inzwischen für eine theoriefreie Auseinandersetzung mit der Geschichte des Romans im Sinne eines Lustlesens geworben (vgl. Vollmann 1997). So ist nicht zu übersehen, dass sich der Komplex ›Roman und Romanforschung‹ in viele eigenständige Richtungen ausdifferenziert hat, die sich nicht unbedingt ergänzen müssen.

Im Folgenden geht es um die Phänomenalität des Romans im 20. Jahrhundert, nicht um seine Theorie. Phänomenalität meint zunächst nichts anderes als eine Sichtung der Bestände, verbunden mit dem Versuch einer ordnenden Beschreibung der dabei gewonnenen Sachlage. Es geht ausdrücklich nicht um eine Phänomenologie des Romans. Denn das würde voraussetzen, dass man den Roman im 20. Jahrhundert glaubt systematisch voll erfassen zu können. Es zeigt sich aber, dass wir in einen Kontinent vorstoßen, der nur scheinbar gut erforscht ist und der kein homogenisierbares Landschaftsbild erkennen lässt. Ein Kontinent, der aus lauter höchst unterschiedlich geformten Inseln besteht. Weniger poetisch ausgedrückt: ein literarisches Phänomen, das sich im Sinne einer multikausalen Prozessualität in ständiger Bewegung befindet. Im modernen Roman hat sich die gesamte Problematik der Epoche abgelagert. Das betrifft die politischen wie die wissenschaftlich-künstlerischen und die philosophischen Umwälzungen gleichermaßen. Der Roman schien über lange Zeit im 20. Jahrhundert das Medium zu sein, in dem sich das Subjekt mit seiner Zeit glaubte produktiv auseinandersetzen zu können und in das es seine Entwürfe eingespeichert hat. Deshalb geht es in der vorliegenden Darstellung nicht nur um die Geschichte einer Form oder einer Gattung, sondern in erster Linie um die Geschichte einer Utopie.

Aufbau der Darstellung

Im Folgenden ist das Zusammenspiel von Totalität und Dezentrierung auf möglichst differenzierte Art und Weise zu beleuchten, um es in seiner jeweils eigenständigen Ausformung zu begreifen. Dabei treten vier Grundformen der Umsetzung in der Vordergrund. Zunächst rücken solche Romane ins Blickfeld, die das Prinzip der Darstellung von Wirklichkeit voll aufrechterhalten und dies unter der Prämisse des Romans als Kunstwerk zu realisieren versuchen. In den Kapiteln 2.2 und 2.3 geht es um die Destruktion und um die Dekonstruktion des Romans vom Inneren seiner Strukturen, also vom erzählerischen Aufbau, von der intentionalen Ausrichtung, der ästhetischen Stilmittel und der sprachlichen Basis her. Eine andere dekonstruktive Variante lässt sich im so genannten Anti-Roman erblicken, um den es in Kapitel 2.4 geht. Es wäre dies eine Destruktion des Intentionsgebäudes von Totalität und Dezentrierung von außen her. Im *Nouveau Roman* kommt es dann zu einer eigentümlichen Verschmelzung von inneren und äußeren Dekonstruktionsmechanismen. Bei alldem ist zu betonen, dass der Begriffshorizont des ›Dekonstruktivismus‹ keineswegs ausreicht, um die Phänomene einer substantiellen Umwandlung des Romans im 20. Jahrhundert zu erhellen.

Die Metaposition des postmodernen Romans suggeriert die Auflösung dieses gesamten Bedeutungs- und Aktionsfeldes und repräsentiert gleichzeitig ihren Zerfall. Der Roman verliert nach und nach seine utopische Grundierung im Zentrum moderner Medialität und wird zu einem Kulturangebot neben vielen anderen. Der postmoderne Roman spielt mit den Torsi des Modernen und braucht letztlich alle Potentiale der Modernität im persiflierenden Spiel auf.

Die Darstellung legt einen Schwerpunkt auf die deutsche Literatur, will aber den internationalen Kontext soweit wie möglich berücksichtigen. Hierbei muss betont werden, dass die wesentlichen Phänomene des Romans im 20. Jahrhundert keine nationale Identität exponieren; vielmehr ist die Entwicklung des modernen Romans von Anfang an ein internationales Phänomen. **Internationalität** ist ein wichtiges Moment der Architextualität des Romans im 20. Jahrhundert. Kann man noch im 19. Jahrhundert von so genannten nationalen Sonderwegen sprechen, so wird diese Sichtweise im 20. Jahrhundert von Beginn an hinfällig.

Selbstverständlich bedingt ein Vorgehen unter diesen Voraussetzungen, dass auf viele einzelne Vertreter des Romans nicht eingegangen werden kann. Dies ist nicht zuletzt durch die Absicht bedingt, einen Überblick über die Phänomenalität des Romans im 20. Jahrhundert zu erarbeiten. Ein Vorhaben, das sich aus vielen Gründen als schwierig erweist; einer davon ist die unüberschaubare Fülle der Romanproduktion in allen Literaturen auf allen Kontinenten. Der Blickpunkt, von dem ich ausgehe, soll weder postulativ universalistisch noch ethnozentrisch im Sinne der Priorität der europäischamerikanischen Literaturen sein. Er muss jedoch einen bestimmten Fokus wählen und statuieren, ohne den das Thema auseinander fließen würde. Eine andere Schwierigkeit besteht in der unikaten Bedeutung einzelner Projekte für die Strukturierung des Ganzen. Die Problematik des Realismus-Syndroms um die Jahrhundertwende ist anhand der *Buddenbrooks* allein besser zu beschreiben als unter Hinzuziehung einer Masse anderer, ebenfalls unter der Leitidee des Realismus anzusehenden Produkte. Die Balance zwischen der Intensivierung der Fragestellungen, die sich aus einzelnen eminenten Texten ergibt, und der Fülle der Romanproduktion soll dennoch bis zu einem gewissen Grad gehalten werden.

1. Zur Architextualität des modernen Romans

Die Architextualität (Genette) des Romans im 20. Jahrhundert umfasst die Merkmale, die dazu beitragen, dass wir einen Roman als solchen erkennen, ohne doch über normative oder poetologisch über das einzelne Werk hinausweisende Kategorien zu verfügen. Seit der Roman in der Romantik in eine geschichtsphilosophisch exponierte Stellung rückt, tritt der Streit um seine Theorie und Poetik ins Zentrum der ästhetischen Diskussion. An diesem von Friedrich Schlegel bis in die Gegenwart unvermindert anhaltenden Diskurs erweist sich die Tatsache, dass gerade das Fehlen feststehender Kategorien deren Beschwörung provoziert. Dies, zumal der Roman nicht nur eine poetologisch immanente Problematik zeigt, sondern in der von ihm repräsentierten Offenheit der geschichtsphilosophische Schlüssel zu einer progressistischen Erschließung der Moderne erblickt werden kann. Friedrich Schlegels Projekt einer *progressiven Universalpoesie* (1799) birgt in seinem Kern eine Poetik des Romans. Das bedeutet, die Architextualität des modernen Romans liegt im Schnittpunkt von gattungsanaloger Poetik und einem Utopismus der permanenten Progression der ästhetischen Formen im Medium der Geschichte.

Erst der Blick auf diese in jeder Hinsicht herausgehobene Stellung des Romans während des 19. und zu Beginn des 20. Jahrhunderts ermöglicht eine umfassende Beurteilung seiner weiteren Entwicklung. Denn der Roman ist nicht nur aus geschichtsphilosophischer Perspektive die Projektionsfläche einer Versöhnung von historischer Progression und ästhetischer Anschauung. Er bildet auch in seiner spezifischen Medialität das hervorstechende **Signum kommunikativer Modernität**. Walter Benjamin bringt diese Tatsache auf den einfachsten Begriff, wenn er schreibt: »Was den Roman von der Erzählung (und vom Epischen im engeren Sinne) trennt, ist sein wesentliches Angewiesensein auf das Buch. Die Ausbreitung des Romans wird erst mit der Erfindung der Buchdruckerkunst möglich.« (Benjamin 1977, S. 389).

Diese mediale Disposition erreicht im 19. Jahrhundert ihren Höhepunkt. Balzacs Werkfolge der *Comédie humaine* umgreift annähernd das gesamte Wissen über eine Gesellschaft im Wandel und überträgt deren Repräsentationsformen auf die mimetische Praxis des Romans. Balzac beschreibt sukzessive die Ablösung der alten Adelsgesellschaft und ihrer Reproduktionsweisen durch das Bürgertum mit seiner spezifischen Wirtschaftsform des sich entwickelnden Kapitalismus und den von seinen Anforderungen bedingten sozialen Umgangsformen. Dadurch erreicht Balzac als erster Romanschriftsteller die produktive Kontamination von Universalität und Modernität auf einer sozialempirischen Ebene. Noch gegen Ende des 19. Jahrhunderts wird Friedrich Engels Balzacs Projekt als die eigentlich herausragende Leistung des Romans überhaupt rühmen und sie nicht zuletzt in ihrer politischen Bedeutsamkeit über die naturalistischen Schilderungen eines Émile Zola stellen (vgl. Romantheorie 1975, S. 30f.).

Vom Standpunkt des Sozialrevolutionärs aus urteilt Engels ganz konsequent. Nirgendwo anders als bei Balzac treten gesellschaftlicher Universalismus und die Prozessualität des historischen Wandels in solch totalisierender Art und Weise noch einmal vor Augen. Doch nach Balzac beginnt erst die Problematik des modernen Romans im engeren Sinne. Er verliert seine Funktion der sozialempirischen Universalschilderung und rückt in den Rang eines autonomen Kunstwerks. Es ist diese bei Gustave Flaubert erreichte Stellung, die Hermann Broch mit dem Ausdruck des »Intensiv-Romans« belegt hat (Broch 1975, S. 245). Flaubert bringt den Roman in eine Position, in der die Universalität der extensiven Darstellung in die mythische Totalität einer intensiven Durcharbeitung umschlagen soll. Der Mimesis-Begriff des Realismus verändert seine Struktur. Er modifiziert sich von einer Inszenierung des sozialen Raumes zur Evokation der mythischen Realität des Kunstwerks. Mit Flaubert erreicht der Roman jenen Kunstanspruch, der ihm bis weit ins 20. Jahrhundert hinein, wenn auch in jeweils veränderter Form, erhalten bleiben soll. Broch fasst zusammen, was das bedeutet: »Kurzum, der Roman jagt mit unzulänglichen Mitteln, nämlich denen des Naturalismus, einem unerreichbaren Ziel nach, nämlich dem mythischen.« (ebd., S. 131).

1.1 Vom Epos zum Intensiv-Roman

Obgleich der Roman mit dem Epos eine enge Verwandtschaft aufweist, kann man doch nicht von einer linearen Entwicklungsgeschichte sprechen, die vom Epos zum Roman führt. Schon in der Spätantike tritt der Roman zu einem Zeitpunkt auf, da der künstlerische Anspruch, den das alte Epos noch unreflektiert und unausgesprochen transportiert hatte, in die Dekadenz geraten war. Für die Romane, die nach dem ersten Jahrhundert neuer Zeitrechnung entstanden sind, gilt, was für das Aufkommen des Romans in der Neuzeit auch gilt: »Der Roman entwickelt sich in Adäquation zur Unüberschaubarkeit der Daseinsverflechtungen – das Leben wird auch im Medium der Kunst zu einem Abenteuer, das weder metrisch noch aktmäßig sich ordnen läßt.« (Hillebrand 1993, S. 17).

Demgegenüber steht die in sich geschlossene und geordnete Welt des Epos seit Homer. Immer wieder wurde versucht, die Bedeutung des Romans an der des Epos zu messen. Solange dies geschah, konnte sich der Roman nicht gegenüber anderen Kunstformen als gleichwertig etablieren. Erst das 19. Jahrhundert gelangte dahin, im Roman eine Kunstform zu sehen, nun aber die für das Zeitbewusstsein herausragende und schlechthin gültige. Dadurch verändern sich alle für den Roman bis dahin zutreffenden Koordinaten.

Flauberts Romanpoetik ist gleichbedeutend mit einer Privatreligion, in der der Künstler als einziges, einsames Subjekt der Totalität seiner Epoche auf dem Wege ästhetischer Produktivität inne werden kann. Broch bemerkt dazu:

»Die Herstellung eines Romans wurde zu einem viele Jahre währenden neurotischen Kampf, gewissermaßen zu einem Perfektionismus der Totalität, d. h. einem beinahe glaubenshaft mythischen Bemühen um ein sprachliches Ausdrucksgebilde, das durch die Präzision und Ökonomie seiner Darstellungsmittel, durch die präziseste Wortwahl, durch präziseste Architektonik in Inhalt und Form, durch eine präzise Symbolik im Psychologischen und sogar im Klanglichen das dem Roman vorgeschriebene Totalbild des Lebens zu erreichen trachtet.« (Broch 1975, S. 245).

Im Horizont einer buchstäblich religiös überhöhten Kunstpraxis geht es um einen »Perfektionismus der Totalität«, der alles andere repräsentiert als die Geschlossenheit der Welt des alten Epos. Wenn Hegel den Roman als die »moderne bürgerliche Epopöe« (Hegel 1954, S. 395) bezeichnet, dann deutet die Verwendung des schon zu Hegels Zeiten veralteten Ausdrucks »Epopöe« auf das Konzept eines entgrenzten Epos, in dem sich alle gattungsbildenden Momente in ihr Gegenteil verkehrt haben, nicht zuletzt auch die hermetische Ganzheit des Welthorizonts. Was also im modernen Roman ›Totalität‹ meint, ist keineswegs parallelisierbar mit dieser Geschlossenheit des Horizontes, sondern versteht sich explizit als künstlerische Intensität. Es liegt am Künstler und den von ihm eingesetzten ästhetischen Mitteln, ob aus einer längeren Erzählung in Prosa der mythische Eindruck aufsteigt, hier werde die intensive Totalität der Epoche zur Darstellung gebracht. Zwar beschränkt sich dieser Anspruch im umfassenden produktiven Sinne auf Flaubert selbst, doch bleibt ›Totalität‹ als absolute Messlatte artistischer Praxis im Medium des Romans auch ferner bestehen.

Daneben ist zu beachten, dass Flauberts quasireligiöse Arbeit am Roman nichts anderes hervorbringt als eine Travestie des Epischen. Denn bei allem mythischen Anspruch ist es doch die auf die Vielfalt der Erscheinungen sich öffnende Sicht des Romanciers, die überhaupt erst den Roman initiiert. Diese Disposition setzt sich deutlich gegenüber der das Epos prägenden Geschlossenheit des Bewusstseinshorizonts als eines Welthorizonts innerhalb einer überschaubaren sozialen Gruppe ab, als deren Sprachrohr der mythische Sänger fungiert. **Totalität als Anspruch** und **Travestie des Epischen** sind die beiden Grundkomponenten, unter denen der moderne Roman auftritt. Die Notwendigkeit, auf die Kontingenz der realen Welt und die Progressivität ihrer Geschichtlichkeit einzugehen, konvergiert mit der Intensivierung der künstlerischen Mittel auf ein mythisches Ziel hin.

Darin liegt die schon von Hermann Broch hervorgehobene Paradoxie des modernen Romans an der Schwelle zum 20. Jahrhundert. Die Kontingenz des Weltstoffs und der Mythos der Kunst gehen eine von Anfang an gespannte Verbindung ein. Unter dieser Voraussetzung gibt sich der moderne Roman immer deutlicher als reines Kunstprodukt zu erkennen. Das im Roman praktizierte Erzählen kommt weder organisch aus dem Fundus eines Volkes, noch verbindet es sich mit irgendeiner Form von Gemeinschaftserleben in der Rezeption. Einen Roman zu schreiben heißt, sich bewusst über einen langen Zeitraum hin zu isolieren, um ein kulturelles Artefakt zu erzeugen, dessen Anspruch äußerstenfalls darin besteht, den intensiven Eindruck mythischer Totalität zu leisten. Einen Roman zu lesen bedeutet, sich bewusst aus dem aktiven Leben abzusondern, um sich einer langwierigen einsamen Lektüre hinzugeben, ohne sagen zu können, welchem persönlichen oder gesellschaftlichem Zweck diese Übung dienen möge. Romanelesen ist prinzipiell ein Akt purer Zweckfreiheit. Durch sie hindurch aber scheint das Versprechen einer Intensivierung des Bezugs von Denken und Wirklichkeit, der für den neuzeitlichen Menschen zu einer niemals abgeschlossenen Aufgabe geworden ist. Je größer die Kluft zwischen den dissoziativen Tendenzen der Wahrnehmung und den Möglichkeiten ihrer jeweils individuellen kognitiven Verarbeitung wird, desto stärker tendiert der Roman in die Richtung des Flaubert'schen »Intensiv-

Romans«. Der verloren gegangene operationale Bezug zwischen Ich und Realität wird durch einen prätendierten ästhetischen Bezug ersetzt.

Der moderne Roman ist in Produktion und Rezeption ein totales Artefakt, das idealiter dazu dienen kann, zwischen den atomisierten Subjekten Brücken zu schlagen. Um diese Brücken allerdings zu bauen und um sie zu finden, bedarf es zuvor der Absonderung des Einzelnen von der Gemeinschaft. So spiegelt sich im modernen Roman als medialer Realität die sozialpsychologische Wirklichkeit des modernen Menschen: »Die Geburtskammer des Romans ist das Individuum in seiner Einsamkeit, das sich über seine wichtigsten Anliegen nicht mehr exemplarisch auszusprechen vermag, selbst unberaten ist und keinen Rat geben kann. Einen Roman schreiben heißt, in der Darstellung des menschlichen Lebens das Inkommensurable auf die Spitze treiben.« (Benjamin 1977, S. 389).

Die Einsamkeit des Romanciers und seiner potentiellen Leser ist die Ausgangslage für die Stilisierung des Romanschaffens zu einer mythischen Weihe. Nicht in der im Unvordenklichen wurzelnden Verbundenheit des Sängers mit seinen Zuhörern liegt die Tiefendimension der erzählten Ganzheit; vielmehr wird mit Flaubert das kulturelle Artefakt selbst zum Mythos erhoben, in dem künstlerische Intensität die kommunikative Struktur des Epischen ersetzen soll. Das ist der Spannungsbogen, der **vom antiken Epos zum Intensiv-Roman der Moderne** führt. In dieser Spannung liegen alle weiteren Metamorphosen des Romans begründet, denen wir im 20. Jahrhundert begegnen. Die Kluft zwischen der mythischen Totalität des Kunstwerks und der Kontingenz des Stoffes, die den modernen Roman seit Flaubert auszeichnet, treibt eine zuvor nie gekannte experimentelle Vielfalt hervor.

Vor diesem Hintergrund erscheint die von Michail Bachtin vorgestellte Genealogie von Epos und Roman zu kurz zu greifen (vgl. Bachtin 1989). Der Roman entwickelt sich nicht direkt aus dem Epos heraus, weil die historisch veränderte Situation zu einer Pluralisierung der Sprachen und ihrer spielerischen wechselseitigen Verschaltung geführt hätte. Vielmehr entsteht der Roman – und vor allem der moderne Roman – in der akribischen Umkehrung aller einzelner Faktoren, die das Epos einstmals ausgezeichnet hatten. Damit ist der moderne Roman nicht in erster Linie – wie für Bachtin – eine plurale und dialogische Ausdifferenzierung des Epos, sondern bereits auch schon seine Travestie.

Die Gestalt des Don Quijote steht symbolisch für diese Entwicklung ein. Er verkörpert den Typus des neuzeitlichen Menschen, dem die Lektüre von Ritterromanen keine echte kommunikative Ordnung mehr bringt, sondern ihn in die totale Selbstbezüglichkeit der Phantasie führt. **Der kognitive Horizont des Romans** ist kommunikationslos und unabschließbar, das lehrt das Beispiel, das uns Cervantes im *Don Quijote* gibt. Er ist die Parodie seiner selbst, als solche aber alternativlos. Don Quijote ist zum Glauben an die in Romanen dargebotenen Welten auf tragikomische Weise verurteilt. (vgl. Schärf 1999b; S. 46 ff.)

James Joyce hat diese historische Tendenz, die im Roman immer virulent war, in die manifeste Tat umgesetzt, als er seinen Roman *Ulysses* als Totaltravestie auf die *Odyssee* des Homer konzipiert hat. Gerade im *Ulysses* treten Totalität als mythisches Konzept und die parodistische Unterminierung dieses Konzepts in einen undurchdringlichen Zusammenhang. In dieser Kontamination offenbart sich die Architextualität des Romans im 20. Jahrhundert mit aller Deutlichkeit. Aus dem Fetischkunstwerk eines Flaubert ist ein Produkt geworden, dessen travestiver und parodistischer Charakter sich nicht nur auf die Tradition des alten Epos bezieht, sondern durch diese Bezugnahme hindurch zu einer eigenen Konstituierung von Totalität als Entwurf sprachspielerischer Prozesse gelangt.

1.2   Diskursivierung, Perspektivismus und Modernität

In der **Spannung zwischen mythischer Totalität und stofflicher Kontingenz** wird Erzählen zum Problem. Dies folgt nicht erst aus der sozialpsychologischen Disposition des Romans nach 1850. Es ist vielmehr eine typologische Konstante des Romans seit Cervantes, dass nicht mehr im organischen Verbund mit der sozialen Umwelt erzählt wird, sondern dass die Erzählsituation eine künstlich herbeigeführte und durch nichts zu beglaubigende ist. Zwischen dem Romancier und seinen Lesern gibt es kein Band der Selbstverständlichkeiten und keinen Vorschuss an Glaubwürdigkeit, auf die sich eine Erzählung berufen könnte. Schon Don Quijote war der aus allen Bezügen durch einen idiotischen Individualismus herausgefallene »Ritter von der traurigen Gestalt«.

Dieses Bild steht für praktisch alle Romanfiguren seither. Es sind Gestalten, die ihren Weg in einer undurchschaubaren Welt suchen und die zumeist daran scheitern, weil in der Undurchschaubarkeit eben kein Weg gefunden werden kann. Man mag angesichts dieser Behauptung über den Schluss von Goethes *Wilhelm Meisters Lehr-*

jahre in Streit geraten. Fest steht jedoch, dass das ganze Erlösungstheater um Wilhelm mit Natalie und der Turmgesellschaft durch und durch ironisch von Goethe inszeniert worden ist. Es bezeichnet die Umkehr solchen Scheiterns in einer ironisch gebrochenen Metarealität.

Bis weit ins 19. Jahrhundert hinein gilt: »Die Biographik der Individualität war das Sinnmuster des Romans« (Žmegač 1990, S. 264). Der Höhepunkt dieser Tendenz ist sicherlich mit dem *Wilhelm Meister* erreicht. Danach wird Individualität als Romanstoff ebenso fraglich wie das Erzählen selbst. Der moderne Roman verliert im 19. Jahrhundert nach und nach seine inhaltlichen wie formalen Konstanten. Das Individuum büßt im Verlauf einer gesellschaftlichen Entwicklung, die den Funktionsgrad des ökonomischen Systems rückhaltlos an die Stelle des ingeniösen Einzelnen setzt, immer mehr an Bedeutung ein. Wer den alten, in der Geschichte des Romans abgelagerten Totalitätsanspruch auch noch im 20. Jahrhundert ungebrochen aufrechterhalten wollte, musste sich weiterhin auf die hervorstechende Bedeutung des Individuums und seines inneren Lebens berufen. Es galt das Symptomatische am Besonderen als das Signum des Allgemeinen durchsichtig werden zu lassen. Im Nachbeten Hegel'scher Theoriefetzen wurden solche und ähnliche Vorstellungen zu Glaubensbekenntnissen des ›realistischen‹ Romans im 20. Jahrhundert. Wir werden jedoch sehen, dass das Konzept ›Realismus‹ für den Roman dieser Phase nur geringe Beschreibungspotenz enthält und dass sich nur noch sehr wenige Autoren explizit darauf berufen (vgl. Kap. 2.1.1; 2.3.3).

Man findet solches Beharren auf der Dialektik von Allgemeinem und Besonderem, d.h., von sozialem Kampf und individuellem Schicksal, in einer der wirkungsvollsten Schriften zur Romantheorie der ersten Hälfte des 20. Jahrhunderts, in **Georg Lukács'** 1915 entstandener Schrift *Die Theorie des Romans*. Lukács propagiert nach wie vor die »Geschichte der Seele« als Kernbestand des Romans: »Der Roman ist die Form des Abenteuers des Eigenwertes der Innerlichkeit; sein Inhalt ist die Geschichte der Seele, die da auszieht, um sich kennenzulernen, die die Abenteuer aufsucht, um an ihnen geprüft zu werden, um an ihnen sich bewährend ihre eigene Wesenheit zu finden.« (Lukács 1994, S. 78).

Der Verfasser bekennt selbst in seinem Vorwort zur *Theorie des Romans* aus dem Jahre 1962, dass es sich bei dieser Einschätzung um pure Sozialromantik handelt und »daß hier nicht eine neue literarische Form , sondern ausdrücklich eine ›neue Welt‹ erwartet wurde« (ebd., S. 14). Seine nach 1920 propagierte Theorie eines sozia listischen Realismus sollte jedoch genau diese illusionären Komponenten wieder in den Vordergrund rücken. Nur noch gewaltsam ließen sich die ›Abenteuer der Seele‹ mit dem Ganzen der gesellschaftlichen Wirklichkeit in repräsentative Beziehung setzen. Tatsächlich war es aber gerade so, dass der Roman dazu beitrug, mit solchen Chimären des Weltzusammenhangs aufzuräumen. Adornos bekannte Einsicht, dass das Ganze das Falsche sei, hat nicht zuletzt der Roman in seiner Funktion als Erkenntnisquelle vorbereitet, der in vielen seiner Strömungen die Substanzillusion der Totalität zu zersetzen wusste.

Der Verlust der Grundkonstanten des traditionellen Romans, Erzählen als sozial verbürgter Akt und das Individuum als Leitfunktion der Erzählung, führte die konstruktive Struktur des Romans immer weiter in die **Abstraktion**. Welche Ereignisse waren überhaupt noch erzählenswert? Und welche Figuren vermochten noch Interesse auf sich zu ziehen? Natürlich schlachtete der Trivialroman das alte biographische Feld mit den Mitteln einer von keinem Zweifel angetasteten Erzählhaltung weiterhin aus. Ein Autor wie Karl May etwa, dem neuerdings in der Literaturwissenschaft alle Ehren zuteil werden, schuf eine Welt des exotistischen Kitsches, die keine Grenzen kannte und Roman auf Roman aus sich herauswarf. Je tiefer der Trivialroman in die Sphären der traditionellen Romanstruktur vorstieß, desto mehr verflüchtigte sich der Stoff, aus dem der Romancier ein Kunstwerk hätte machen können. Lange Zeit war und blieb der Anspruch auf ein die Zeit universell widerspiegelndes Kunstwerk unverzichtbare Prämisse. Das Konzept wirkte auch dort weiter, wo es offen und radikal destruiert worden ist, ja es wirkte bis in die Extrempositionen des Anti-Romans hinein und wird erst seit kurzem von der Kritik allmählich fallengelassen.

An dieser Stelle konvergieren die poetologischen Ansprüche des Romans mit ihrer ideologischen Überformung in der Theorie. Erzählend Totalität zu erreichen, muss nicht bedeuten, das dialektisch-materialistische Zusammenspiel von Besonderem und Allgemeinem vorzuführen. Der Totalitätsgedanke ist weitaus komplexer als seine hegelianisch-marxistische Variante es nahe legt. Er spielt im Roman des 20. Jahrhunderts auch dort noch eine Rolle, wo aller Zusammenhang, alle Welthaltigkeit und alle Plausibilität des Erzählens verloren zu sein scheinen.

Wo nicht mehr direkt erzählt werden kann, kommen andere sprachliche Akte zum Zuge, die geeignet scheinen, sowohl die Abstraktheit der modernen Lebensverhältnisse zu erfassen, als auch die Anonymität und Beziehungslosigkeit zwischen Autor und Leser zu überspielen. Der Roman gibt die erzählbare Geschichte auf, verlässt den Rahmen des Novellistischen und visiert eine grundlegend neuartige Haltung an. Den gesamten mit dieser Tendenz verbundenen Komplex belegte der Autor Jakob Wassermann in einem Aufsatz aus dem Jahre 1926 mit dem Begriff der »Entfabelung« (Wassermann, in: Romantheorie 1975, S. 140-143). Er meint damit »die allgemeine Reduktion des Erzählcharakters zugunsten eines Beschreibungs- Reflexions- und Erörterungsstils« (Romantheorie 1975, S. XIX). Was Wassermann noch vorsichtig zu sondieren suchte, kann man die Diskursivierung des Romans oder den **Roman des Diskurses** (Eisele) nennen.

Darin kommt es nicht zuletzt aufgrund der angeführten Bedingungen zur radikalen Umkehr der Verhältnisse: »An die Stelle eines ›menschlichen Subjekts‹ tritt als dezidiertes Organisationszentrum des Textes der Diskurs selber.« (Eisele 1984, S. 15). Damit wäre ein Paradigmenwechsel vollzogen, der zwei grundsätzliche Implikationen birgt. Zunächst reflektiert der ›Roman des Diskurses‹ die Wirklichkeit der Lebensverhältnisse in den modernen Gesellschaften dahin gehend, dass kein einzelnes Individuum mehr in der Lage wäre, das Ganze der Lebensvollzüge durch seine Person und seine Geschichte zu repräsentieren. Dann aber geht es auch um die Beziehung zwischen dem Subjekt und den Diskursen, derer es sich bedient und von denen es produziert wird. Die Idee von einer geschlossenen Welt des Erzählten wird an der Stelle aufgebrochen, wo sich die Frage nach der Konstituierung der Wirklichkeit durch Sprache stellt. Was wird in der Sprache dargestellt und was vermag die Sprache überhaupt zur Darstellung zu bringen? Ist die Sprache ein Werkzeug des Subjekts oder ist dieses *subjectum* im Wortsinne das Unterworfene der Sprache, das ihren Strukturen und sozialen Realisationen Ausgelieferte? Der Roman im 20. Jahrhundert wird diese Frage immer wieder in den Mittelpunkt stellen.

Das lässt sich an Robert Musils Hauptfigur Ulrich im *Mann ohne Eigenschaften* veranschaulichen. Als Mann ohne Eigenschaften ist Ulrich alles andere als ein Individuum alter Prägung. Er ist an und für sich überhaupt keine darstellungswürdige Person, legt man solche Maßstäbe an. Denn ein Individuum im bürgerlichen Sinne zeichnet sich nun einmal durch Eigenschaften aus; es ist aufgrund dieser Eigenschaften als Individuum überhaupt nur erkennbar. Was Ulrichs Person demgegenüber bestimmt, ist ein Diskursnetz, in dem er sich bewegt und angesichts dessen sich sein eigenes Agieren entfaltet. Musils stilistische Variante des Essayismus zielt darauf ab, die Sprache des Romans als eigenständigen Faktor zu etablieren, der alle herkömmlichen, den Roman prägenden Faktoren, wie Handlung, Hauptfigur, Psychologie, Spannung oder Realismus, ersetzt und all diese Momente gleichzeitig als Produkte des Diskurses durchscheinen lässt. Alles geht auf im Diskurs, den der Roman führt und der die Sprachspiele einer Gesellschaft abrollen lässt, ohne sich in deren bloßer Abspiegelung zu erschöpfen. Indem der Roman diese Spiele aufnimmt, formt er sie um zur konstruktiven Energie seiner eigenen Entstehung und seines unabsehbaren Wachsens. Ulrich ist ein Medium, in dem sich die Sprachspiele bündeln, um von dort aus neu auszustrahlen. Damit ist das ›Abenteuer der Seele‹ ersetzt durch die **Wildnis der Sprache**, anders ausgedrückt: die Illusion der repräsentativen Figur zerfällt in den unüberschaubaren Diskursen der kakanischen Gesellschaft, die nun selbst zu Protagonisten des Romans werden (zum Themenfeld Essayismus und Roman vgl. Frisé 1980; Müller-Funk 1995; Schärf 1999a).

In seinem Buch *Die Struktur des modernen Romans* (1984) hat Ulf Eisele in mehreren Modellanalysen den ›Roman des Diskurses‹ vorgestellt. Er geht dabei besonders auf Hermann Brochs *Schlafwandler*, Musils *Mann ohne Eigenschaften*, Thomas Manns *Zauberberg* und Bertolt Brechts *Dreigroschenroman* ein. In diesen Romanen wird nicht mehr realistisch-psychologisch erzählt. Vielmehr kommt es zu einem Erzählen auf der Metaebene von Erzählen: »An die Stelle des Schreibens von Abenteuern« tritt »das ›Abenteuer der Schreibweise‹« (Eisele 1984, S. 1).

In den achtziger Jahren hat man sich gern in solchen die Arbeit des Schriftstellers heroisierenden Formeln ergangen. Jedoch, bei aller Griffigkeit dieser und ähnlicher Sentenzen stellt sich das Problem insgesamt komplizierter dar. Dass die »Struktur des modernen deutschen Romans« aus dieser Formel heraus entwickelt werden könne, war Eiseles Ausgangspunkt. Sein Buch zeigt aber, dass damit das Phänomen extrem verkürzt wird. **Diskursivität** bildet nicht die grundlegende Struktur des modernen Romans, sondern lediglich einen Bestandteil seiner Architextualität. Der Roman beinhaltet als Inszenierungsforum von Sprachspielen und ihrer wechselseitigen Durchdringung diese Möglichkeit grundsätzlich. Der ›Roman des Diskurses‹ ist ein Weg der internen Weiterentwicklung der ›Gattung‹ unter veränderten Grundbedingungen. Aus dem **Wechsel vom Erzählen zum Diskurs** (von der Identität zwischen Erzählung und Sprachspiel zur **Inszenierung des Sprachspiels** durch die Erzählung) erhellt nicht zwangsläufig der Status des Romans innerhalb einer imaginären Poetologie der Moderne. Vielmehr wird daraus die Selbstbestimmung des jeweiligen Romans als Konstituens einer Gattung erkennbar, die als solche die Strukturierung von Modernität allererst entwirft.

So kompliziert das klingen mag, der darin festgehaltene Unterschied ist konstitutiv für das Verhältnis des Romans zum 20. Jahrhundert, mithin für seine Phänomenalität in dieser historischen Phase. Es ist unsinnig, anhand einer *Idee* von Modernität die Entwicklung des Romans zu messen. Gerade in neueren Publikationen zum Thema wird durch die Hintertür ein neuplatonischer Begriff der ›Moderne‹ eingeführt, an dem die literarischen Produkte ihre Qualität erweisen sollen (vgl. Eisele 1984; Wellershoff 1988; Petersen 1991). Bevor man dies tut, sollte man aber nach den Bedingungen der Möglichkeit solcher Kategorisierung fragen. Woraus ergibt sich eigentlich jener Begriff der ›Moderne‹ oder der ›Modernität‹, unter dem ein Phänomen wie der Roman zu betrachten wäre? Sind es nicht die Romane selbst, die in ihrer jeweils spezifischen Art und Weise der inneren Strukturierung, aber auch der Diversifizierung untereinander ein Panorama bilden, bei dessen Betrachtung überhaupt erst eine Idee von Modernität aufscheint? (Zum Problemkreis Literatur und Modernität vgl. Jauß 1970, Vietta 1992).

Es ist hier nicht der Ort zur Klärung methodologischer Fragestellungen. So viel aber kann man festhalten: Der Roman ist als immer wieder neu aus sich selbst heraus zu bestimmende Architextualität nicht Abbild, sondern **Leitfunktion des Bewusstseins von Modernität**. Das lässt sich aus seiner Geschichte seit der Romantik ableiten. Schon Novalis und Friedrich Schlegel haben im Roman das treibende Medium eines permanenten Vorstoßens ins epochal Neue gesehen. Die Entwicklungsmöglichkeiten des Romans legen es nahe, im Phantasie- und Gestaltungspotential einer nicht festlegbaren Gattung das eigentliche Ferment einer sich immer wieder von sich selbst abstoßenden und sich in diesem Prozess ständig erneuernden Zeit zu sehen. Genau das aber ist Inbegriff von Modernität seit Baudelaire. Der Roman des Diskurses und also der Roman des 20. Jahrhunderts ist nicht Spiegel dieser Modernität, sondern ihr Experimentierfeld und mithin ihr Erzeugungsinstrument.

Begreift man also die Konzepte ›Roman‹ und ›Modernität‹ als komplementär in ihrer wechselseitigen Konstruktivität, so erweist sich der Roman im 20. Jahrhundert als genuines **Medium von Modernität**. Nicht nur von ästhetischer Modernität, wie man hinzufügen muss. Denn der Roman als die zentrale Instanz zur Strukturierung kontingenter Wahrnehmung ist dazu in der Lage, alle denkbaren Partikel der Wirklichkeit in sich aufzunehmen und in eine Zuordnung zueinander zu bringen. Dabei wirkt die sukzessive

Ausdifferenzierung von Wirklichkeit zu zahllosen in sich abgegrenzten Wirklichkeiten zunächst kaum störend. Denn der Roman repräsentiert im 20. Jahrhundert nicht mehr *die* Wirklichkeit schlechthin, sondern er bezieht sich auf Wirklichkeit im Status ihrer Relativierung durch andere Wirklichkeiten, wird also zum **Medium des Perspektivismus**. Dass genau dieses Phänomen als Krise der Romans apostrophiert wird, zeigt, wie sehr vor allem die literarische Kritik am Repräsentationsauftrag des Romans orientiert blieb.

Wie bei der Kritik, so ist auch in der literaturwissenschaftlichen Forschung die **Frage nach der Wirklichkeit** zu einer Leitfunktion bei der Beurteilung des Romans im 20. Jahrhundert erwachsen. Einer Antwort wird man allerdings nicht näher kommen, wenn man etwa Konstruktionen wie »Die Entfaltung der Wirklichkeit als reine Möglichkeit in der Moderne« zugrunde legt (Petersen 1991, S. 6ff.). Der Versuch, eine Typologie des modernen deutschen Romans zu erstellen, verliert sich bei Petersen in der Aufhäufung von lauter kleinen Unterschieden, die von Roman zu Roman zu beobachten sind. Petersen versteht seine Darstellung als Standardwerk, stürzt jedoch den Leser schon in seinem ersten Teil mit dem Titel »Grundlegung« von einer Verlegenheit in die nächste. Man gewinnt bei der Lektüre seines Buches den Eindruck, dass der moderne deutsche Roman als ideelle Einheit nicht zu fassen ist, dass jedoch der Autor alle Register zieht, um dies dennoch zu leisten.

Jedenfalls konstatiert auch Petersen jenen paradigmatischen Wechsel, der gegenüber den Realismuskonzepten des späten 19. Jahrhunderts in der Präsentation des Romans im 20. Jahrhundert liegt. Das Verdienst seines Buches besteht darin, dass er die Kategorien, unter denen diese Innovation des Romanschreibens zu sehen wäre, gegenüber Eisele deutlich erweitert. Petersen führt neben ›Diskursivität‹ auch Schlagworte wie ›Perspektivismus‹, ›Weltverlust‹ und ›Montage‹ in die Diskussion, bleibt aber insgesamt seiner Zentralthese treu, im modernen deutschen Roman entfalte sich Wirklichkeit grundsätzlich als reine Möglichkeit.

Je weiter wir zu den einzelnen Werken vordringen, desto unhaltbarer wird eine solche Zentralthese. Immer wieder werden Begriffe aus Philosophie, Psychologie oder Soziologie herangezogen, um zu erläutern, was sich im modernen Roman vollzieht. Damit werden partielle Momente abgedeckt, über die konstruktive Eigenständigkeit des Romans im 20. Jahrhundert und seinem daraus erfolgenden Beitrag zur ästhetischen Moderne wird aber praktisch nichts ausgesagt. Das liegt nicht zuletzt daran, dass seit Hegels Ästhetik der Roman in einer fast sklavischen Abhängigkeit zur so genannten Wirklichkeit erörtert wird. Diesen ideologischen Standpunkt tragen Autoren wie Theoretiker weit ins 20. Jahrhundert hinein und sanktionieren ihn als unumstößlich. Ideologisch ist diese Position deshalb zu nennen, weil sie weltbezogene Objektivität auf der Basis ideeller Konstruktionen prätendiert. Da diese Konstruktionen jedoch selbst ihre Herkunft aus dem Imaginationspotential der fiktiven Welten der Romantik und des Realismus offen zur Schau stellen, gleicht der Versuch, Objektivität aus ihnen abzuleiten, einem Etikettenschwindel. Das Beharren auf solchen Thesen ist im Fall der gesamten Realismusdiskussion im 20. Jahrhundert, insbesondere aber hinsichtlich des sozialistischen Realismus als Verdikt gegen die Formen und Phänomene des literarischen Modernismus zu verstehen. Wenn der Roman im 20. Jahrhundert mit einer Sache aufräumt, dann mit der Illusion von historisch-wissenschaftlicher Objektivität, die nun ausgerechnet aus seinen Erscheinungsweisen ableitbar sein soll.

Für unsere Absicht, eine Architextualität des Romans im 20. Jahrhundert zu skizzieren, bekommt demgegenüber der von Michail Bachtin in den dreißiger Jahren vorgetragene Ansatz der **Dialogizität** erhellende Bedeutung. Es ist ein Versuch, die Phalanx der ideologischen Dekrete vom Gegenstand, also vom Roman selbst her zu durchbrechen. Damit rückt Bachtin den Roman als experimentelle und kommunikologische Struktur aus dem Bannkreis seiner begrifflichen Domestizierung. Es zeigt sich, dass die anarchische Dimension des Romans am meisten diejenigen herausgefordert hat, die ihre Welt unter der Glocke einer künstlich erzeugten Ordnung halten wollten und die deshalb vor allem den Roman glaubten, in ihr Weltbild integrieren und seinen Vorgaben anpassen zu müssen.

1.3 Dialogizität und Hybride

Im Verlauf grundsätzlicher Überlegungen zur Spezifik des modernen Romans gelangt Victor Žmegač zu folgender Feststellung: »Eine Klammer, die über eine sehr weit gefasste und daher unspezifische Anschauung von Modernität hinaus noch gültig wäre, ist kaum auszumachen. Denn was verbindet in der konkreten literarischen Machart einen Autor wie Joyce mit Gide, was hat, sieht man von einer vagen Zeitgenossenschaft ab, Musil mit Dos Passos zu schaffen, Kafka mit Proust oder gar mit Huxley?« (Žmegač 1990, S. 253).

Das ist eine nicht nur berechtigte, sondern im Hinblick auf unseren Gegenstand fundamental wichtige Frage. Offenbart sie doch, dass es so etwas wie den »Roman der Moderne« nicht gibt. Wenn wir in Umkehrung dieser Annahme davon ausgehen, dass jeder einzelne der in dieser Epoche verfassten Romane – sofern er nicht ins Lager der trivialen Reproduktionsphänomene zu rechnen ist – einen eigenen Entwurf von Modernität vornimmt, so gelangen wir letztlich zu einem kaleidoskopartigen Blick auf die Epoche durch die Vielfalt der in ihr produzierten Romane hindurch.

Im Kontext der Architextualität des modernen Romans stößt man damit an die Frage, was den Roman speziell dazu befähigt, dieses Medium zu bilden. Hierzu findet sich bei Michail Bachtin in seinem epochalen Werk *Das Wort im Roman* (1934/35) eine einleuchtende Erklärung. Bachtin geht weiterhin von einer ›Totalität‹ aus, die im Roman zur Darstellung gelangen soll, definiert aber **Totalität** nicht mehr spirituell im Sinne künstlerischer Intensität, sondern sozial **im Sinne sprachlicher Pluralität**. Bachtin formt den Begriff der Totalität von einer ideellen Absolutheit in eine kommunikologische Tatsache um, wenn er schreibt: »Der Roman solle vollständig und allseitig die Epoche widerspiegeln. Diese Forderung ist anders zu fassen: Im Roman müssen alle sozio-ideologischen Stimmen der Epoche vertreten sein, das heißt, alle wesentlichen Sprachen der Epoche, kurz, der Roman muß ein Mikrokosmos der Redevielfalt sein.« (Bachtin 1979, S. 290).

Der von Bachtin inspirierte dialogische Ansatz der Romantheorie (vgl. Bauer 1997, S. 125ff.) begreift den Roman als ein artistisch organisiertes System von Sprachen. Die Durchbrechung der ideellen Vorstellung von Totalität durch sozio-ideologische Vielfalt offenbart in der Zeit ihrer Konzeption durch den Theoretiker Bachtin eine deutlich politische Ausrichtung. In ihr liegt Bachtins Versuch begründet, den ideologischen Zwangsapparat des Stalinismus, der sich nicht zuletzt auch auf die Ästhetik ausgebreitet hatte, gedanklich zu überwinden und an einer Stelle aufzubrechen, die sich per se jedem Zwang widersetzt. Auch wenn diese Umstände im Einzelnen nurmehr von historischer Bedeutung sind, erbringen sie doch für unseren Zusammenhang einen wichtigen kategorialen Fortschritt. Bachtins Ansatz ermöglicht einen Blick auf den Roman im 20. Jahrhundert, der weder eine spirituell-metaphysische noch eine politisch-ideologische Theoriebasis zugrunde legt. Es ist diese antiideologische Herangehensweise, die den Roman ins Licht einer ständig virulenten experimentellen Potentialität stellt, die er im 20. Jahrhundert tatsächlich ausgestrahlt und umgesetzt hat.

Nach Bachtin inszeniert der Roman einen Dialog zwischen den Sprachen, die den sozialen und ideologischen Untergrund der Epoche bilden. Dieses permanente Prozessieren der Sprachen führt dazu, dass die Sprachebenen und Sprachspiele sich in ihrer jeweiligen Tragfähigkeit und Gültigkeit selbst vorführen und sich entweder als zeitgemäß oder als von der Geschichte überholt zu erkennen geben. Dadurch gewinnt der Roman aus sich selbst eine Tendenz zur Darlegung sozialer und ideeller Erneuerungsprozesse in einer Gesellschaft: »Der Roman lernt, von den Sprachen, Kunstmitteln und Gattungen Gebrauch zu machen; er zwingt alles, was sich überlebt hat und hinfällig geworden ist, alle sozial und ideologisch fremden und abgeschiedenen Welten, von sich selbst in ihrer eigenen Sprache und ihrem eigenen Stil zu sprechen – der Autor aber konstituiert über diesen Sprachen seine eigenen, sich dialogisch mit ihnen verbindenden Intentionen und Akzente.« (Bachtin 1979, S. 288).

Dem Roman wohnt mithin eine unvergleichbare soziale Dynamik inne, die ihn zur zentralen literarischen Form der Neuzeit werden lässt. Nicht zuletzt durch den Roman finden das 19. und das 20. Jahrhundert zu einem Bewusstsein von Modernität, das in der ständigen dialogischen Abarbeitung der Sprachen aneinander sich konstituiert und progressiv weiterwirkt. Motor dieses unausgesetzten Wandels ist ein Phänomen, das sich aus der Dialogizität der Sprachen unmittelbar ergibt und das Bachtin **Hybridisierung** nennt: »Was ist Hybridisierung? Sie ist die Vermischung zweier sozialer Sprachen innerhalb einer einzigen Äußerung, das Aufeinandertreffen zweier verschiedener, durch die Epoche oder die soziale Differenzierung [...] geschiedener sprachlicher Bewußtseine in der Arena dieser Äußerung.« (Bachtin 1979, S. 244).

Unter dem Blickpunkt von Dialogizität und Hybridisierung gewinnt der Roman genuine Eigenständigkeit, steht also nicht mehr im Dienst einer bildhaften Widerspiegelung von gesellschaftlicher Totalität und nicht mehr in der Funktion, ›Modernität‹ in sich aufzunehmen und abzubilden. Bachtin siedelt den Roman gleichsam mitten im Leben an, dort, wo die Sprachschichten und Sprachspiele aufeinander treffen, untereinander konkurrieren und sich gegenseitig zu verdrängen suchen. Dieser Vorgang ist niemals abgeschlossen, weder im Sozialen noch auf der erzählerischen Ebene. Und es ist gerade die Hybridisierung, die sich im Roman vollzieht, die in besonders verdichteter Weise die soziale Wirklichkeit der Sprache umzusetzen in der Lage ist. Damit erscheint der Roman als bewusst organisiertes, dynamisches System, das den sprachlichen Prozesscharakter einer Epoche in sich aufnimmt und dialogisch durchformt. Hierdurch schafft er ein sowohl sprachlich intensives als auch plural-extensives Bewusstsein von seiner Epoche, zugleich mit der

Öffnung des Bewusstseins für die prinzipielle Unabgeschlossenheit der diese Eindrücke erzeugenden Prozesse.

Der Roman im 20. Jahrhundert präsentiert in seiner Vielgestaltigkeit und in der Unvereinbarkeit seiner unterschiedlichen Strömungen das Explodieren der Sprachspiele und ihrer sozialen Implikationen. Somit ist er nicht als ein Produkt zu begreifen, dessen Qualität an einer wie auch immer zu bestimmenden ›Modernität‹ zu messen wäre, sondern erzeugt aus sich selbst heraus allererst ein Bewusstsein für die soziale Vielfalt und Realität des modernen Lebens. Der Roman ist ein **Gradmesser für die Modernitätsgrade der ›Moderne‹.**

Die künstlerische Gestaltung, die dem vorausgeht, steht also keineswegs in einer paradoxen Spannung zur Kontingenz der Lebenswelt. Herausgelöst aus den Kategorien einer spirituell-ontologisierenden Betrachtungsweise erscheint der Roman als lebendiges Zeugnis einer Epoche, die sich in ihrer mannigfaltigen Ausprägung in keiner anderen Kunstform so breit gefächert hätte niederschlagen können. Hierzu nochmals Bachtin:

»Jeder Roman ist in seiner Gesamtheit, vom Standpunkt der in ihm verkörperten Sprache und des Sprachbewußtseins aus betrachtet, eine *Hybride*. Aber betonen wir noch einmal: eine beabsichtigte und bewußte, künstlerisch organisierte Hybride, nicht eine dunkle mechanische Vermischung von Sprachen (genauer gesagt: der Elemente von Sprachen). Das *künstlerische Bild der Sprache* ist Ziel und Zweck der beabsichtigten Hybridisierung im Roman.« (Bachtin 1979, S. 251).

Selbstverständlich ist auch das ein Idealmodell. Zumal Bachtin selbst kaum auf die spezifischen Erscheinungsformen des Romans im 20. Jahrhundert eingeht, sondern den neuzeitlichen Roman als Gesamtphänomen umkreist. Dabei legt er seinen Schwerpunkt auf frühneuzeitliche Texte wie den *Gargantua* von Rabelais. Das Aufkommen einer aus der Volkskultur gespeisten Lachkultur, die die scholastische Starre des mittelalterlichen Weltbilds durchbrechen konnte und im Renaissanceroman und hier vor allem bei Rabelais zur Ausprägung kommt, ermöglicht durch eine chaotische wechselseitige Durchdringung der unterschiedlichen Sprachformen einen auf die soziale Realität immer stärker ausgerichteten Zugriff auf Welt (vgl. Bachtin 1987).

Es steht hier nicht zur grundsätzlichen Erörterung, wie schlüssig und für die Geschichte des Romans triftig Bachtins Theorie ist. Sie erlaubt aber im Hinblick auf den Roman im 20. Jahrhundert eine Darlegung der Sachverhalte von den Texten selbst her, das bedeutet, nicht mehr durch das vorgeschaltete Objektiv einer Romantheorie oder einer Autorenpoetik hindurch. Erst so zeigt sich die spezifische Leistung, die der Roman im 20. Jahrhundert als eigenständiges Textphänomen erbringen konnte. Das Schlagwort von der **Krisis des Romans**, das die gesamte Diskussion um den Roman im 20. Jahrhundert geprägt hat, ist auf diesem Hintergrund neu zu überdenken. Nicht der Roman stürzt in eine Krise angesichts der Herausforderungen der modernen Welt – eine Variante, die nicht grundlegend ausgeschlossen werden soll, die aber ein reines Konstrukt ist, da es den Roman als solchen niemals gegeben hat –, vielmehr findet sich im Roman die Krise der modernen Welt im Fokus konstruktiver und sprachlicher Hybridität überhaupt erst ausgeformt und ins Bild gesetzt. Letztlich sind ›Roman‹ und ›Krise‹ in der konkreten Diskussion während der vergangenen hundert Jahre und in der Abstraktion auf eine Architextualität der ›Gattung‹ im 20. Jahrhundert nahezu Synonyme.

1.4   Roman und Krise

Walter Benjamin verlieh seiner 1930 erschienenen Rezension zu Alfred Döblins Romanwerk *Berlin Alexanderplatz* den Titel »Krisis des Romans«. Damit traf er nicht nur den besprochenen Text im Kern, sondern zudem ins Zentrum einer Diskussion um den Roman, die spätestens seit den ersten Jahren des 20. Jahrhunderts voll im Gange war. In Benjamins Blick erwächst Döblins erfolgreichstes Buch in seiner besonderen Machart zum Inbegriff der Krise des Romans; er apostrophiert ihn als »äußerste, schwindelnde, letzte, vorgeschobene Stufe des alten bürgerlichen Bildungsromans« (Benjamin 1988, S. 443).

Der Rezensent weist hier wie in einigen anderen Schriften auf die spezifisch mediale Disposition des Romans als ›Buch‹ hin und gibt zu bedenken, dass der Roman als Schriftwerk in einem radikalen Wurf wie *Berlin Alexanderplatz* eigentlich ausgeschöpft und dass hierin die Grenze zu einer Literatur jenseits des Buches überschritten sei. Der alte Bildungsroman repräsentiert für Benjamin das Zusammenklingen einer literarischen Gattung mit dem Medium des gedruckten und systematisch in der Öffentlichkeit verbreiteten Buches, das nunmehr mit Döblins experimentellem Projekt an sein Ende gelangt sei, nicht ohne diese ursprüngliche Lage noch zu reflektieren.

Tatsächlich legt auch Döblin in seinem Aufsatz »Der Bau des epischen Werkes« (1928), der parallel zu *Berlin Alexanderplatz* entstanden ist, einen Begriff des Epischen dar, der sich in manifester Weise vom Medium Buch entfernt und direktere Rezeptionsformen herausfordert. Der Roman sprengt als projektive Kapazität seine von der Schriftkultur, der er sein Entstehen zu verdanken hat, gesetzten Grenzen. Dabei zeigt sich, dass er trotz allem ›im Buch‹ bleiben *muss*.

Dieses Dilemma kann als Sinnbild für die Diskussion um die Krise des Romans angesehen werden. Seit seinen Anfängen bei Sterne und Goethe hat sich der moderne Roman im weiteren Sinne im Licht dieses Krisenbewusstseins entwickelt (vgl. Kayser 1955; Scheunemann 1978). Döblins Ausweitung des Rahmens berührt auf der einen Seite neue, die Erzählformen des Romans überschreitende Medien und Techniken wie das Kino und auf der anderen Seite vormoderne mündliche Phänomene wie die Moritat und den Bänkelsang. Von einem traditionell romanesken Erzählen, was immer man auch genau darunter zu verstehen hätte, kann keine Rede sein. Der Roman entbehrt nicht allein einer gattungsmäßigen Charakteristik, es gibt auch keinen generalisierbaren Romanstil, an dem ein Autor Orientierung hätte finden können.

Döblins frühe Romanpoetik stellt die generell metamorphotische Struktur des Romans als Gattung und Schreibweise zur Schau. Das ist die Voraussetzung zu einer Hybridisierung, die sich bei Döblin ins Gigantomanische steigert. Die Irregularität der Gattung und ihre gleichzeitige Fähigkeit, alle denkbaren Stile, Diskurse, Medien und Techniken in sich aufzunehmen, lassen bei Döblin der Idee von der anarchischen Hypostasierung der Möglichkeiten und der Praxis des Romans freien Lauf.

Auch für Döblin ist in seinem am Futurismus angelehnten, jedoch den Futurismus bereits zu einem, wie er es mehr selbstbewusst als selbstironisch nennt, ›Döblinismus‹ hin überschreitenden *Berliner Programm* von 1913 der Wille, Totalität im Roman zu repräsentieren, ungebrochen (vgl. Döblin 1989, S. 199-123). Man kann sogar sagen, dieser Wille wird hier erstmals in der modernen Romanliteratur verabsolutiert, indem Döblin den Roman durch den Begriff des modernen Epos ersetzen will. Damit rührt er an die **Grenzen der Buchkultur**, die mit der Geschichte des neuzeitlichen Romans verwachsen ist. Die Oralität des epischen Erzählens vor Homer und ein das Zeitalter des Films annoncierender **Kinostil** sollen den traditionellen Roman transzendieren. Damit ist das Ausmaß der Krisis des Romans klar bezeichnet. Es geht um eine Auseinan-

dersetzung mit dem Roman als eines Zentralprotagonisten der
Buchkultur. Diese Rolle ist nicht mehr aufrechtzuerhalten. Und
doch ist sie auch nicht einfach durch eine andere Rolle zu ersetzen.
Der Roman im 20. Jahrhundert ist nicht nur eine nicht festzulegen-
de Gattung, sondern ein Medium, das ständig und aus Notwendigkeit die Grenzen und die Bedingungen seiner eigenen Medialität
überschreitet. Das demonstriert nicht nur Döblin. Es ist dies vielmehr ein bis in die Gegenwart hinein zu beobachtender Grundzug
der Romanliteratur in ihrer Auseinandersetzung mit der technisch-
medialen Disposition im 20. Jahrhundert (vgl. zum Problemfeld
Schrift, Literatur, Medien: Kittler 1987, Armaturen der Sinne 1990;
Kerckhove 1995; Die Welt des Lesens 1999).

Das Beispiel Döblin repräsentiert alle Bestandteile der Krise des
Romans, die zugleich die interne Geschichte des Romans ist. Das
geht einher mit einer fundamentalen **Dezentrierung der medialen
Bedingungen und Möglichkeiten der Schreibweisen.** Nur aufgrund
und mittels dieser Dezentrierung glaubt man, dem Anspruch auf
Totalität gerecht werden zu können. Totalität und Dezentrierung
sind demnach die komplementären Komponenten des Romans als
Krise und mithin die paradigmatischen Begriffsfelder für die Erforschung des Romans im 20. Jahrhundert bis zu seiner postmodernen
Hypostasierung. Nicht allein das Erzählen ist in die Krise geraten,
sondern der Roman als Repräsentant der Gutenberg-Ära insgesamt.
Die technisch-medialen Herausforderungen des 20. Jahrhunderts
bewirken eine Dezentrierung des Romanbegriffs, der die alte Gat-
tungsdiskussion, die von der Romantik herrührt, weit überschreitet
und die Autoren zu einer grundsätzlich experimentellen Auseinandersetzung mit dem Roman auffordert. Diese Herausforderung beruht nicht allein auf dem Roman als ›Gattung‹ oder Form, sondern
grundlegender als exponiertes Medium der Schriftkultur. Die Architextualität des modernen Romans ist vor allem dadurch gekennzeichnet, dass der Roman im 20. Jahrhundert bis an die Grenzen
der Schriftkultur vorstößt und in einzelnen Projekten diese Grenzen
mit den Mitteln der Schriftkultur glaubt überwinden zu können (zu
produktionsästhetischen und kulturgeschichtlichen Implikationen
dieses Themas vgl. Schärf 1999b).

Vor diesem Hintergrund wird die Tonlage verständlich, die viele
Autoren im Kampf um eine Poetik des Romans seit Beginn des 20.
Jahrhunderts eingenommen haben. Der Roman wird über das Kri-
senbewusstsein, das sich in ihm niederschlägt, zum Kampfbegriff.
Entsprechend nennt etwa Otto Flake im Vorwort zu seinem Roman
Die Stadt des Hirns (1919) sein Buch einen »Roman der um den

Roman zu retten darauf ausgeht die Form des Romans zu sprengen«
(Romantheorie 1975, S. 126). Flakes in expressionistischem Pathos
vorgetragenes Vorwort ist eine Kampfschrift für die exklusive Er-
kenntnisleistung, die der Roman zu erbringen und die der Leser in
einer eigenen Leistung zu erschließen habe: »Ihr sollt nicht mehr lesen um euch zu unterhalten, auch nicht um durch angenehmes Bei-
wohnen den Leidenschaften andrer ein wenig zum Sinnen angeregt
zu werden; ihr sollt indem ihr den Kosmos eines Hirns anschaut in
die denkende ruhende Sphäre der Anschauung, den philosophischen
Zustand, gehoben werden.« (ebd., S. 127).

Ob es sich wie bei Flake um einen Erkenntnisanspruch auf philosophischer Ebene oder wie bei Döblin um die Konzeption eines
neuen Epos und damit um eine Revision der soziokulturellen Stellung des Romans schlechthin handelt, ob es wie bei Kafka um einen
unverkennbar mystischen Begriff von ›Wahrheit‹ geht oder wie bei
Musil um das Erschreiben einer geistigen Utopie – immer weist der
Roman im 20. Jahrhundert über das reine Erzählen als genuines
Ziel des Romans hinaus, das noch Theodor Fontane zu seinem Inbegriff erklärt hatte (vgl. Mittenzwei 1968). Diese Indienstnahme
für andere, den Roman als Form zugleich überschreitende und aus
seiner Grundverfasstheit erwachsende Funktionen deutet auf eine
funktionale Überlastung des Romanbegriffs hin, der dieser im 20.
Jahrhundert bis in die sechziger Jahre hinein ausgesetzt war. Erst die
Postmoderne befreit den Roman von dieser Bürde, markiert damit
aber zugleich das sinkende Interesse an seiner medialen Stellung.
Praktizierte der Roman der Hochmoderne das Zusammenspiel von
Totalitätsanspruch und dezentrierter Schreibweise, so verliert der
postmoderne Roman diesen Anspruch und erfährt innerhalb der
Medienlandschaft seine eigene Dezentrierung.

Angesichts dieser Überlegungen ist es angezeigt, mit der fast
schon zum Klischee gewordenen Vorstellung aufzuräumen, beim
modernen Roman handele es sich um ein **offenes Kunstwerk**. Diese
von Umberto Eco in seinem Werk *Opera aperta* (1962) installierte
und von der Forschung dankbar aufgegriffene These geht an der Realität des Romans als Krise und damit als Kampfplatz widerstreiten-
der Auslegungen der Gattung vorbei (vgl. Eco 1973). Zwar trifft auf
den Roman im 20. Jahrhundert Ecos Argumentation zu, dass beim
offenen Kunstwerk »keine Ausführung des Werkes mit einer letzten
Definition von ihm zusammenfällt« (Eco 1989, S. 132f.). Doch ist
es gerade der Zug zum Ultimativen, mit dem der moderne Roman
auftritt, der diese Perspektive als extern und rein theoretisch erscheinen lässt. Die produktive Beziehung von Totalität und Dezentrie-

rung führt in den meisten Fällen zur finalistischen Überzeugung, mit dem eigenen Romanwerk werde die Geschichte des Romans zu einem Höhepunkt oder zu einem Abschluss gebracht. Der **Finalismus im modernen Roman** widerspricht der Vorstellung, der *Ulysses* oder Kafkas *Schloß* wären in unmittelbar spielerischer Absicht auf Offenheit hin konstruiert worden.

Ecos Sicht ist die eines Zeichentheoretikers, der das Phänomen der Interpretation als solches analysiert. Dadurch löst er den Roman im 20. Jahrhundert, auf den er sich immer wieder explizit bezieht, aus seiner vor allem in produktiver Hinsicht existentiellen Verhaftung heraus. Aber auch unter dem Aspekt der Rezeption schießt das Konzept des ›offenen Kunstwerks‹ an der Wirklichkeit vorbei. Das hat Victor Žmegač angesichts seiner Darstellung des *Ulysses* erkannt, wenn er schreibt:

»Ecos Beurteilung weist zwar auf eine sehr auffällige ästhetische Tendenz hin, übersieht aber den Umstand, daß Literatur erst durch den Leser realisiert wird. Dieser Umstand fällt so stark ins Gewicht, weil keine Änderung der Schreibweise, sie mag noch so herausfordernd sein, imstande ist, den Leser im Umgang mit (fiktionaler) Literatur davon abzubringen, in jedem Text einen potentiellen Sinnträger zu sehen. [...] Literatur wird in ihrem Wesen als eine sinnstiftende, interpretierende und damit auch wertende Tätigkeit begriffen.« (Žmegač 1990, S. 317).

Diese Feststellung gilt für die Leser und Leserinnen genauso wie für die Autoren und Autorinnen. Auch heute, nach dem Durchgang durch die Spielbegriffe der Postmoderne, erwartet man von einem Roman alles andere als ein bloßes Jonglieren mit Motiven und Strukturen, das alle Deutungen zulässt und letztlich jede von sich abweist. Auf alle Fälle aber geht das an einer historischen Erörterung des Romans im 20. Jahrhundert vorbei. Die Architextualität des modernen Romans hat das offene Kunstwerk zwar integriert, jedoch nicht als Zielpunkt ästhetischen Handelns, sondern als grundlegende Voraussetzung der Gattung ›Roman‹ und ihrer medialen Ausweitung überhaupt. Es geht um die Nutzung dieser Offenheit unter bestimmten spirituellen, existentiellen oder poetologischen Intentionen und damit um ihre Überschreitung auf eine wie auch immer zu verstehende Ebene von Verbindlichkeit hin.

2. Totalität und Dezentrierung

2.1 Der Roman als Kunstwerk und die Darstellung der Wirklichkeit

So heftig das Konzept des Realismus zu allen Phasen der Moderne diskutiert worden ist, so wenig scheint es aus heutiger Sicht noch relevant. Weder in den Wissenschaften noch in der Philosophie schreibt man dem Glauben an eine apriorische Entsprechung des Intellekts mit den Dingen volle Überzeugungskraft zu. Das kommt einem paradigmatischen Wechsel gleich, denn bis in die siebziger Jahre hinein wurde der Realismusbegriff unter der Leitvorstellung der *Mimesis*, die sich von Aristoteles her in der abendländischen Kultur installiert hatte, nicht zuletzt im Horizont des Romans heftig diskutiert (vgl. zu diesem Aspekt: Begriffbestimmung des literarischen Realismus 1969; Auerbach 1946; Gebauer/Wulf 1992).

Erst die Dominanz postmoderner Theoriebildung unter den Schlagworten Dekonstruktion, Systemtheorie und Radikaler Konstruktivismus führte dazu, das **Realismus-Problem** wenn nicht als erledigt, so doch als nachgeordnet gegenüber den Phänomenen der kognitiven Konstruktion und der kulturinternen Selbsthinterfragung zu bewerten.

Dennoch ist die Bezeichnung ›Realismus‹ als pauschale Charakterisierung eines bestimmten Effektes, den ein Text bei der Lektüre entfalten kann, in der Literaturwissenschaft nach wie vor praktikabel. Dies vor allem, da der Begriff in der Literatur nicht nur Beschreibungsfunktion hatte, sondern von der Mitte des 19. Jahrhunderts an durchgehend als Kampfbegriff Anwendung fand. Auch in der heutigen Kritik tritt er als solcher noch auf, jedoch in gänzlich anderer Gewandung. ›Realismus‹ als Diagnose für einen literarischen Text kann nur noch metaphorische Valenz beanspruchen; der Glaube an einen unmittelbaren Bezug zwischen dichterischem Text und Wirklichkeit ist verloren.

Schon im Jahr 1921 weist Roman Jakobson auf die **Vielfalt der Realismus-Konzepte** hin, die kursieren und die das Bedeutungsfeld aus wissenschaftlicher Sicht als äußerst konfus erscheinen lassen. Diese Verwirrung hat bis in die Gegenwart hinein noch zugenommen. Bei alldem muss man festhalten, dass ›Realismus‹ nurmehr eine historische Beschreibungsfunktion beanspruchen kann. Im Horizont des Romans ist die Illusion, Wirklichkeit könne im Grade der Wahrscheinlichkeit evoziert werden, unverzichtbar. Für unseren Gegenstand spielt der Begriff in diesem Sinne eine erhebliche Rolle (vgl. Jakobson 1969; vgl. auch Kohl 1977; Herman 1996).

Bereits Zola hatte sich von dem angesichts des Skandals um Flauberts Roman *Madame Bovary* auf diesen Fall hin geprägten pejorativen Realismus-Begriff losgesagt und seinen Begriff des Naturalismus und des *Roman experimental* dem entgegengestellt. Zolas positivistische Literaturauffassung ist gewiss nicht mit ›Realismus‹ abzudecken. Daraus erwächst die Vermutung, dass es sich bei realistischen Schreibweisen um Konzepte handelt, die über den engen Horizont eines unter den Bedingungen empiristisch-positivistischer Verfahrensweisen zu ermittelnden Wirklichkeitsverständnisses hinausgehen oder aber dahinter zurückbleiben (vgl. Dethloff 1997).

Auf der anderen Seite ist die Vorstellung von Realismus, mit der das 20. Jahrhundert auf den Roman hin reflektiert, nicht mit dem von Roland Barthes in die Debatte geworfenen Konzept des *effet de réel* (Realismus-Effekt) identisch (Barthes 1953, 1968). Es geht nicht um den künstlerisch erzielten Effekt von Wirklichkeit in einem Text, sondern immer noch um die Frage, ob ein Roman *tatsächlich* das Leben, so wie es ist, wiederzugeben imstande wäre. *Effet de réel* bezeichnet die strukturalistische Versachlichung eines mythischen Bedeutungsfeldes, aus dem sich der Glaube an die Literatur auch im 20. Jahrhundert zu großen Teilen genährt hat. In dieser Versachlichung liegt das große Verdienst strukturalistischer Theorie. Sie verführt aber dazu, die tatsächliche Diskussion um den Realismus im 20. Jahrhundert zu verkennen.

Was man in diesem Sinne unter Realismus verstanden hat und was viele Kritiker und Forscher bis heute darunter verstehen, hat Georg Lukács recht treffend bei der Betrachtung der Romane Theodor Fontanes beschrieben. Lukács spricht von den Romanen Fontanes als vom »alten Roman« und bemerkt auf diesen hin: »seine Sorge war, ein solches Bild des Lebens zu entwerfen, in welchem das wahre Leben der Gestalten, der wirkliche gesellschaftliche Sinn ihrer Geschicke in der gesellschaftlich und darum menschlich richtigen Proportion zum Ausdruck kommt.« (Lukács 1967, S. 142).

Es ist der Aspekt der Proportion, der hier ins Auge sticht, ja sogar der der »menschlich richtigen Proportion«. Das ist eine dogmatische Behauptung, allerdings nicht bezogen auf wissenschaftlich objektive Wahrheit, sondern auf ästhetische Wahrscheinlichkeit. Nicht in erster Linie ein Moment von purer Abbildung, sondern eine Frage des Formgefühls, also ein genuin ästhetischer Faktor strahlt vom so genannten ›poetischen Realismus‹ ab. Hinzu kommt das Verklärungsbedürfnis, das Fontane wichtiger ist als jeder auf Wirklichkeit abgezielte Sensationseffekt. Inhalt und Form halten bei Fontane ein Gleichgewicht, das schon ein erzwungenes zu sein scheint, angesichts der gesellschaftlichen Brüche, die sich im Wahrnehmungshorizont des Autors auftaten. In diesem Gleichgewicht aber wurde der Glaube an das Kunstwerk *gegen* die Wirklichkeit bewahrt; ein Kunstgriff, der es ermöglichte, einen genuinen Begriff von Realismus aus nichts anderem als dem autonomen Kunstwerk abzuleiten.

Die **Wahrscheinlichkeit der Darstellung** im Sinne der ›menschlich richtigen Proportionen‹ wächst in dem Maße, in dem der Roman als Kunstwerk Autonomie für sich zu beanspruchen vermag. Fontanes poetischer Realismus ist ebenso wie die Erzählkonzepte Gottfried Kellers und Wilhelm Raabes im Kern ein dezidierter Anti-Naturalismus, der die Anliegen der Kunst über die Abspiegelung der Realität setzt und genau dadurch einen dichtungsspezifischen Begriff von Wirklichkeit erzeugt. Über den Anspruch, Kunst zu sein, sondert sich dieser Realitätsbegriff von den entsprechenden Konzepten der modernen Naturwissenschaften ins scheinbar Unangreifbare ab. Das bedeutet, die gelungene Darstellung der Wirklichkeit im Roman basiert seit den Zeiten eines Keller, Stifter und Fontane und noch bestimmter seit Flaubert auf der Prätention des Mediums Roman, ein Kunstwerk zu sein (vgl. dazu Killy 1963; Hillebrand 1971).

Das ist der Ausgangspunkt für ein realistisches Schreiben nach 1900. Der Kunstwerkcharakter des Romans war kein Zusatz und kein leerer Anspruch, sondern unabdingbare Voraussetzung zur Prätention von Realismus. Jedoch kam es zu erheblichen Differenzierungen gegenüber der basalen Umsetzung dieses Anspruchs im ›poetischen Realismus‹. Es war nicht nur die Rückständigkeit der deutschen Entwicklung gegenüber anderen Ländern, vor allem gegenüber Frankreich (vgl. Martini 1968), die hier zu Buche schlug. Zweifellos kann man den ›deutschen Realismus‹ als das Konservierungsmilieu einer Traumrealität gegenüber der Faktizität der modernen Welt bezeichnen. Daran anzuknüpfen, war um 1900 unmöglich. Mehr noch aber wirkte sich die interne Dialektik von Kunstwerk und Realitätsanspruch auf die Schreibweisen und Romanprojekte aus. Deren sich beschleunigende Ausdifferenzierung liegt darin begründet, dass die Komplexität der künstlerischen Struktur einen analogen Komplexitätsgrad von Realitätswiedergabe suggerierte.

Marcel Prousts jahrzehntelanges Experimentieren mit dem Roman mag dies verdeutlichen. Erst die hochdifferenzierte Konzeption des Romananfangs der *Recherche* ließ eine Schreibweise zu, die die Architektur einer universellen Revokation der Vergangenheit nach sich zog. Der Titel des Gesamtwerkes *À la recherche du temps perdu* ist zugleich der inhaltlich-thematische Schlüsselbegriff *und* der programmatische Leitgedanke der künstlerischen Struktur des Textes. Die Suche nach der verlorenen Zeit ist für Proust zunächst eine Suche nach der adäquaten Form, mit der dieser Stoff zu sondieren wäre. Form und Inhalt finden darin zur Vereinigung, dass das Thema des Romans nicht der Stoff der Erinnerung ist, sondern das Erinnern selbst, das sich seinen Stoff erschafft. Dieser auf den ersten Blick fast unmerkliche Unterschied bringt den Roman in eine Differenzlage zu jeder doktrinären Idee von Realismus.

Auch andere herausragende Romanprojekte des beginnenden 20. Jahrhunderts unterstehen dem wachsenden Anspruch an die raffinierte Kunstform des Erzählens im Roman mit dem Ziel, Wirklichkeit ins Bild zu setzen. Thomas Manns früher Erfolg mit den *Buddenbrooks* steht dafür. Naive Leser bis hin zu naiven Abbildtheoretikern aus der Schule eines Georg Lukács wollten darin stets die fast ungebrochene Wiedergabe gesellschaftlicher Wirklichkeit sehen. Der Autor Thomas Mann aber weist einen ganz anderen Weg. Durch die Romanpoetik zwischen Fontane und Thomas Mann geht ein Riss, und durch diesen Riss hindurch blicken uns die Vertreter einer ästhetischen Moderne in Deutschland an, auf die Thomas Mann sein frühes Romanschaffen gestützt hat, Schopenhauer, Nietzsche, Wagner. Die Struktur der *Buddenbrooks* ist die Struktur eines Wagner'schen Großkunstwerks in vier Akten. Der Gehalt dieses Kunstwerks soll der Niedergang einer Familie zwischen 1835 und 1875 sein, also soziale Realität auf der Ebene der Produktionsmittelbesitzer im Zeitalter des anbrechenden Hochkapitalismus. Es geht weniger darum, Thomas Manns Selbstaussagen gerecht zu werden, als festzustellen, dass der Realitätseindruck in den *Buddenbrooks* an nichts anderem als an der Komplexität der ästhetischen Gestaltung zu ermessen ist (vgl. zur Struktur und zum geistesgeschichtlichen Hintergrund der Buddenbrooks: Pütz 1975; Koopmann 1980; Lehnert 1983).

Auch Heinrich Mann sah in der deutschen Literaturtradition keine echten Anknüpfungspunkte für das eigene Romanschaffen. Er bezog sich – ebenso radikal wie sein Bruder Thomas auf Wagner und das Prinzip der musikalischen Komposition – auf die französische Tradition des Romans bei Flaubert und Zola. In der essayistischen Auseinandersetzung mit der französischen Literatur des 19. Jahrhunderts entwickelte sich Heinrich Manns Romankunst von einem Ästhetizismus im Umkreis der literarischen Dekadenz mit dem Leitstern Gabriele d'Annunzio zum inneren Auseinandertreten von Kunstbegriff und realistischem Gehalt in der Schreibweise, eine Entwicklung, die in den Satiren *Professor Unrat* (1905) und *Der Untertan* (1918), aber auch in einem die nunmehr entschieden demokratische Gesinnung des Autors widerspiegelnden Roman wie *Die kleine Stadt* (1909) gipfelte. Die Brüder Mann stehen stellvertretend für einen Romanbegriff in Deutschland, der die Erzählstrategien des Realismus mit seinen Wurzeln im idealistisch-romantischen Bemühen um Sublimierung der Faktizität in eine sowohl ästhetisch als auch politisch virulente Anspruchshaltung transponiert, aus der ein jeweils eigener, im Kern jedoch verwandter Begriff von Humanität entspringt.

Die **Dialektik von Realismus und Kunstautonomie** führt gegenüber dem moderaten Programm der Brüder Mann schließlich auch in extreme Zonen, in denen ein Höchstanspruch geistiger Erneuerung ventiliert wird. Man mag Musils Romanfragment *Der Mann ohne Eigenschaften* feiern wie man will, es zu einem Mythos verklären und darin ein nur noch dem *Ulysses* vergleichbares Werk erblicken – es ist unübersehbar, dass der Anspruch, mit dem der Text auftritt, der eines radikalen und fast schon neurotisch zu nennenden Utopismus der Literatur ist. Von realistischem Schreiben kann hier keine Rede mehr sein, und doch wird Wirklichkeit in großen Zügen dargestellt. Der Kunstwerkcharakter des Romans wiederum sprengt alle Vorstellungsrahmen. Im monströsen Misslingen des Projekts spiegelt sich die Mutation des realistischen Romans in die Selbstauslöschung. An die Stelle des Erzählens als eines kulturell verbürgten Kommunikationsaktes zwischen Autor und Leser, der per se schon Realistik einfordert, tritt bei Musil das unausgesetzte, unabschließbare Schreiben des Romans. Damit ist das Band zwischen Produktion und Rezeption zerrissen, der literarische Pakt zwischen Autor und Publikum gesprengt.

Ganz anders geartet, aber mit einem vergleichbaren geistigen Anspruch tritt Hermann Broch mit seiner Trilogie *Die Schlafwandler* (1930) auf. Broch geht darin drei klar untergliederte Epochen von den achtziger Jahren des 19. Jahrhunderts bis in seine Gegenwart in drei jeweils unterschiedlichen Schreibweisen durch. Was er so demonstriert, ist eine Art **Simulakrum des Realismus**, der im Medium der Simulation seine epochalen Charakterzüge aufdecken soll. Dieser Dimension schreibt Broch unvergleichliche Erkenntniskapazitäten zu. Wie er überhaupt den Roman als Kunstwerk nur gelten lässt, wenn er zu einem Erkenntnisziel führt, dieses Erkenntnisziel jedoch allein durch die ästhetische Form hindurch glaubt ansteuern zu können. Die Dialektik des realistischen Romans hat sich so zu einer fundamentalen Paradoxie ausgewachsen. Brochs künstlerisches Lebensgefühl war vielleicht nicht zuletzt deshalb die Verzweiflung.

2.1.1 Aufnahme und Umformung traditioneller Realismus-Konzepte

Thomas Mann: Buddenbrooks

Zur Jahrhundertwende 1900 zeigte der Roman des deutschen Realismus alle Anzeichen von Vergreisung. Fontane war 1898 gestorben, Raabe brachte 1902 seinen Altersroman *Altershausen* heraus, der nur noch ein Abgesang auf sein früheres Erzählen darstellt, Friedrich Spielhagen, Schöpfer eines umfangreichen und populären Romanwerks in den sechziger und siebziger Jahren, war schon fast wieder vergessen und Paul Heyse bildete mit seinem behäbigen Novellenstil die fragwürdige Attraktion dieser Jahre. In dieser Situation betraten die Brüder Mann die literarische Bühne. Heinrich Mann hatte schon 1894 – auf eigene Kosten – einen Roman mit dem Titel *In einer Familie* publiziert, der kaum Beachtung fand. Sein Bruder aber setzte nun den Auftakt zu einer Erneuerung des deutschen Romans. Im Sommer des Jahres 1901 erschien *Buddenbrooks* von dem bis dahin kaum bekannten Thomas Mann.

Nachdem das Werk zunächst ebenfalls wenig Beachtung fand und zum Teil ungünstige Kritiken erhielt, begann mit der Herausgabe einer verbilligten Auflage im Jahre 1903 sein Siegeszug. *Buddenbrooks* ist einer der weltweit bekanntesten und erfolgreichsten deutschen Romane des 20. Jahrhunderts. Dafür sprechen Übersetzungen in zahllose Sprachen, drei Verfilmungen und eine unvergleichliche, bis heute sich steigernde Zahl von Auflagen. Dafür spricht nicht zuletzt auch, dass den *Buddenbrooks* als einzigem deutschen Roman ein eigenes Handbuch gewidmet ist (vgl. Buddenbrooks-Handbuch 1988).

Über weite Strecken dieses Handbuchs wird mit dem Inhalt des Romans so verfahren, als handle es sich bei dem Erzählten um historische Faktizität. So wird ein Stammbaum der Familie entworfen, eine exakte Zeittafel erstellt, das Buddenbrooks-Haus in Lübeck genau beschrieben und die Vorbilder der Figuren minutiös ermittelt.

Insgesamt wird Thomas Manns Wurf als ein **Initiationsereignis der erzählenden Literatur für das 20. Jahrhundert** behandelt. Es scheint, als gipfelten alle Vorbilder und Anregungen, alle Lektüren und ästhetische Erwägungen, denen sich der junge Thomas Mann ausgesetzt hat, die auf ihn eingeströmt sind und die zusammen nichts weniger als eine Summe der geistigen Strömungen des 19. Jahrhunderts bilden, in diesem Buch und als beginne damit eine neue Epoche des Romans.

Bis zu einem gewissen Grad trifft dieser Eindruck die Tatsachen, und es ist gerade dieser Grad, der uns hier interessieren muss. Denn mit der Geschichte vom Niedergang einer Lübecker Großbürgerfamilie verschränkt Thomas Mann tatsächlich mehrere Strömungen seiner Zeit zu einer Form, die sowohl das stoffliche Potential des realistischen Romans als auch die ästhetische Ausstrahlung eines von der Wirklichkeit distanzierten Kunstwerks aufweist. Die Diskussion um den Realismus des Werkes ist ebenso uferlos wie die Deutung der Intention, unter der Mann diesen Verfall einer Familie verfasst haben mag. Es war wiederum Georg Lukács, der in seinen Studien zu Thomas Mann diesen mit Blick auf die *Buddenbrooks* als einen »Realist(en) von seltener Wirklichkeitstreue und Wirklichkeitsandacht« (Lukács 1964, S. 505) bezeichnet und damit eine Interpretationslinie gelegt hat, die bis in die Gegenwart hinein ungebrochen Wirkung besitzt.

In der neueren Forschung wird das Realismus-Problem bei den *Buddenbrooks* längst differenzierter gesehen. Jedoch ist es ebenso einseitig, den Wirklichkeitsbegriff ganz der satirischen und ironischen Verzerrung auszusetzen und ihn einer Ästhetik des ›Sprachkunstwerks‹ zu opfern (vgl. Rothenberg 1969). Die Frage, ob der Weltbezug des Romans in der Nachahmung der gesellschaftlichen Faktizität des 19. Jahrhunderts in Lübeck zu suchen oder ob er ganz der Struktur des Erzählens zuzuschlagen sei (vgl. Ebel 1975), repräsentiert eine insgesamt überholte Phase der Realismus-Diskussion. Gerade angesichts der *Buddenbrooks* kam man über diese Dichotomie jahrzehntelang nicht hinaus.

Der Roman ist nicht einfach ein realistischer Erzähltext in der direkten Nachfolge des 19. Jahrhunderts, er stellt vielmehr die Realismusfrage auf raffinierte Art und Weise neu. Ganz im Sinne der überholten Spaltung von Realismus hier und Ästhetizismus dort, die das späte 19. Jahrhundert zelebriert hatte, glaubten die professionellen Interpreten, sich entscheiden und für eine der beiden Möglichkeiten Position beziehen zu müssen. Auch die von Thomas Mann in den *Betrachtungen eines Unpolitischen* und in seinen Briefen vielfach betriebene Selbstdeutung der *Buddenbrooks* vor dem Hintergrund des Schopenhauer'schen Pessimismus, der Wagner'schen Leitmotivtechnik und von Nietzsches Lebensbegriffs stellt das Buch in ein schiefes Licht. All das mag in dem Roman stecken, man kann dem Autor ruhig Glauben schenken, jedoch berührt es die tatsächliche Leseerfahrung nur am Rande. Der Leseerfahrung aber, und nicht der Nobilität des geistesgeschichtlichen Hintergrunds, verdankt der Roman seinen großen Erfolg

Es ist gewiss keine gängige Forschungsposition zu behaupten, bei den *Buddenbrooks* handle es sich um einen intelligent und reizvoll aufgebauten Unterhaltungsroman. Aber genau das ist er. Dem unerfahrenen und vielleicht auch etwas unbedarften Autor, der sich mit zweiundzwanzig Jahren in Rom an die Niederschrift seines Werkes gemacht hat, ist unter Aufbietung all seiner genialischen Anlagen etwas gelungen, worum die Masse der deutschen Romanautoren vergeblich gekämpft hat und bis heute kämpft: ein unterhaltsames Erzählwerk auf hohem intellektuellen Niveau. Der junge Thomas Mann hebelt die deutsche Über-Ich-Problematik von der normativen Gewichtigkeit und Unverdaulichkeit des Kunstwerks im Gegensatz zur Wertlosigkeit des Unterhaltsamen buchstäblich spielend aus. Denn als Spiel hatte er anfänglich die Niederschrift angesehen, unsicher, ob er es überhaupt mit den Erfordernissen eines umfangreichen Romanwerks werde aufnehmen können. Für die Lektüre ist nicht entscheidend, ob man in Sesemi Weichbrods immer wieder auftauchendem Spruch »Sei glöcklich, du gutes Kend« ein Leitmotiv à la Wagner aufzuspüren in der Lage ist, sondern eher, ob man die bittere Ironie, die darin liegt, auf das Ganze des Romans hin umzusetzen vermag. Das aber wird keinem Leser entgehen. So ist es nur für die Einflussphilologie von Bedeutung, ob hinter den Erzählstrukturen **Schopenhauer, Nietzsche und Wagner** stehen.

Entscheidend ist nun aber, dass Thomas Mann mit den Jahren immer intensiver auf die Bedeutsamkeit dieses »Dreigestirns« hinweist und die Germanistik immer deutlicher dazu anhält, auch schon die *Buddenbrooks* in diesem Horizont zu interpretieren. Das zeigt, dass er es als repräsentativer Autor, zu dem er sich mit aller Kraft stilisierte, nicht dabei bewenden lassen kann, einen großartigen unterhaltsamen Roman geschrieben zu haben. Das Werk bedurfte eines hochkarätigen geistesgeschichtlichen Hintergrunds, um als Kunstwerk ins Gewicht zu fallen.

Die ›leitmotivischen‹ Sätze wie die gesamte Sprachgebung führen dazu, dass sich durch Ironie eine Distanz zwischen Leser und Stoff herstellt, der der erzählten Welt überhaupt erst ihre Gültigkeit und

Dichte verleiht. Diese Gültigkeit ist aber weder realistischer Natur im Sinne des Wiedererkennens von Bekanntem, noch verdankt sie sich allein einem gesteigerten ästhetisch-formalen Erkenntnisstand. Sie ist vielmehr ein unmittelbares Produkt des Erzählvorgangs, also ein stilistisches und sprachliches Phänomen. Damit entfällt die Frage nach der faktizitären Übereinstimmung zwischen Erzählstoff und Wirklichkeit, die Thomas Mann selbst in seiner Streitschrift »Bilse und ich« im Jahr 1906 polemisch zurückgewiesen hat (vgl. T. Mann, Essays). Mann spricht hier von der »subjektive(n) Vertiefung des Abbildes einer Wirklichkeit« (ebd., S. 42) und von intuitiver Erkenntnis als der einzigen in Kunstfragen überhaupt relevanten Erkenntnis. Er spricht mithin für die Einheit und Eigenständigkeit des Lektüreeindrucks.

Natürlich bedeutet das nicht, dass man die Figuren und ihre Bezüge zur Umwelt nicht in jedem der von der Forschung angesprochenen Sinne auslegen kann. Schopenhauers Pessimismus kann als Leitfaden des geschilderten Niedergangssyndroms verstanden werden. Nietzsches Vitalismus kann man die Patenschaft für die biologische Degeneration der Familie durch die geschilderten vier Generationen hindurch zuschreiben. Und man mag die musikalische Strukturierung des Ganzen als eine »Symphonie in vier Sätzen auf das Thema des Verfalls« (Kurzke 1985, S. 80) interpretieren. Von all dem unangetastet bleibt die Eigenständigkeit der dargestellten Welt, die man durch die Lektüre herzustellen vermag.

Das ist der Ausgangspunkt für Thomas Manns Romanpoetik, die er in den auf die *Buddenbrooks* folgenden Werken noch viel ausgeprägter umsetzen wird. Er beharrt auf der Autonomie des hermetisch für sich selbst stehenden Werks gegenüber allen Einflüssen der Umwelt. Die Faktizität des Lebens, soweit sie in den Roman einfließt, wird mittels Ironie und erzählerischer Distanz zu einer genuinen Funktion des Werks transformiert. Daraus entspringen zwei Aspekte, die Thomas Mann bis heute zu einem viel gelesenen Autoren haben werden lassen: die ironische Unverbindlichkeit des in sich geschlossenen Werks hinsichtlich seines Bezugs zur Lebenswirklichkeit und, damit zusammenhängend, der hohe Unterhaltungswert der Darstellung, der wesentlich von der distanzierenden Wirkung der Sprache herrührt. Diese Strategie gipfelt in Manns Altersroman *Doktor Faustus* (1947). In ihr wurzelt, was Thomas Mann **mythisches Erzählen** nennen sollte. In ihr liegt aber auch begründet, dass Mann die Wirklichkeit des Romans nie als mit der faktischen Wirklichkeit identisch begreift: »Thomas Mann ist der ›raunende Beschwörer des Imperfekts‹, der das historisch so genau wie möglich

Fixierte wieder relativiert, indem er es als nur spielerische Vergegenwärtigung zu erkennen gibt.« (Koopmann 1968, S. 292).

Angesichts seines Erstlingsromans aber kann man im Vorfeld dieser individuellen Poetik von einer Umformung realistischer Konzep-
tionen, die sich in den Gesellschaftsromanen Fontanes ebenso finden wie bei den von Mann geschätzten russischen Realisten
Turgenjew, Tolstoi und Dostojewski, sprechen. Ein Verfahren, das
sich im engeren Sinn auf eine vor dem Realismus anzusiedelnde
Grundidee stützt, nämlich auf Goethes Begriff des organischen
Kunstwerks. Betrachtet man die *Buddenbrooks* im Kontext konkreter
Entwicklungen des literarischen Realismus bis in den Naturalismus
hinein, so stellt man fest, dass der Roman sowohl vom Anspruch als
auch von der stilistisch-formalen Komplexität her deutlich hinter
die Produktionen von Flaubert oder Zola zurückfällt. Was er dagegen statuiert, ist die konsequente Restauration eines Werkbegriffs,
der nun nicht mehr wie noch für Goethe einen zentralen metaphysischen Hintergrund aufweist, sondern die Autonomisierung des
Romans als Kunstprodukt innerhalb der Medien- und Kommunika-
tionsstrukturen um 1900 bedeutet. Das ist das Problemfeld, auf
dem hier Realismus und philosophischer Ästhetizismus zusammenfinden. Thomas Mann extrapoliert den Roman aus den soziokulturellen Kontexten des 19. Jahrhunderts, indem er ihn als ein bewusst
gestaltetes ›ästhetisches Produkt‹ präsentiert, das durch das Medium
seiner Sprache fingierte Realität *als* bewusst fingierte darbietet.
Während der Glaube an das realistische Erzählen an praktisch allen
Fronten zerfällt, restituiert Thomas Mann dieses Erzählen im Rahmen einer sich selbst permanent und lustvoll entlarvenden Simulation des geschlossenen Werks (vgl. Schärf 1999b, S. 46-65).

Damit kreiert Thomas Mann zum ersten Mal den **Roman als
synthetisches Artefakt des Kulturbetriebs**, jenseits der doktrinären
Kunstansprüche eines Flaubert oder des restaurativen Kompensati-
onsglaubens, der den deutschen Realismus bestimmt hat. Seine post
festum vorgenommene Selbstdeutung im Horizont der Wagner'schen
Leitmotivtechnik ist allein schon deshalb fragwürdig, weil die Übertragung einer künstlerischen Technik aus der Musik in die Literatur
von Thomas Mann – wie auch von den späteren Kommentatoren –
kaum einmal problematisiert wird (vgl. Vaget 1984). Im Grunde
handelt es sich dabei um eine Behauptung, die sich nur sehr formal
verifizieren lässt und hauptsächlich dazu dient, den intuitiven
Künstler zu verklären. Den Vorwurf abwehrend, er sei in der
Hauptsache »ein Schilderer guter Mittagessen«, bemerkt Thomas
Mann im Jahre 1904: »Oder hat von den acht- oder zehntausend

geduldigen Leuten, die meine Buddenbrooks gelesen haben, dennoch einer oder der andere in diesem epischen, von Leitmotiven verknüpften und durchwobenen Generationszuge vom Geist des ›Nibelungenringes‹ einen Hauch verspürt?« (Dichter über ihre Dichtung, S. 38). Diese Apotheose fortführend, vermerkt Hans Wysling im *Thomas-Mann-Handbuch* mehr als achtzig Jahre danach über die Leitmotivtechnik in den *Buddenbrooks*: »Nur der Leser, der sich alle Bezüge in dieser vorausweisenden und zurückblickenden Dynamik präsent halten kann, vermöchte der Forderung des Autors zu genügen. Wer im epischen Strom einfach mitschwimmt, verfehlt die Feinmaschigkeit, Doppel- und Mehrfachbödigkeit solchen Erzählens.« (Thomas-Mann-Handbuch 1990, S. 383).

Bleibt die Frage, ob man als Leser den »Forderungen des Autors genügen« muss oder ob man die Lektüre nicht auch ohne den von Thomas Mann selbst ins Feld geführten kulturgeschichtlichen Ballast mit Gewinn durchführen kann. Für die Initiation des Romans, die Mann mit der Veröffentlichung der *Buddenbrooks* zum Auftakt des 20. Jahrhunderts vornimmt, ist diese Frage von einiger Bedeutung. In ihr ist eine weitere Frage virulent, nämlich die nach dem genuinen Ort des Romans im kulturellen Kommunikationskontext des 20. Jahrhunderts, ein Problem, das sich ausnahmslos allen Romanautoren stellt. Das enorme Gewicht, das Thomas Mann auf die Anwesenheit der deutschen Bildungstradition in seinen Romanen legt und das er in den *Betrachtungen eines Unpolitischen* (1918) vehement verteidigt, kann als eine Reaktion auf die kulturelle Ortlosigkeit des Erzählens in der modernen Welt ausgelegt werden. Aus diesem Grund erscheint Thomas Manns Bezugnahme auf die Kulturtradition stets als in einem monumentalen Sinne bildungsbürgerlich. In ihr steckt die Geste, etwas erwerben zu müssen, von dem man nicht sicher ist, ob man es auch ererbt hat.

Das Bildungsgut, das Thomas Mann von Roman zu Roman immer breiter in seine Produktionen aufnimmt, dient ihm vor allem anderen zur Rechtfertigung des Romanschreibens selbst. Es repräsentiert keineswegs epische Breite im Sinne eines umfassend vorgestellten Weltbezugs, sondern steht jeweils in der Funktion, die Welt des Romans gegen die Erfahrungswirklichkeit und ihre dem ›mythischen Erzählen‹ feindlichen Diffusionsphänomene abzuschotten. Der Roman in der Nachfolge realistischer Konzepte des 19. Jahrhunderts, den Thomas Mann wie kein zweiter repräsentiert, kann somit als das gerade Gegenteil eines auf die Erfahrungswirklichkeit hin sich öffnenden Erzählens angesehen werden. Statt die Wirklichkeit in all ihren Facetten zu konfrontieren, geht es um die Sicherung des Kunstwerks als mythischer Erlebniswelt durch die Aufnahme und Umgestaltung von realistischen Elementen.

Thomas Mann ist nicht der einzige, der in dieser Form mit dem Anspruch des Realismus verfährt. Er ist nur der Autor, der in hervorstechender Weise auf das realistische Erzählen des 19. Jahrhunderts zurückgreift und ihm stilistisch verhaftet bleibt. Realistisches Erzählen bei Thomas Mann kann somit als groß angelegte Verarbeitung eines fundamentalen Weltverlusts betrachtet werden. Das **Phänomen des Weltverlustes** aber betrifft den modernen Roman insgesamt: »In einem Jahrhundert globaler gesellschaftlicher Umwälzungen, ausufernder Technik und tiefgreifender Veränderung der Lebenswelt erscheint in den als besonders charakteristisch geltenden Romanen die Erfahrungsbreite des Zeitalters auffallend eingeschränkt.« (Žmegač 1990, S. 258).

Auch wenn diese Diagnose im eigentlichen Sinne auf Thomas Manns Hauptwerke seiner mittleren und späten Schaffensphase zutrifft und dort in besonders auffälligem Maße zu bemerken ist, kann man sie doch bereits in Bezug auf die *Buddenbrooks* stellen. Von den gesellschaftlichen, politischen, wirtschaftlichen und technologischen Entwicklungen des 19. Jahrhunderts kommt so gut wie nichts explizit zur Sprache. Die revolutionären Bestrebungen von 1848 beispielsweise werden in einer karikaturhaften Überzeichnung eingebracht, in der die revoltierenden Arbeiter als orientierungslose Mitläufer einer Entwicklung, die sie nicht begreifen können, dargestellt werden. Statt soziale Wirklichkeit zu schildern, geht es um das Phänomen des Verfalls im Rahmen eines biologistischen Determinismus, dessen Unausweichlichkeit das eigentlich Bewegende bei der Lektüre ist. Die Figuren sehen sich einer Macht ausgeliefert, die keinen Namen hat und die im schleichenden Prozess der Zeit ihr Werk über sie ausübt. Der faszinierende Mythos des Verfalls schiebt sich so vor den Realismus der Darstellung und bedient sich ihrer.

Damit vollziehen schon die *Buddenbrooks* in beinahe unauffälliger Art und Weise eine **Entkoppelung von Realismus und Kunstwerkcharakter**, der eine genuine Reaktion auf die Unmöglichkeit darstellt, die Realität als solche überhaupt noch in den Blick zu nehmen, oder auch nur einen Begriff ihrer Ganzheit auszubilden. Bemerkenswert an Thomas Manns Erstlingsroman ist jedoch, dass er diese Tendenz unter dem Anschein umsetzt, er stelle gerade noch einmal, und zwar in besonders gelungener Form, das Ineinanderwirken von Realismus und Kunstanspruch her. So erweist sich Manns Schreibweise hier bereits als Simulationsphänomen vor dem Hintergrund realistischer Traditionen. Manns spezifische Modernität besteht von den *Buddenbrooks* an darin, die Darstellung von Wirklichkeit zur Leitfunktion einer mythischen Inszenierung zu machen, in der der Roman als literarische Rekonstruktion des Wagner'schen Monumentalkunstwerks erscheint.

Heinrich Mann

Etwas anders verhält es sich bei Heinrich Mann, den man ebenfalls als Repräsentanten der Übernahme und Umformung realistischer Konzepte ansehen kann. Im Jahre 1900 publiziert er den Roman *Im Schlaraffenland*, 1902 die Trilogie *Die Göttinnen*, eine, wie Vollmann bemerkt, »furchtbare Lektüre, ein Narkotikum, das man wollen muß, um es ertragen zu können [...]; dann aber eine rauschende Fahrt durch die Traum-Allee hindurch, die zu nichts führt« (Vollmann 1997, S. 730). Das ist eine treffende Charakterisierung des Dekadenz-Phänomens, dem Heinrich Mann als ›erotischer‹ Dichter in dieser Phase anhängt. Im Verlauf seiner weiteren Romane, *Professor Unrat* (1905), *Zwischen den Rassen* (1907), *Die kleine Stadt* (1909) und *Der Untertan* (1918), entwickelte sich Heinrich Mann in konsequenter Linie zu einem politisch engagierten, republikanischen Autor. Dies jedoch ohne politologische oder soziologische Grundierung und unter weitgehender Absehung von ökonomischen Strukturen (vgl. Améry 1971). Die Forschung hat in dieser Hinsicht zu Recht von »erotischer Politik« gesprochen, die Heinrich Mann aus seinen dem **Ästhetizismus** verhafteten Anfängen in ein **demokratisches Literaturverständnis** einbringt (vgl. Martin 1993).

Innerhalb dieser Entwicklung kommt es zu einer Auseinandersetzung mit der französischen Literatur und hier besonders mit dem Romanschaffen Gustave Flauberts und Émile Zolas. Mann versucht, die Dominanz der deutschen antidemokratischen Kulturtradition zugunsten der fortschrittlichen französischen zu verdrängen. Damit nimmt er in Deutschland eine ungewohnt radikale Position ein. Seine Ansicht, in der Ästhetik eines Zola fände sich der Schlüssel zur Politisierung der deutschen Kultur vom Roman her, hat er vor allem in seinem großen Essay *Zola* (1915) zugrunde gelegt. In Zolas Romanen findet Mann eine »Poesie der Demokratie« verwirklicht, die er als »üppiger und hinreißender als jede andere« einstuft (H. Mann: Geist und Tat, S. 139; vgl. dazu Schärf 1999a, S. 212 ff.).

In der sprachlichen Kontamination dieser Sentenz liegt das Potential bereit, das Heinrich Mann zur Anwendung bringt, indem er sich zum republikanischen Autor wandelt. Die Herrschaftsform der Demokratie wird mit rein ästhetischen Attributen versehen und kann erst als solche Hochschätzung erfahren. Zola wird unterdessen zum Heiligen des Romans verklärt, in dessen Werk sich der innere Auftrag der gesamten Gattung erfüllt habe.

Heinrich Manns Zeitsatiren wie *Professor Unrat* und *Der Untertan* unterstehen als Romane ebenso dieser Apotheose des perfekten Romanciers wie der Versuch, demokratische Lebensformen im Roman darzustellen: *Die kleine Stadt*. Manns Politikverständnis unterliegt jener platonisch-erotischen Emotionalisierung, die sich in seinen Fin-de-siècle-Dichtungen noch auf den Mythos ›Frau‹ bezogen haben (vgl. Haupt 1989). Das bedeutet, dass nur der Inhalt des mythischen Glaubens wechselt, nicht aber seine Vorherrschaft über die Praxis des Romans.

Auch bei Heinrich Mann unterliegt das realistisch-politische Moment einer umfassenden Mythologisierung. Manns **Rückwendung auf die französischen Realisten** und auf den Naturalisten Zola wird zu einem Verklärungsprojekt, das im Expressionismus begeisterte Aufnahme gefunden hat (vgl. Weisstein 1969). Heinrich Mann wird durch seine Essayistik zum Nestor der expressionistischen Generation, bleibt aber mit seinen Romanen merkwürdig wirkungslos. *Die kleine Stadt*, derjenige unter ihnen, den Heinrich Mann nach eigenen Aussagen am meisten geschätzt hat, lässt das Grunddilemma aufscheinen. Die politische Intention, die hier als Variante und Weiterführung des Realismus-Komplexes in Erscheinung tritt, und der utopische Kunstanspruch, der diese Absicht umsetzten soll, katapultieren das Erzählwerk in die Sphäre des ästhetischen Mythos. Angesichts der heutigen, vollkommen ernüchterten Auffassung von Politik kann man den Roman nurmehr als ›demokratisches Märchen‹ lesen. Seine innere Dramatik wirkt konstruiert und effektbezogen. Der Glaube, man könne dem Wilhelminismus mit politischen Romanen beikommen, ist von einer liebenswürdigen Naivität. Der Bruch zwischen Literatur und politischer Herrschaft wird noch nicht als der zwischen dem artistischen Willen zur Macht und der tatsächlichen politischen Macht begriffen.

Die »Relation von Formproblematik und engagierter Thematik« (Hillebrand 1993, S. 309) ist sicherlich das entscheidende Kriterium für die Beurteilung von Heinrich Manns gesamtem Romanschaffen. Auch wenn diese Bewertung in der Forschung noch längst nicht abgeschlossen ist, lässt sich sagen, dass Heinrich Manns Versuch, Wirklichkeit in den Roman zu bringen und diesen dadurch politisch virulent werden zu lassen, den Autor von seiner zeitgenössischen Wirklichkeit mehr und mehr entfremdet hat. Sein ideelles Grundmodell, das Zusammenwirken von Geist und Tat, das er sein

Leben lang beibehalten hat, flüchtet sich später in die Geschichtsallegorie um den König Henri IV. (*Die Jugend des Königs Henri Quatre*; *Die Vollendung des Königs Henri Quatre*, 1935-1938). Damit rückt Mann endgültig die historisierende Allegorie an die Stelle des Politischen.

Seine Entwicklung als Romancier zeigt, dass die **Kohabitation von Ästhetik und Politik** auf einer gemeinsamen geistigen Basis das Ergebnis einer großen idealistischen Illusion gewesen ist. Dieses Konzept weist so vehement zurück ins 19. Jahrhundert, dass der heutige Leser sich fragen mag, wie sie im 20. Jahrhundert überhaupt umgesetzt werden konnte und welchen Stellenwert sie dort beanspruchen kann.

Entsprechend lassen sich bei den Brüdern Mann zwei einander zuwiderlaufende Grundtendenzen im Versuch, realistische Konzepte des 19. Jahrhunderts weiterzuführen und umzugestalten, ausmachen. Während Thomas Mann realistische Erzählhaltungen aufgreift, um sie dem Mythos vom geschlossenen Kunstwerk unterzuordnen, adaptiert Heinrich Mann realistische Schreibweisen, um durch die Illusion, es werde soziale Wirklichkeit dargeboten, den ästhetischen Mythos einer politischen Utopie zu inszenieren. Thomas Manns ›simulatorischer‹ Werkbegriff und die damit verknüpfte ironische Unverbindlichkeit der erzählten Welt haben sich auf Dauer als erfolgreicher erwiesen, als die von Heinrich Mann intendierte Durcharbeitung der deutschen antidemokratischen Kultur durch die von Frankreich her aufgenommenen republikanischen Alternativen. Das mag nicht zuletzt damit zusammenhängen, dass Heinrich Mann die illusionäre Ungeschiedenheit von Ästhetik und Politik zum Maßstab seiner Romane gemacht hat, während Thomas Manns ›autonomes‹ Romanwerk, das die deutsche Kulturtradition als scheinbar unverwundbaren Wert in sich aufgenommen hat, jene Ausdifferenzierung von ästhetischer und politisch-sozialer Sphäre repräsentiert, die sich vor allem in Westdeutschland nach dem Zweiten Weltkrieg immer deutlicher als gesellschaftliche Praxis erwiesen hat.

2.1.2 Die Widerspiegelungspoetik und ihre Objekte

Während des gesamten 20. Jahrhunderts bleibt der Realismus ein Maßstab für die Diskussion um den Roman und für die Poetik einer großen Zahl von Autoren. Die entschiedensten Vertreter dieser

Richtung aber präsentierten sich als Dogmatiker und Ideologen. Im Realismus des 19. Jahrhundert erblickten sie die vorbildliche Schreibweise zur Widerspiegelung gesellschaftlicher Wirklichkeit. Wobei das Bild vom Spiegel aus dem frühen 19. Jahrhundert datiert und von Stendhal stammt. In seinem Roman *Le Rouge et le Noir* (1830) stellt der Erzähler die Überlegung an, der Roman sei ein Spiegel, der sich auf einer Landstraße bewege. Bald spiegele er das Blau des Himmels, bald den Schmutz der Straße. Wer sich aber am Schmutz störe, der dürfe nicht den Spiegel dafür verantwortlich machen, sondern müsse sich an den Straßeninspektor wenden.

In dieser einfachen Überlegung liegt die Essenz der **Realismus-Doktrin des 20. Jahrhunderts.** Man geht davon aus, dass die Spiegelung der Wirklichkeit unmittelbar zu deren praktischer Veränderung Anlass geben müsse. Deshalb lehnen Theoretiker wie Georg Lukács den Beschreibungsfanatismus der Naturalisten ab. Ebenso wird der Modernismus der Künste und die darin sich vollziehende Destruktion des Realismus-Komplexes als formalistische Strömungen der kapitalistischen Dekadenz verworfen. Zwischen Naturalismus und Formalismus erblickt Lukács eine Schreibweise, die die »wirkliche Erkenntnis der treibenden Kräfte der gesellschaftlichen Entwicklung, die unbefangene, richtige, tiefe und umfassende dichterische Widerspiegelung ihrer Wirksamkeit im menschlichen Leben« umzusetzen in der Lage ist (Romantheorie 1975, S. 272). Aus solcher Komposition ergebe sich ein utopischer Vektor, der anzeige, dass der Roman nicht nur die Wirklichkeit abschildere, wie sie sei, sondern, durch diese Strukturen hindurch, darauf vorausweise, wie sich die Gesellschaft dialektisch zum Besseren wenden könne. Die Bewegung der Klassenkämpfe als historisch manifester Prozess müsse die Beschreibung der Wirklichkeit in der Weise durchdringen, dass die hinter den Dingen und ihrer Spiegelung unausweichlich wirksamen historischen Kräfte erkennbar würden.

Das ist im Kern die theoretische Grundlegung eines sozialistischen Realismus, der nach 1932 zu einem politischen Kampfbegriff bei der gesellschaftlichen Gleichschaltung aller Lebensbereiche in der stalinistischen Diktatur erwachsen ist (vgl. Trommler 1975; zur Entwicklung in der Sowjetunion vgl. Kluge 1973). Als Musterbeispiel für den Roman des sozialistischen Realismus gilt Maxim Gorkis Roman *Die Mutter*, der zuerst in englischer Sprache 1906/07 erschienen ist. In diesem Buch zeigt Gorki die Arbeiterbewegung in ihrer revolutionären Stellung, vom dumpfen Vegetieren in erniedrigenden Verhältnissen über die Aneignung eines revolutionären Bewusstseins bis hin zu einer offen praktizierten revolutionären Gesinnung, als deren großartigste Verkörperung zuletzt die Mutter der Hauptfigur Pavel auftritt. An der Entwicklung der Mutter aus der religiösen Ohnmacht zur Speerspitze der Rebellion zeigt sich nach Ansicht Bertolt Brechts, der Gorkis Roman 1932 dramatisiert hat, nicht nur die Entwicklung eines Einzelbewusstsein, sondern die Modellierung eines Klassenbewusstseins. Darin aber entrolle sich der Verlauf der revolutionären Entwicklung des Proletariats insgesamt.

Von heute aus muss man sich fragen, inwieweit der Verkitschung bestimmter Stereotypen der christlichen Mythologie, wie etwa des Marien-Kults, realistisches Potential im Sinne historisch-materialistischer Dialektik zugesprochen werden kann. Nichts anderes aber liegt in Gorkis Roman vor. Die historische Bedeutung des Romans des sozialistischen Realismus ist an solchen Fragen zu bemessen. Die politische Intention überlagert den Kunstcharakter in deutlicher Form. Der **sozialistische Realismus** erwies sich für den Roman als Sackgasse und schuf eine rücksichtslose ideologische Überformung der Realismus-Diskussion. Seine Doktrin beherrschte die Literaturen aller Staaten des ehemaligen Ostblocks bis in die siebziger Jahre hinein (vgl. Mozejko 1977).

Nicht zuletzt die Literatur der DDR war davon bestimmt. Für den Roman bildete in der DDR **Anna Seghers** eine Galionsfigur. Ihre Werke *Die Toten bleiben jung* (1949), *Die Entscheidung* (1959) und *Das Vertrauen* (1968) ergeben eine Trilogie zur deutschen Geschichte von 1918 bis 1953, die ganz im Dienste des Aufbaus eines sozialistischen deutschen Staates steht. In der DDR wurden diese Bücher als vorbildlich für die Literatur eines sozialistischen Realismus von der politischen Führung hervorgehoben. Tatsächlich ist Seghers Konformismus mit der DDR-Ideologie frappierend. Die Dogmatisierung des Realismus im Roman wird von ihr lückenlos umgesetzt. Das ist umso erstaunlicher, als Anna Seghers mit *Das Siebte Kreuz* (1942) und *Transit* (1944) zwei mitreißende Exilromane geschrieben hatte, die einen durchaus experimentellen realistischen Schreibstil darbieten. Vielleicht können diese beiden Romane als die eigentlichen Höhepunkte des Realismus im deutsche Roman der Mitte des 20. Jahrhunderts angesehen werden. Sie sind, thematisch und formal gesehen, bis heute äußerst lesenswert.

Die **Widerspiegelungstheorie** wird von Georg Lukács ausführlich in seinem theoretischen Hauptwerk *Geschichte und Klassenbewußtsein* von 1923 ausgeführt. Lukács beharrt bis zuletzt auf seiner von den meisten Theoretikern als naiv und doktrinär eingestuften Profilierung eines dialektisch mit den gesellschaftlichen Strukturen vermittelten Abbildrealismus. Eine differenziertere Variante hierzu bietet der französische Soziologe Lucien Goldmann mit seiner *Soziologie des Romans* (1964). Goldmann geht nicht so sehr von inhaltlichen und somit abbildbaren Entsprechungen zwischen Roman und Wirklichkeit aus als vielmehr von strukturellen Entsprechungen zwischen beiden Bereichen. Die affektive und intellektuelle Ausrichtung bestimmter sozialer Gruppen kehren nach Goldmann in der Struktur der Texte wieder. Zwischen der Struktur des Romans und der Struktur der kapitalistischen Produktionsgesellschaft bestehe Homologie.

Goldmann versucht, Lukács' sozialpolitische Deutung des Romans auf eine verfeinerte theoretische Basis zu stellen. Geleitet wird auch Goldmann noch von Lukács' Lieblingsidee, nach der der Roman das Ganze des menschlichen Lebens und die inneren Zusammenhänge aller Erscheinungen darzustellen habe, also vom Gedanken der Totalität. Daran zeigt sich die eigentliche Problematik aller Widerspiegelungstheorien im 20. Jahrhundert. Die theoretische Prämisse der Totalität bestimmt durchweg die Richtlinien der Literaturanalyse. Intellektuelle Vorgaben schieben sich über die strukturelle Offenheit des Romans als Literaturform. Die Gattung wird ideologisch oder theoretisch instrumentalisiert.

Das ist ein wesentlicher Punkt innerhalb der Geschichte des Romans im 20. Jahrhundert. Von diesem Punkt aus sind nicht nur unzählige Machwerke, die unter der Ideologie des sozialistischen Realismus geschrieben wurden, entstanden. Auch philosophische Theoreme stifteten einen ideellen Rahmen, in dem der Roman als Exemplifizierung oder Illustrierung einen Platz fand. Man denke nur an so großartige Werke wie die beiden Romane von Albert Camus *L'Étranger* (1942) und *La Peste* (1944). Sie entwickeln in ihrer lakonischen Kürze und Kargheit des Stils eine ganz neue Schreibweise, die sich einer bestimmten philosophischen Haltung ihres Autors verdankt und die zusammen mit der Romanhandlung diese Haltung erzählerisch umsetzt. Hinter den beiden genannten Romanen steht Camus' Idee vom *Mythos von Sysiphos* (1942), der Vorstellung von der Existenz des Menschen in einer absurden Welt. Camus praktiziert vor diesem Hintergrund einen ›**Realismus des Absurden**‹; er zeigt Menschen in existentiellen Grenzsituationen, in denen sie sich nur noch falsch entscheiden können (zu Camus, Absurdität und Revolte vgl. *Die Gegenwart des Absurden*, 1994; *Dichtung ist ein Akt der Revolte*, 1996; Todd 1999).

Das ist etwas völlig anderes als der Realismus des 19. Jahrhunderts. Bei Camus gibt sich die Parallele von philosophischer These und erzählter Handlung als existentieller Realismus, verbunden mit einer hohen moralischen Einstufung des Romans als Genre. Camus' Deutung des Daseins als Verlorenheit des Menschen im absurden und sinnlosen Raum ist in der Mitte des 20. Jahrhunderts nur *eine* Deutung neben anderen. Jetzt kann keine Theorie mehr, und sei sie auch so faszinierend wie der Existentialismus eines Albert Camus, Prioritätsansprüche gegenüber einer anderen erheben. Darin liegt die tückische Unhintergehbarkeit des Perspektivismus, wie er seit Nietzsche in die Künste eingeflossen ist. **Die Realität ist immer das Ergebnis einer Interpretation.** Im Endeffekt streiten die Interpretationen unter- und miteinander, ein Realitätsgrund als solcher aber ist verloren. Wenn man das Dasein und die Welt insgesamt als absurd betrachtet, so ist das ein radikaler Schluss. Noch radikaler aber ist die Gewissheit, dass auch dieser Schluss nur eine Deutung unter anderen ist. Das ist das Argument, das den Realismus als Doktrin auf allen Ebenen, ideologischer, philosophischer und soziologischer Art, hinfällig werden lässt. ›Realistisches Schreiben‹ modelliert die Grundkoordinaten einer bestimmten Interpretation von Welt in einer Weise nach, als stimmten Welt und Interpretation eidetisch und faktizitär überein. Das impliziert den Zerfall des noch von Goldmann postulierten Homogenitätspostulats, wonach die Darstellung der Wirklichkeit als Abbildphänomen in einem erzählerischen Kunstwerk grundsätzlich möglich sei.

Die Behauptung, der Roman forme die Ideologie des kapitalistischen Warentauschs so weit nach, dass die Aushöhlung aller Wertmaßstäbe, die sich in einer Gesellschaft abspielt, in der nur noch das Geld einen Wert darstellt, zum Werterelativismus im Erzählen selbst führen muss (vgl. Zima 1986), verkennt den neuralgischen Punkt aller in dieser Weise statuierten Homologien. Die Homologie selbst ist schon ein theoretisches Wertestatut, das dem Relativismus der Deutungsperspektiven dessen, was Wirklichkeit sei, nicht standzuhalten vermag. In der Architextualität des Romans, d.h. der Phänomenalität der Schreibweisen, die unter dem Signalwort ›Roman‹ zusammenfinden, und ihrer Entwicklungen, werden alle Konstruktionen, die den Roman in einem Widerspiegelungsverhältnis zur ›Realität‹ sehen, *vom* Roman und seiner anarchischen Entwicklungslogik selbst unterlaufen. Der Roman ist über das Statut des Realismus hinweggegangen, und zwar deshalb, weil er ihm ästhetisch niemals unterworfen war.

Das Realismus-Argument aber reduziert sich im 20. Jahrhundert auf die **Konstruktion von Homologien.** Diese bilden zwischen Textstrukturen und zwischen ideellen, sozialen, oder ideologischen

Komplexen Verbindungen, die durch nichts zu beweisen sind und sich im Kontext eines umfassenden Relativismus des Wissens und der Wahrnehmung als heuristische Annahmen präsentieren. Der Mensch entwirft sich ein Bild der Realität, weil er nicht anders leben kann. Aber der Roman spiegelt diese Bilder nicht ab, sondern erzeugt sie allererst. Er ist **ein Instrument der Welterzeugung neben anderen** (vgl. Goodman 1984).

Für die Leser/innen kommt es darauf an, wie überzeugend diese Welterzeugung ist. Das ist stets eine Frage des Erzählens selbst, des Stils, der Komposition, kurz des Kunstwerkcharakters des Romans. Blickt man auf heutige Schreibweisen des realistischen Romans in den USA etwa, so zeigt sich, auch wenn es nicht immer ausgesprochen wird, dass ein Erzähler wie Ernest Hemingway mit dem Stil, den er geprägt hat, wohl mehr fortdauernde Wirkung erzielen konnte und kann als die meisten seiner realistisch schreibenden Kollegen, vor allem in Europa.

Hemingways erzählerischer Reduktionismus mit seinen knappen Schilderungen und seinen kargen Dialogen beruht auf keiner explizit ausgearbeiteten Widerspiegelungstheorie und prätendiert auch keine Strukturhomologie zwischen Roman und Wirklichkeit. Hemingsways Erzählen setzt *vor* solchen Erwägungen an. Es verdankt seine Beobachtungsdichte und seine konstatierende Kürze dem Journalismus, dem der Autor entstammt. Den Untergrund der Erzählhaltung bildet jedoch keine Theorie oder Philosophie, sondern ein ursprünglich Hemingways Persönlichkeit zuzurechnender Heroismus, der sich in Reinform in seinem Essay »Death in the Afternoon« (1932; dt. *Tod am Nachmittag*) in einer umfassenden Reflexion über den Stierkampf niedergeschlagen hat. Natürlich kann man Hemingways Männlichkeitskult als eine neurotische Privatideologie einstufen, doch bleibt der Zugang zur Wirklichkeit für ihn ganz und gar intuitiv und nur im Erzählen selbst evoziert. In Romanen wie *The sun also rises* (1926; dt. *Fiesta*) und *A farwell to arms* (1929; dt. *In einem anderen Land*) entwickelt Hemingway seinen unverkennbaren Stil, der zur Orientierungsmarke für das amerikanische Erzählen auch in der zweiten Hälfte des 20. Jahrhunderts geworden ist. Es handelt sich um ein gleichsam ›direktes‹ Erzählen, das sich um das Attribut ›realistisch‹ wenig kümmert. In Hemingway hat das 20. Jahrhundert einen modernen Realisten, der jenseits aller Realismustradition und abseits aller Widerspiegelungstheorie die Wirklichkeit seiner Epoche und seiner Generation entwirft. Jedenfalls bilden in der amerikanischen Literatur die Darstellung und die Erzeugung von Realität offensichtlich keinen kardinalen

Widerspruch und sind zu keiner Zeit zu einem ideologischen Phänomen mutiert (zu Hemingway vgl. Müller 1999).

Während sich der realistische Roman vor allem in Nordamerika abseits aller Doktrinen in der zweiten Jahrhunderthälfte zu einer ganz eigenständigen Instanz entwickelt hat, hing man in Deutschland noch immer einer eng gefassten Realismus-Programmatik an. Dabei handelt es sich nicht nur um die ideologisch verordnete Doktrin des sozialistischen Realismus in der DDR. Auch in Westdeutschland meinte man in den sechziger Jahren, noch einmal *stricto sensu* zum Realismus zurückkehren zu müssen. Ergebnis dieser Bestrebungen war der von Dieter Wellershoff propagierte ›**Neue**‹ oder ›**Kölner Realismus**‹.

Zwar distanzierte sich Wellershoff recht bald von diesem Begriff, doch hat er ihn in mehreren Aufsätzen (»Neuer Realismus«, 1965; »Für einen neuen Realismus« 1966) heraufbeschworen und schließlich in seinen Romanen *Ein schöner Tag* (1966) und *Die Schattengrenze* (1969) selbst umzusetzen versucht. Autoren wie Nicolas Born, Günter Steffens, Günter Herburger und Rolf Dieter Brinkmann schlossen sich Wellershoffs Konzeption an und schrieben kurzzeitig Romane im Stile eines Neuen Realismus, der vor allem ein Realismus der Trostlosigkeit war. Die Ödnis der bundesrepublikanischen Nachkriegsgesellschaft findet hier kritische Aufnahme, jedoch um den Preis eines verödeten Erzählens. Nicolas Borns Roman *Die erdabgewandte Seite der Geschichte* von 1975 ist vielleicht das interessanteste Produkt aus dieser Schule, die sich nie als solche verstanden hat.

Ansonsten ist die Zeit über diese Texte in einer Weise hinweggegangen, dass kaum eine Erinnerung an sie geblieben ist. Der ›Neue Realismus‹ war ein Versuch der Wiederbelebung einer Mumie aus der Retorte und unter den Bedingungen des totalen Wirklichkeitsverlusts. Die Spielart eines **Realismus ohne Wirklichkeit** war scheinbar neu. Nach dem *Nouveau Roman* aber konnte sie nicht mehr sein als ein Signal für die dichterische Einfallslosigkeit in den sechziger und frühen siebziger Jahren in Deutschland. Und sie präsentierte sich zudem als Abklatsch veralteter Realismus-Konzepte. Der ›Neue Realismus‹ kann als Beispiel dafür dienen, wie lange man an Konzepte geglaubt hat, die Thomas Mann schon im Jahre 1901 als Pastiche rekonstruiert hatte.

Magischer Realismus

Der Begriff ›Realismus‹ machte in den sechziger und siebziger Jahren auch in Übersee auf dem Gebiet des Romans noch einmal Karriere, und zwar unter der Begriffskontamination ›**Magischer Realismus**‹. Ein Ausdruck, der bald schon zu einem Schlagwort geriet, unter dem man die unterschiedlichsten Werke vor allem der lateinamerikanischen Literatur zusammenfassen wollte. Als prototypischer Roman des *realismo mágico* gilt zweifellos *Cien años de soledad* (1967; dt. *Hundert Jahre Einsamkeit*) von Gabriel García Márquez (vgl. Janik 1992).

Im Magischen Realismus treffen zwei Sphären aufeinander, die Erzählstruktur des realistischen Romans europäischer Prägung und phantastische Momente, die auf Mythen und Riten der Lebenswelt Lateinamerikas zurückzuführen sind (vgl. Scheffel 1990; Dill 1993; Hood 1993; Magical Realism 1995). Aus dem Zusammenschluss beider Sphären in einem Erzählverfahren, wie es García Márquez in *Hundert Jahre Einsamkeit* auf unnachahmliche Weise gelungen ist, resultiert jener Eindruck des in der Alltagswelt angesiedelten und wirksamen Übersinnlichen, den man im lateinamerikanischen Roman so gerne erblickt und fast schon erwartet.

Besonders für die Europäer war der Magische Realismus à la García Márquez, Carlos Fuentes, Julio Cortázar und – bereits trivialisiert – bei Isabel Allende eine Entdeckung. Der Irrationalismus der südamerikanischen Völker mit ihren indianischen Wurzeln und der Durchdringung von heidnischen und christlichen Kulten und Glaubenspartikeln barg zugleich **Exotik und Befreiung**. Der Reiz des Fremden, dem Mitteleuropäer unzugänglichen Denk- und Lebensformen vermischte sich mit der Rationalität eines linearen Erzählens, wie man es vom realistischen Roman her kannte. Das versprach eine Befreiung von der Krise des Erzählens, die man in Europa mit dem Roman in unmittelbare Verbindung brachte. Es schien, als gäbe es noch eine Region auf der Welt, in der man in unverfälschter Art und Weise ursprünglich erzählen konnte. Das war und ist natürlich ein Mythos. Die Erzähler Lateinamerikas kamen keineswegs aus dem Nichts. Man wusste nur zu wenig über die Literatur dieses Erdteils.

Hinsichtlich des Begriffs ›Magischer Realismus‹ bleibt man weitgehend auf den Welterfolg von García Márquez verwiesen. Andere Werke wie *Terra Nostra* (1975) von Carlos Fuentes zum Beispiel teilen zwar mit *Hundert Jahre Einsamkeit* das Faktum der Monumentalität der Geschichtsdarstellung, sind jedoch sonst kaum mit dem

Roman des Kolumbianers zu vergleichen. Ein Roman wie *Rayuela* von Cortázar (1963) etwa scheint sich ebenfalls dem Attribut des Magischen zu fügen, führt aber dessen Momente auf die Tradition der *literatura fantástica* eines Jorge Luis Borges einerseits und andererseits auf die metaphysische Problematik und Sprachkrise der europäischen Tradition zurück. Insgesamt gilt *Rayuela* als Beispiel für ein postmodernes Romanexperiment, das mit bestimmten spielerischen Ordnungsmustern performativ-phantastisch umgeht (vgl. Kap. 3.2.2).

Man erkennt recht schnell, dass der Begriff des Magischen Realismus als Schlagwort dient und keineswegs die Vielfalt der hispanoamerikanischen Literatur der zweiten Jahrhunderthälfte auch nur im Ansatz zu charakterisieren vermag. Dies aufzuarbeiten, bedürfte es eigener Studien, die in Deutschland von Spezialisten betrieben und von nur wenigen Interessierten aufgenommen werden. Für den deutschen Sprachraum ist der lateinamerikanische Roman beinahe als *terra incognita* zu bezeichnen, obgleich viele Werke in Übersetzungen zur Verfügung stehen. Bei aller Vielfalt lässt sich sagen, dass von dieser Literatur weit mehr ausgeht, als das Schlagwort des Magischen Realismus bezeichnen kann.

›Realismus‹ dient in diesem Kontext als Metapher für Schreibweisen, die sich auf den ersten Blick an die realistische Tradition anzulehnen scheinen. Für eine genauere Analyse aber hat der Begriff auch hier ausgedient. Realistisches Erzählen im Roman wird im 20. Jahrhundert auch in Südamerika überlagert von bestimmten artistischen Gegebenheiten, die, latent oder manifest, den Roman als Kunstwerk autonom setzen. Realismus wird unter diesen Bedingungen zu einem Surrogat, mit dem man den Weltbezug des Erzählens retten will. Doch lehrt die Geschichte des Romans im 20. Jahrhundert vor allem die Tatsache, dass es nicht mehr notwendig ist, solche Rettungsversuche durchzuführen. Auch dort, wo sich der Roman in der Darstellung von Wirklichkeit ergeht, konstituiert er sich als eigenständiger artifizieller Komplex. Das gilt auch und gerade für einen Stilisten wie Ernest Hemingway. Es gibt keinen ursprünglichen Realismus, das offenbart der moderne Roman auf der ganzen Linie; auch der sozialistische Realismus war in dieser Hinsicht eine Illusion, die sich nur als ideologische Doktrin zu behaupten vermochte. Das ganze Bedeutungsfeld kann in seiner theoretischen Durcharbeitung von heute aus als ideologische Instrumentalisierung der weltbildnerischen Potentiale des Romans und seiner multikausalen Architextualität verstanden werden.

2.1.3 Mythisches und poetologisches Erzählen im Roman

Thomas Mann: Der Zauberberg und Doktor Faustus

Auch wenn das Realismus-Syndrom noch bis in die Gegenwart hinein als aktuelle Option diskutiert wird, ist es im Roman des 20. Jahrhunderts von Anfang an problematisch. Die Initialleistung einer Rekonstruktion realistischen Erzählens als Pastiche, die in Thomas Manns *Buddenbrooks* bereits 1901 vorgelegen hat, kündigt die Notwendigkeit an, neue Wege zu beschreiten. Der Roman als Kunstwerk und das Postulat einer Darstellung von Wirklichkeit lassen keine Homogenität mehr erkennen. Der Roman entfaltet nun eine unverkennbare **Tendenz zur Selbstreflexion** seiner formalen und darstellerischen Möglichkeiten, einen Zug zur **Autorekursivität seiner Strukturen**. Dieser Aspekt kann ihm ohne weiteres schon seit Cervantes zugeschrieben werden. Doch wird er jetzt in einer Weise aktualisiert, dass selbst die grundlegende Verständigungsbasis zwischen Autor und Leser, der Illusionismus der fiktiven Welt, in Frage gestellt und außer Kraft gesetzt wird.

Das vollzieht sich auf sehr unterschiedlichen Ebenen. Es kann ebenso zur Relativierung des Illusionismus wie zu seiner Verabsolutierung führen. Auf die zweite Möglichkeit stoßen wir etwa beim mittleren und späten Thomas Mann. Er entwickelt mit seinem Roman *Der Zauberberg* (1925) eine **Poetik des ›mythischen Erzählens‹**, die er in seinen weiteren Hauptwerken wie der Tetralogie *Joseph und seine Brüder* (1933-1943) und *Doktor Faustus* (1947) ausbaut. Grob zusammengefasst geht es darum,

»eine Welt der individuellen Charaktere vorzutäuschen, um diese dann in einem zweiten Schritt so auf Identisches zu beziehen, daß über die Typisierung nun der Eindruck eines ›eigentümlich zeitlose[n] Schweben[s]‹ zwischen beiden Sphären entsteht. Der Leser muß sich [...], zu gleicher Zeit in eine empirisch reale Welt versetzt fühlen und die nichtige Scheinhaftigkeit dieser Vorstellungswelt nachvollziehen können.« (Kristiansen 1990, S. 826).

Das bezeichnet einen ganz spezifischen Umgang mit der Illusion des Fiktiven, auf die der traditionelle realistische Roman aufgebaut war. Der Reiz des Erzählten entspringt dem Schwebezustand zwischen der Authentizität der fingierten Welt und der gleichzeitig entstehenden Gewissheit ihrer Scheinhaftigkeit und mithin ihrer Nichtigkeit. Im Hintergrund stehen noch immer Schopenhauers Kunstmetaphysik und Wagners Monumentalkunstwerk. Thomas Mann erzielt so die virtuose Umsetzung einer schematisierten Weltsicht, die sich im Kunstwerk gegen die Welt erfolgreich abdichtet.

Dadurch gerät jedes größere Werk von Thomas Mann zu einer Art literarischer Oper, eine Tendenz, die sich beim *Doktor Faustus* als besonders abträglich erweist. Im künstlichen Rahmen seines Kunstwerkentwurfs unternimmt Mann hier die Dämonisierung der deutschen Geschichte im Kontext der Faust-Sage und eines Kunstmythos, den er mit der Biographie Nietzsches aufs Engste verknüpft. Die deutsche Katastrophe des ›Dritten Reichs‹ wird in fragwürdiger Weise von ihren geistigen Wurzeln her bestimmt und zugleich als **Monumentalkunstwerk** inszeniert. Dies aber erscheint angesichts der realen historischen Situation im Jahr 1947 als gänzlich verfehlt. Während Thomas Mann seinem ›mythischen Erzählen‹ unverdrossen nachgeht und damit den Roman als in sich geschlossenes Werk praktiziert, ist der kulturelle Hintergrund solcher Werkästhetik endgültig zerbrochen, ja es gelingt Mann im *Doktor Faustus*, über diesen Zerfall zu schreiben und ihn zugleich für die eigene Produktion rückgängig zu machen. Der Roman kreist beim späten Thomas Mann realitätsfern in sich selbst, verstrickt in die *imitatio Goethes* und einem Kunstglauben anhängend, der sich gegenüber jeder Angreifbarkeit durch einen fragwürdigen Werkanspruchs abschottet (hierzu ausführlich Schärf 1999b, S. 46 ff.; weiterführend Renner 1985; Mundt 1989).

Gerade dies aber deutet auf die Problematik der autorekursiven Romanstruktur hin. Sie produziert dort anachronistische Strukturen, wo sie auf sich selbst reflektiert, um sich als Werk unangreifbar zu machen. Schon angesichts des *Zauberbergs* erhebt sich die Grundsatzfrage, ob es sich um einen Zeitroman oder um einen metaphysischen Roman handle (vgl. Kurzke 1985, S. 210-212). Der Schluss liegt nahe, man habe es mit einem »transzendentalen Zeitroman« zu tun, also einer Verknüpfung von Zeitroman und metaphysischem Roman (vgl. Karthaus 1970). Was auch immer man darunter versteht, deutlich wird, dass der Roman erzählerisch Totalität suggeriert, indem er den Zeitbezug zum zentralen Problem seiner Komposition macht. Und das in jeder Hinsicht. Das Thema des *Zauberbergs* ist die **Zeit**, die historische Zeit vor dem Ersten Weltkrieg, das Verhältnis von Erzählzeit und erzählter Zeit und schließlich das Problem der Zeit als philosophische Fragestellung schlechthin.

Der Zeitbezug ist durch den gesamten Text hindurch zumindest ein dreifacher. Zwar wird die Handlung – wenn man von Handlung überhaupt noch sprechen kann – zeitgeschichtlich eingekreist, doch

wird dieser Aspekt poetologisch und philosophisch unablässig über-
formt. Damit gerät die Realitätsebene der Zeitgeschichte in einen
total metaphorisierten Bezugsrahmen. In diesem Kontext wird Realität durch die Eigentümlichkeit der Figuren, die Zeitlosigkeit ihres
Aufenthaltes im Sanatorium hoch über dem Rest der Welt, durch
die müßige Endlosigkeit ihrer Diskurse und ihre vollkommene To-
desverfallenheit inszeniert. Der Bezug des *Zauberbergs* auf Realität
ist nicht der einer Abbildung, sondern der einer zeichenhaften Inszenierung. Indem der Roman permanent auf sich selbst reflektiert
– auf seinen Aufbau, seinen ideellen Hintergrund, seinen Zeitbezug
– stellt er dem Leser die Aufgabe, diese Zeichen zu deuten, um sie
zuletzt der Leistung des Romans anzurechnen. Das herausragende
Ziel des ›mythischen Erzählens‹ im Roman wäre somit die **Selbstno-
bilitierung des Romans als Kunstwerk** durch die vom Text gesteu-
erten Perspektiven seiner Deutung hindurch (zum *Zauberberg* vgl.
Karthaus 1970; Reed 1974; Kristiansen 1986).

Das Realismus-Pastiche der *Buddenbrooks* wird von Thomas
Mann im Durchgang zum *Zauberberg* auf die gesamte Textform
›Roman‹ ausgedehnt. Damit erzielt er die Abschließung seiner
Schreibweisen gegen die Anfechtungen der Umwelt. Der Ausbau des
Künstler-Arkanums, an dem Thomas Mann zeitlebens wie an nichts
anderem gelegen war, wird vehement vorangetrieben, bis der
Schlussstein, der *Felix-Krull*-Roman, – nach lebenslanger Inkubati-
onszeit – im Jahre 1954 gesetzt werden kann. Zuletzt hat sich der
Schriftsteller als ›Hochstapler‹ selbst eingeholt, ist das Werkgebäude
geschlossen und seine museale Gravidität hergestellt.

Thomas Manns ›mythischer Erzählstil‹ formt den Roman zu einem autorekursiven Textkörper, der im Letzten auf die Lebenswerk-
leistung des Dichters als eines musealen Gegenstands abzielt (vgl.
Schärf 1999b, S. 55 ff.). Seine in sich abgeschlossene Romanwelt erzeugt durchaus Vergnügen beim Lesen und regt die Deutungslust
der Interpreten bis heute unvermindert an, verweigert sich jedoch
offenbar jeder produktiven Adaption (vgl. Mundt 1989). Sie repräsentiert *eine* Ausbildung des ›**absoluten Romans**‹ im 20. Jahrhundert, d.h. einer Schreibweise, die sich total abkapselt gegen die Umwelt und in dieser hermetischen Artifizialität einen Höchstgrad von
erzählerischer Freiheit und Vielfalt entwickelt. Der vermeintlich realistische Gehalt, wo er denn noch als solcher empfunden wird, dient
vor allem der Ausgestaltung dieser autonom gesetzten Vielfalt.

André Gide: Les Faux-Monnayeurs

In seinen *Faux-Monnayeurs* (1925) spricht André Gide zwar nicht vom ›absoluten Roman‹, aber von etwas Ähnlichem, die Selbstbezüglichkeit der Romanform Evozierendem, vom **roman pur** (vgl. Theile 1975). Damit ist das Romanprojekt der Hauptfigur, des Schriftstellers Édouard gemeint, ein Roman, der sich ganz auf sich selbst bezieht und keinen vorgeblich objektiven Weltbezug aufweist. Im Zuge dieser Überlegungen werden *Die Falschmünzer* selbst zu einem kritischen Traktat über den Roman und repräsentieren gleichsam eine poetologische Variante seiner Autorekursivität. Gide verknüpft die Motive nicht mehr zu einem Wirklichkeitsentwurf, sondern bindet sie nur lose aneinander, so dass es dem Leser überlassen bleibt, welche Referenzebene er herstellt. Dem Roman selbst fügt Gide das *Journal des faux-monnayeurs* (1926) hinzu, eine Sammlung von Notizen, die sich mit der Poetik und der Technik des Romans befassen. Auch das weist auf den hohen Reflexionsgrad hin, der hier angesteuert wird.

Dabei verfährt Gide fast gegenläufig zur Poetik Thomas Manns. Ähnlich wie dieser versteht er zwar sein Schaffen als Herstellung eines Gesamtwerks im Sinne eines Lebenswerks, zu dem sich die einzelnen Schriften und Teile zusammenfügen. Doch ist es Gide nicht um die Inszenierung eines Monumentalkunstwerks zu tun, sondern um die Nachzeichnung seiner eigenen Person, ihrer Konflikte und der dazu eingesetzten Lösungsversuche. Gides Projekt ist radikal autobiographisch, im Sinne einer gesteigerten Subjektivität und eines bedingungslosen Nonkonformismus. Er plädiert durchgehend für die Ich-Form des Erzählens und lehnt jeden Objektivierungsversuch im Sinne eines allwissenden Erzählers ab.

Gegenstand des Romans wird die innere Welt der Figuren, nicht mehr die äußere Wirklichkeit. Das Problem der Authentizität des Erzählens wird nicht isoliert vom Erzähltext, sondern direkt erzählerisch durchgespielt. Dadurch wird der Roman zu einer theoretischen Reflexion auf sich selbst. Diesen Punkt hat Gide in den *Falschmünzern* erreicht. Wobei der Titel eine Handlungsebene im Roman meint und zugleich auf das Romaneschreiben selbst ›gemünzt‹ ist. Wenn Rolf Vollmann seinen ›Roman-Verführer‹ von 1997 *Die wunderbaren Falschmünzer* nennt, dann greift er dieses Faktum auf, um auf eine Grundphänomenalität des Romans überhaupt zu verweisen: das Fingieren von Authentizität und die gleichzeitige Thematisierung dieses Fingierungsakts. Mit Gides *Falschmünzern* haben wir einen Roman *und* einen Roman über den Roman vor uns.

Das Unechte, Gefälschte des Lebens und die Fälschungen der Sprache fallen zusammen. Darin liegt eine spezielle Form der Sprachkritik auf der Ebene der erzählerischen Großform. Der Roman handelt nicht mehr davon, wie das Lebens wirklich ist, sondern demonstriert das Gefälschte an alldem, was wir ›wirklich‹ nennen. Es wird weiterhin Wirklichkeit dargeboten, und der Roman als Kunstwerk wird weiterhin postuliert. Doch ist die Verbindung zwischen den beiden Sphären nur noch durch die poetologische Reflexion herzustellen, in der der Roman permanent gezwungen ist, sich auf sich selbst zurückzubeziehen und seine grundsätzlich hypothetische Existenz zu überdenken.

Gides Erzählen hält in den *Falschmünzern* wie in seinen anderen Romanen den Traditionsfaden zum bürgerlichen Roman immer gegenwärtig. Anders als Thomas Mann, aber in gewisser Weise doch auch vergleichbar, betreibt Gide die Transformation des bürgerlichen Romans, ohne seine Destruktion fundamental ins Auge zu fassen. Das Resultat ist die Selbstbezüglichkeit des Erzählens durch die problematisch gewordene Form der großräumigen Prosa hindurch.

Rainer Maria Rilke:
Die Aufzeichnungen des Malte Laurids Brigge

In diese Richtung tendiert auch das Erzählwerk eines Autors, dem Gide lange Zeit nahe gestanden hat und dessen kardinaler Prosatext *Die Aufzeichnungen des Malte Laurids Brigge* (1910) von vielen, zu denen der Autor selbst auch gehört hat, gar nicht als Roman bezeichnet wird, Rainer Maria Rilke (vgl. Rilke-Gide, Briefwechsel). Es ist müßig, sich darüber zu streiten, was man mit dem *Malte* vor sich hat, einen Roman, eine Erzählung oder etwas Drittes. Der Text führt seine Gattungsbezeichnung im Titel, *Aufzeichnungen*. Darin liegt seine Originalität. Es handelt sich um vollkommen subjektiv gehaltene Aufzeichnungen eines jungen dänischen Adligen, den es unter misslichen Umständen nach Paris verschlagen hat. Zunächst befassen sich diese Notizen mit der äußeren Umwelt, der Stadt, die als Stätte des Untergangs und des Zerfalls geschildert wird, dann schweifen die Reflexionen immer weiter ab, sprechen über den Einfluss von Lektüren, die Auseinandersetzung mit bestimmten, namentlich ungenannten Dichtern, beschwören Erinnerungsstücke aus der dänischen Heimat des Ich-Erzählers herauf und ergehen sich in Szenen und Episoden der Geschichte, vornehmlich des 16. und 17. Jahrhunderts.

So lose diese Bausteine zusammenhängen, sie bewirken doch den Eindruck einer Homogenität des ganzen Textes. Und zwar nicht in erster Linie aufgrund bestimmter inhaltlicher Dispositive, wie etwa dem des Untergangs, die alle Teile aufweisen (vgl. Schulz 1996). Ihr innerer Zusammenhang ergibt sich aus der Ich-Erzählung selbst, aus ihrer stilistischen Kontinuität und der Transformation des Ichs in die Welten und Zustände, die es erzählend heraufbeschwört. Die Faszination des *Malte* besteht darin, dass die Schilderungen des Elends und des Untergangs, die den Beginn der Aufzeichnungen beherrschen, durch die Kunstanstrengung des Erzählens umgebogen werden in stilistische Imagination. Es ist eine **rein kunsterzeugte Metaphysik des verlorenen Ichs,** die Rilke vorführt und die wir beim Lesen in ihrer Entstehung Stück für Stück nachverfolgen können.

Rilkes Leser haben es allerdings nicht gerade leicht, sich darauf einzustellen. Sie müssen sich dem Text vorbehaltlos öffnen. Da dieser sich wiederum dem Leser gegenüber versperrt und keinerlei Anstrengungen unternimmt, ihn zu gewinnen, ist es am Leser selbst, den Grund dieses Erzählens zu entdecken. Darin sind die *Aufzeichnungen* in einem außerordentlichen Grad innovativ, gerade für das Gebiet des Romans (vgl. Fülleborn 1974). Der Roman wird von der Ebene der Ich-Erzählung her regelrecht revolutioniert. Das Erzählen ist ganz und gar zu einer metaphysischen Tätigkeit, d.h. zur Erzeugung von Metaphysik geworden. Zu diesem Ende wird die Form der großen Prosa einer totalen Selbstreflexion unterworfen, die der Begriff ›poetologisch‹ nicht mehr abdeckt. Der Roman steht im Vollzug der **Destruktion des narrativ-illusionären Paktes** zwischen Autor und Leser ganz im Dienste der Kunst.

In einem fast frühromantischen Verständnis geht es darum, Wirklichkeit durch Erzählen zu ›annihilieren‹, also wegzublenden, um an ihre Stelle das sich ganz in seine Erzählwelten und Erzählzustände aufgelöste Ich zu setzen. Wo sich einmal Ich und Welt gegenüberstanden, kommt es nun einerseits zur »Ent-Ichung« und andererseits zur Entdeckung des »Weltinnenraums«, zu dem Ich und Welt verschmolzen sein sollen (vgl. Sokel 1983). In einem Brief vom 30. August 1910, ungefähr zwei Monate nach dem Erscheinen des *Malte*, schreibt Rilke, seinen Roman und vor allem die Rolle der Kunst betreffend, an die Fürstin Marie von Thurn und Taxis-Hohenlohe:»Ich glaube, es hats nie einer deutlicher durchgemacht, wie sehr die Kunst gegen die Natur geht, sie ist die leidenschaftlichste Inversion der Welt, der Rückweg aus dem Unendlichen, auf dem einem alle ehrlichen Dinge entgegenkommen, nun sieht man sie in ganzer Gestalt, ihr Gesicht nähert sich, ihre Bewegung gewinnt an Einzelheit.« (Rilke: Briefe, S. 269; zum *Malte* vgl. Kruse 1994; Antonowicz 1996; von Witzleben 1996).

Erzählen wird absolut, der Roman erhält eine **Tendenz zur Totalautonomie.** ›Mythisch‹ wird bei Rilke das Erzählen nicht im Sinne Thomas Manns, also nicht auf der Ebene des Monumentalkunstwerks, sondern in einer kunstmystischen Ausrichtung, der narrativen Evokation des »Weltinnenraums«. Darin liegt die unikate Bedeutung von Rilkes Prosawerk, dessen Zielsetzung der Autor in seiner Lyrik, den *Duineser Elegien* und den *Sonetten an Orpheus* wieder aufnehmen wird. Der *Malte* ist nicht der einzige ›Roman‹ des 20. Jahrhunderts, der den Versuch unternimmt, die erzählte Welt zugunsten eines Kunstreichs aufzuheben. Aber es ist der wohl erste radikale Versuch in dieser Hinsicht. Das Erzählen handelt nicht mehr von einer Welt, die außerhalb des Buches existiert; es setzt sich selbst an die Stelle dieser Welt, um im Gegensatz zu ihr eine sinnhafte Struktur zu exponieren.

In diesen an Rilke zu machenden Beobachtungen deutet sich der wohl umfassendste Versuch eines ›totalen Erzählens‹ im Horizont des Romans an, den es je gegeben hat und dessen Inkubation interessanterweise mit der Niederschrift von Rilkes Prosabuch zeitlich zusammenfällt, Prousts *À la recherche du temps perdu* (1913-1927). Man muss sich die Tatsache klar machen, dass der Roman, bei Rilke schon, aber in noch weitaus exorbitanterem Maße dann bei Proust, eine Welt für sich darstellt, die in beinahe gnostische Opposition gegen die Realität gewendet wird, indem sie, bei Proust, eine in der Zeit versunkene Sphäre in allen Einzelheiten literarisch wiederauferstehen lässt. Prousts Schreiben, in der Abgeschiedenheit seines Krankenbettes, umgeben von korkabgedichteten Wänden, die keinen Laut von der Außenwelt hereindringen ließen, ist neben Musils *Mann ohne Eigenschaften* gewiss das ambitionierteste Romanprojekt des 20. Jahrhunderts in dem Sinne, dass aus der Kunsttätigkeit eine neue metaphysische Dimension des Lebens entstehen möge, die angesichts einer sinnentleerten Wirklichkeit nicht nur einen Gegensatz bildet, sondern einen anthropologischen Sprung anzeigen soll.

2.1.4 Der Roman als Prozess der Erinnerung

Prousts *Recherche* ist inkommensurabel, unausschöpfbar, zumal in einer Darstellung wie der vorliegenden. Eine Erörterung des Romans im 20. Jahrhundert könnte sich ganz auf die Analyse dieses

Werks beschränken und hätte damit gezeigt, was der Roman in dieser historischen Phase sein konnte, welche Potentiale in ihm gelegen haben, ohne dem Werk selbst auch nur annähernd gerecht zu werden. Die *Recherche* sprengt die Gattung ›Roman‹ endgültig aus allen ihren Verfugungen, die die Vergangenheit ihr gegeben hatte. Walter Benjamin hat diese Disposition in unnachahmlicher Weise zusammengefasst, wenn er am Anfang seines Aufsatzes »Zum Bilde Prousts« schreibt:

»Die dreizehn Bände von Marcel Proust ›A la recherche du temps perdu‹ sind das Ergebnis einer unkonstruierbaren Synthesis, in der die Versenkung des Mystikers, die Kunst des Prosaisten, die Verve des Satirikers, das Wissen des Gelehrten und die Befangenheit des Monomanen zu einem autobiographischen Werke zusammentreten. Mit Recht hat man gesagt, daß alle großen Werke der Literatur eine Gattung gründen oder sie auflösen, mit einem Worte, Sonderfälle sind. Unter ihnen ist aber dieser einer der unfaßlichsten. Vom Aufbau angefangen, welcher Dichtung, Memoirenwerk, Kommentar in *einem* darstellt, bis zu der Syntax uferloser Sätze (dem Nil der Sprache, welcher hier befruchtend in die Breiten der Wahrheit hinübertritt) ist alles außerhalb der Norm.« (Benjamin 1977, S. 335).

Es wäre unsinnig, eine Darlegung auch nur der Grundzüge dieses außerordentlichen Werks geben zu wollen. Dazu sei auf einschlägige Darstellungen verwiesen, die das in hervorragender Art und Weise leisten (vgl. Köhler/Corbineau-Hoffmann 1994; Kremp 1988; Tadié 1987). Hier soll es lediglich um die Frage gehen, welche Stelle Prousts Romanfolge innerhalb einer typologischen Ordnung auf der Ebene der Architextualität des Romans im 20. Jahrhundert einnehmen kann. Dabei steht das Phänomen der Kunst im Mittelpunkt, wie Proust es in die Komposition der *Recherche* eingefügt und wirksam gemacht hat. Tatsächlich ist daran die Position dieses Werks innerhalb der Romangeschichte relativ genau zu bestimmen. Gerade vor der Folie von Rilkes Prosabuch, dem *Malte*, wird deutlich, dass der französische Romancier einen ungleich umfassenderen Versuch der Auflösung der Lebenswelt in einem Kunstwerk unternommen hat. Vom Auftakt des Ganzen, *Combray*, bis zum Schlusspunkt, *Le temps retrouvé*, ersteht eine Welt vor unseren Augen, die durch die Erinnerung hindurch in den Aggregatzustand artistischer Autarkie transformiert werden soll und wird.

Essentiell ist die **Geschlossenheit des gesamten Werks**, die Proust in seinem Kampf gegen die schwindende Lebenszeit auf seinem Krankenlager herzustellen vermochte. Es ist das Kunstwerk als eine andere Welt, in die die erinnerte Welt aufgehoben worden ist,

die erst im Vollzug des Werkes – mithin im Prozess der Erinnerung
– Plastizität und Realität gewinnen konnte. Das ist die Utopie des
gesamten Unternehmens. Diese Projektion steuert die Komposition,
in der es keine willkürlichen oder zufälligen Elemente gibt. Alles
unterliegt dem Axiom der Ganzheit und der Geschlossenheit der erzählten Welt aus dem Potential einer *mémoire involontaire*, der un-
willkürlichen Erinnerung, eines epiphanischen Aufscheinens der Vergangenheit aufgrund eines Geschmacks, eines Geräusches oder einer
Bewusstseinstrübung. Zeit und Erinnerung konvergieren im Erinnern und somit im Erzählen. Denn das Erzählen entspringt aus dem
Erinnern und das Erinnern ereignet sich im Erzählen. Diese beiden
Vorgänge sind bei Proust nicht voneinander zu trennen (vgl. Jauß
1955). Der Dichter wird zugleich zu einem Medium der *Mémoire*
und zu ihrem Schamanen. Das Durchdrungenwerden von ihren Im-
pulsen und ihrem Fließen ist die Voraussetzung für die Gestaltung
der Welt, die sich daraus zusammensetzt.

Die Ganzheit und Geschlossenheit, die solches Erzählen erst zu
dem von Proust anvisierten Kunstwerk gerinnen lässt, ist vom Autor
nicht einfach durch die pure Behauptung fiktionaler Authentizität
herzustellen. Die Prätentionen des Realismus funktionieren nicht
mehr. Das musste Proust am Scheitern eines ersten Romanprojekts,
dessen Fragment von etwa eintausend Seiten man erst lange nach
dem Tod des Autors unter seinen Papieren gefunden hat und das
unter dem Titel *Jean Santeuil* im Jahre 1952 erschienen ist, erfahren.
Die personale Erzählhaltung in der dritten Person vermochte das
Gewicht des Stoffes nicht zu tragen; es eröffnete sich keine autarke
Welt, vielmehr wiesen alle Handlungsfäden auf die Beliebigkeit ihrer Setzung zurück.

Ein ebenso überraschender wie genialer Zug führte nach langen
Jahren der Kritikertätigkeit, die Proust auf der Suche nach dem
Kunstwerk und nach dem Wesen des Ästhetischen im Anschluss an
die Arbeit am *Jean-Santeuil*-Manuskript aufgenommen hatte, zu einer Erzählhaltung, die das intensive Band zwischen erzählter Zeit,
Erzählzeit und – das ist das eigentlich Neue, Unerhörte – erzählender Zeit herzustellen‹ in der Lage war. Die ›erzählende Zeit‹ wird
zum Bindeglied zwischen dem, der sich erinnert – dem Erzähler –
und dem, an den sich dieser erinnert, Marcel. Zwischen dem Erzähler und Marcel steht jener im Zwischenreich von Schlaf und Wa-
chen befindliche Ich-Sprecher, von dem die Organisation der Erinnerung und der Zeitstruktur ausgeht. Marcel hat sich in drei
Funktionen aufgespalten, von denen keine mit Marcel Proust, dem
Autor, identisch ist. Der Autor als Monolith der fiktionalen Illusio-

nierung ist wirkungslos geworden; an seine Stelle tritt die Dreifaltig-
keit des Erzählens aus dem vor- und nachbewussten Medialbereich
von Zeit und Erinnerung. Die erzählte Welt ist keine fingierte, auf
dem Illusionspakt zwischen Autor und Leser beruhende, sondern
die einzig wahre, authentische, die aus dem Zauberreich zwischen
Bewusstsein und Unterbewusstsein möglich gewordene Rückerobe-
rung der Zeit.

»Longtemps je me suis couché de bonne heure.« – Einer der berühmtesten Sätze der Weltliteratur, der Anfang der *Recherche*. Der
früh Einschlafende, der recht bald wieder aufwacht und sich nun in
einem Zustand befindet, in dem sich sein Identitätsgefühl in die
Gestalten seiner gerade vom Schlaf unterbrochenen Lektüre aufzulösen scheint, die er weitergeträumt hat, in frühere Verkörperungen
seiner Person und in Personen, die er kannte, entfaltet sukzessive
den Kreis der Erscheinungen, von denen der Roman handelt: »Un
homme qui dort, tient en cercle autour de lui le fil des heures,
l'ordre des années et des mondes. Il les consulte d'instinct en
s'éveillant et y lit en une seconde le point de la terre qu'il occupe, le
temps qui s'est écoulé jusqu'à son réveil; mais leurs rangs peuvent se
mêler, se rompre.« (Proust: Recherche, S. 5).

Das ist eine völlig neue Ausgangsposition des Erzählens. Es handelt sich um die Anverwandlung an die Metamorphose aller sich in
der Zeit verabfolgenden Ich-Zustände im Medium des Halbschlafs
oder des Traums, von der Kindheit in Combray bis zu dem Schlaflosen, der sich nun an alles erinnert. **Romantechnik und ästhetische
Grundthese der *Recherche* sind identisch.** Das Zwischenreich der
›erzählenden Zeit‹, die sich an die Bewusstseins- und Traumzustände
des schlaflosen Ichs des ersten Satzes bindet, ermöglicht es, der Linearität eines gleichsam direkten Erzählens zu entkommen und damit der Gefahr der Beliebigkeit einer bloß fingierten Welt zu entgehen. Das Erinnern wird zu einem unausweichlichen, für alle
Gestalten, Orte und Begebenheiten unabdingbar notwendigen Akt,
aus dem eine Wahrnehmungssphäre hervorgeht, die es sonst nicht
gäbe.

Darauf legt Proust den allergrößten Wert: Die erzählte Welt der
Recherche ist nicht gleichzusetzen mit einer dieser erinnerten Sphäre
vergleichbaren historischen Realität. Im Schreiben entsteht etwas
Neues, nicht mit der Person des Autors biographisch oder historisch
zu Identifizierendes, und dieses Neue ist das Material, aus dem ein
neues Bewusstsein geschaffen wird, ein Bewusstsein, das ganz und
gar ein kunsterzeugtes und ein kunsterfülltes ist. Dies ist bereits der
Grundzug einer Vorstufe der *Recherche*, aus der heraus Proust nach

langem Experimentieren endlich seine Erzählhaltung gefunden hat, der Fragment gebliebene Essay *Contre Sainte-Beuve*.

Der kritische Aufsatz *Contre Sainte-Beuve* (1908/10) repräsentiert für Marcel Proust den Übergang vom Kunstkritiker zum Romancier der *Recherche* in einem einzigartigen Sprung. Prousts Argumentation gegen Sainte-Beuves die Literaturkritik des 19. Jahrhunderts beherrschende These vom unmittelbaren Kausalzusammenhang zwischen dem Leben des Autor und seinem Werk – *l'homme et l'œuvre* – *le style c'est l'homme* –, die Proust in vielgestaltiger Form vorträgt, führt ihn schließlich zu jener Zwischenstufe zwischen dem Erzähler Marcel und dem erzählten Marcel, in die sich der Autor aufspaltet, ohne dass noch ein Rest von seiner tatsächlichen biographischen Realität durchscheinen könnte. Diese Zwischenstufe ist das metamorphisierende Medium der Erinnerung, ihrer spezifischen Prozessualisierung der Zeit und ihrer Verwandlung der Gestalten in immer neue Personen mit immer neuen Masken. Interessant, weil außergewöhnlich ist es, dass gerade die Arbeit als Kritiker Proust dahin geführt hat, von einer starren Erzählhaltung Abstand zu nehmen und sich der Vielgestaltigkeit und der Wandelbarkeit der Erzählelemente selbst zuzuwenden.

Das hat Proust in einem Genre vorgeprägt, für das er von Anfang an ein besonderes Talent besaß, der Nachahmung von Schreibstilen bestimmter Kritiker aus drei Jahrhunderten, den so genannten *Pastiches* (1919). Diese *Pastiches* dienten Proust zur Konstituierung seines eigenen Stils. Das mag verwundern, handelt es sich doch um Stilnachahmungen, die zumeist in parodistischer Absicht verfasst werden. Nicht so bei Proust. Er schult daran seine eigenen stilistischen Möglichkeiten, bis er den eigenen Stil gefunden hat, der gleichbedeutend ist mit einem genuinen Thema und der dazu passenden Erzählweise.

Es ist ein unausgesetzter Schreibprozess, der ihn dahin führt. Die *Recherche* ist nicht in einem Guss entstanden, ist nicht von 1910 ab einfach niedergeschrieben worden. Die Niederschrift bildet vielmehr eine intensivierte, potenzierte Fortführung eines Schreibens, das plötzlich und unausweichlich in diesen Sprachfluss einmünden konnte. Alles, was Proust zuvor geschrieben hat, selbst Teile und Motive seines ersten veröffentlichten Erzählwerkes *Les plaisir et les jours* (1896) zählen dazu, zumal *Jean Santeuil*, die *Pastiches* und *Contre Sainte-Beuve*, ja sogar die Übersetzungen der beiden Werke des englischen Ästhetikers John Ruskin *La bible d'Amiens* (1904) und *Sésame et les Lys* (1906), führt auf die *Recherche* zu, kulminiert in einem Roman, der als **Kathedrale der Erinnerung** (vgl. Belting

1998; S. 259 ff.) die wirklichkeitserzeugende Potenz der Kunst an die Stelle der Wirklichkeit setzen sollte.

Aus diesem Grund hat man in der Forschung seit einiger Zeit die Textform der *Recherche* grundsätzlich zur Disposition gestellt. Handelt es sich um ein organisch in sich geschlossenes Werk oder um die Fortführung eines unausgesetzten Schreibens, das eine Gestalt nach der anderen entwickelt hat und deren Ende und Abschluss allein in Prousts Tod zu erblicken ist? (vgl. Roloff 1984; Fraisse 1988).

Solche Fragen betreffen unmittelbar die Textualität des Romans, wie sie sich bei Proust umgesetzt findet. Die Grundausrichtung zielt auf die Herstellung einer neuen Synthesis in und durch die Kunst: »Wiedergewinnen der verlorenen Lebenseinheit durch Wiederherstellen der Kommunikation mit sich selbst, dem anderen und dem Außen, Wiederfinden einer gemeinsamen und sinnvollen Welt durch die Neuschaffung aus ihren Trümmern.« (Köhler/Corbineau-Hoffmann 1994, S. 50).

Das ist die eine Seite. Auf der anderen steht der Monumentalbau der ›Kathedrale der Erinnerung‹, der sich aus einem **unendlichen Schreibakt** herleitet und diesen vor allem anderen repräsentiert. Der Punkt, von dem aus erzählt wird, und der Punkt, auf den hin erzählt wird – das erinnernde Ich und die wiedergefundene Zeit –, gelangen zuletzt zu einer Identität, die nur dadurch zustande kommen kann, dass beide während des gesamten Bauvorgangs eine fundamentale Differenz gebildet haben. Das ist der innere Spannungsbogen und zugleich das ästhetische Paradoxon des gesamten Unternehmens; es weist auf den Bruch zwischen Romanproduktion und Werkbewusstsein voraus, den das 20. Jahrhundert durch viele Autoren und in den unterschiedlichsten Werken zur Umsetzung bringt. Bei Proust ist diese Spannung gegeben, ja sie wird zur treibenden Energie des Erzählens, jedoch mit der Konsequenz, dass aus ihr noch einmal eine werkhafte Synthese abgeleitet wird. Hierin liegt denn auch Prousts unauslöschliche Hoffnung, die Kunst möge jene gerettete Welt erstehen lassen, die sich aus den epiphanisch aufleuchtenden Trümmern einer verworfenen zusammensetzen ließe.

Damit erhält der Roman das äußerste Gewicht aufgebürdet, das sich angesichts einer literarischen Form denken lässt. In Prousts Werk steckt tatsächlich eine ›**Philosophie des Romans**‹, die als Grundproblematik im Kontext von Schreibfluss und Werkbewusstsein für die Geschichte des gesamten Genres Gültigkeit beanspruchen kann (vgl. Descombes 1987). Es geht darum, wie sich die Werkidee, die sich hier zur letzten noch denkbaren Utopie ausgestaltet, mit dem Schreibakt als einer kumulativen Produktion von Teilen zur Einheit bringen lässt. Tiefenstrukturell gesprochen heißt das, die Identität der Form und die Differenz der Schrift sollen zur Deckung gebracht werden. Proust betrachtet den Schöpfungsakt als »Befreiung von einer ungeheuren Aufgabe«, als »Absolution« (Crohmalniceanu 1975, S. 101). Darin ist sein Roman zugleich eine Poetologie des Romans: der Entstehungsakt bildet das eigentliche Thema und das zentrale Formproblem zugleich.

Die *Recherche* ist bei alldem ein Gesellschaftspanorama und das Abbild einer Epoche. Proust versucht nicht, das gesamte Bild seiner Zeit zu zeichnen, denn sein Blick beschränkt sich auf die gesellschaftliche Oberschicht, die Aristokratie des Fauborg Saint-Germain, ihr Kastenbewusstsein und ihr Repräsentationsbedürfnis. Er rekonstruiert diese Klassen von der Tatsache ihres Untergangs aus, mithin dokumentiert er diesen Untergang selbst. Die Guermantes, deren Herrschaftsanspruch so alt ist, dass er sich im Dunkel der Geschichte verliert, bilden die Seite der Aristokratie, die Repräsentation und Standesbewusstsein zelebrieren wie vor unvordenklichen Zeiten, obgleich die realpolitischen Verhältnisse dem gar nicht mehr entsprechen. Die Bourgeoisie, beispielhaft verkörpert in Swann, dem Alter ego Marcels, versucht sich dieser im Dünkel mumifizierten Sphäre anzugleichen.

Die Figuren tanzen ihren Totentanz, ohne dass der Leser das Gefühl hätte, sie könnten ihm zu nahe kommen oder sich mit seiner Welt berühren. Proust erzählt in hypotaktischen, weit ausschwingenden Sätzen wie durch einen Filter der Distanz hindurch. Aber es ist gerade diese Abschließung der Erzählwelt, die dem Leser die beunruhigende Vorstellung eingibt, er befinde sich womöglich selbst bereits im jenem Zustand der Schattenhaftigkeit wie die dargestellten Figuren. Das Zeitproblem wird zum akuten Problem des Lesers, gerade weil die Sphäre der Gestalten, von denen die Rede ist, in so unerreichbare Ferne entrückt zu sein scheint. Eindringlicher noch als jeder Barockromancier hat Proust es verstanden, einen Eindruck von der *vanitas mundi* zu vermitteln, der alle ausgeliefert sind. Nur dass im Gegensatz zum Barock nicht die jenseitige Welt das Heilsversprechen bereithält, sondern die Kunst. Dieses implizite Versprechen, das aus der Schrift entspringt, ist der Motor für Prousts trotz seiner Krankheit immer fanatischer werdenden Arbeitsintensität.

Proust hat ein Gesellschaftsbild geschaffen, das den Verfall der mondänen Welt und damit einer ganzen Epoche manifestiert. Aus den Trümmern dieses Verfalls heraus destilliert er das Medium ihres Wiederauferstehens, in das sich sein vollkommen fragwürdig gewordenes Leben zu retten versucht. Der todgeweihte Proust wird zum Chronisten seines eigenen Untergangs im Bilde einer zum Untergang verurteilten Gesellschaft. Die Sphäre, in die er sich rettet, ist die Kunst. Es handelt sich dabei um einen Kunstbegriff, der zu Teilen noch aus dem Ästhetizismus stammt und den Proust durch das Studium Ruskins und die Auseinandersetzung mit der niederländischen Malerei – vor allem mit Vermeer – zu einem äußersten Höhepunkt steigert. Die Künstlergestalten in der *Recherche* – der Maler Elstir, der Komponist Vinteuils und vor allem der Dichter Bergotte – gewinnen im Verlauf des Romans immer mehr positive Bedeutung, während die Beschreibung der Gesellschaft und ihrer Mechanismen diese der Verworfenheit preisgeben.

Der Roman hat so gegenüber seiner realistischen Vergangenheit eine völlig neue Funktion erhalten. Man könnte sie ›heilsutopisch‹ nennen, wenn eine Übertragung zwischen religiösen Vorstellungen auf ein säkulares Phänomen wie der Kunst möglich wären. Bei Proust und eigentlich schon bei Rilke hat der Roman keine andere Aufgabe, als diese Übertragung zu vollziehen. Im Roman feiert die Kunst ihre Vervollkommnung als eine neue religiöse Dimension, die sich nicht mehr wie im Ästhetizismus eines Huysmans oder eines Oscar Wilde in der dialektischen Alternative zur Realität sieht, sondern durch die Kunst und in der Kunst diese Realität zu transzendieren und ersetzen sucht. Darin erlangt die Literatur eine fundamental gnostische Note. Sie steht der realen Lebenswelt der Jetztzeit als das ›ganz Andere‹ gegenüber, als reine Transzendenz, und gibt sich zugleich als Königsweg zu dieser Heilsdimension zu erkennen.

Das Faszinosum Proust wirkt bis heute auf seine Leser, vielleicht weil hier die Literatur ihre äußerste Form von Autonomie und einen äußersten Grad von Bedeutung erhalten hat. In der *Recherche* kulminiert eine Hoffnung, die sich mehr als einhundert Jahre lang auf die Kunst und gerade auch auf den Roman bezogen hat. Die ideellen Projektionen der Frühromantik und des Deutschen Idealismus sind darin ebenso eingeflossen wie Flauberts hypertrophe Monomanie des Stils und die Gesellschaftsanalysen des Realismus. Die Synthese daraus aber ist das **Werk der Werke**, das zu einem Zeitpunkt seinen Abschluss findet, da das Unternehmen der Zersprengung des Werkglaubens und der Substanz des Romans selbst bereits zur vollen Ausprägung gelangt ist.

Roman und Selbstverständnis der Modernität

Prousts Todesjahr 1922 ist das Erscheinungsjahr des *Ulysees* von James Joyce und das Entstehungsjahr von Kafkas *Schloß*. Beide Romane stehen zu Prousts Werk in einem diametralen Gegensatz; er zieht die Diagonale, die die literarische und geistesgeschichtliche Moderne durchschneidet. Die Tatsache, dass sowohl das gigantomanische Werkphantasma der *Recherche* als auch das Zersetzen jeglichen Erzählens in Kafkas *Schloß* zugleich und sogar im selben Jahr zu dieser Epoche zu rechnen sind, ja dass sie beide gleichermaßen und mit gleichem Recht das **Fundament der kulturellen Modernität** bilden, lässt erahnen, aus welch divergenten Aspekten und Momenten sich der Begriff ›Moderne‹ zusammensetzt.

Der gemeinsame Antrieb, der diese heterogenen Phänomene der Literatur um 1920 verbindet, besteht in einer hochgesteigerten Kunstauffassung, die sich mit dem Projektfeld des Romans kurzschließt. Wie gesagt, solches hatten schon die Frühromantiker ins Auge gefasst und zumindest theoretisch auf den Roman projiziert (vgl. Kremer 1997). Jetzt aber erfährt diese Perspektive ihre eigentliche Kulmination. Auf ihrem Untergrund erwächst der moderne Roman zu einer in jedem nur denkbaren Sinne experimentellen Textvision. Mit Proust haben wir endgültig das Terrain des realistischen und postrealistischen Erzählens verlassen, obwohl die *Recherche* auf den ersten Blick noch alle wesentlichen Züge des Realismus aufzuweisen scheint. Tatsächlich aber hat sich über die Illusion von der Wirklichkeit ein anthropologisches Experiment geschoben, das den Roman zu seinem Forum gewählt hat und das mit dem Schlagwort der **Erinnerung als Fokus der Totalität** bezeichnet werden kann. Es geht darin nicht mehr um die Abbildung von Wirklichkeit aus Gründen der Erschließung des empirisch Realen. Gerade der positivistische Aspekt am Realismus wird zurückgewiesen. Gleichzeitig werden neue Dimensionen erzählerisch erschlossen, bei Proust etwa das Gebiet der *Mémoire*, das zu großen Teilen mit Freuds Erschließung des Unbewussten korrespondiert.

Das 20. Jahrhundert bestimmt den Menschen neu und fasst seine Existenz wesentlich weiter als das vom Positivismus und vom Wissenschaftsoptimismus durchzogene 19. Jahrhundert. Einen nicht geringen Anteil daran hat der Roman. Der Roman im 20. Jahrhundert ist bei aller Divergenz der einzelnen Ansätze nichts weniger als ein anthropologisches Erkundungsunternehmen, das sich auf neue Gebiete vorwagt, Territorien, auf denen sich zuvor kein Mensch bewegt hat. Die Typologie dieser Fülle von Aufbruchsversuchen prägt unser Selbstverständnis am Beginn des 21. Jahrhunderts von Grund auf. Der Roman hat entscheidend daran mitgearbeitet, das Phänomen der Modernität zu einer Mentalität werden zu lassen, durch die wir uns bereits im spontanen Selbstbezug von anderen Epochen und anderen Kulturen unterschieden wissen.

Im Roman werden Phänomene wie die **mémoire involontaire** Prousts ebenso zur Durchführung gebracht wie der **stream of consciousness** bei Joyce und Virginia Woolf, wird das Problem der **Destruktion von Wirklichkeit** auf allen Ebenen, sprachlich, bildlich und motivisch durchgeführt und wird der Text als endloses Schreibverfahren selbst zur Bühne, auf der die Errungenschaften der modernen Zivilisation, die technisch-naturwissenschaftlichen wie die geistigen, in Konfrontation gebracht und auf den Prüfstand gestellt werden. Ziel dieses Projekts ist die Überwindung der Moderne aus den Konstellationsbedingungen ihrer innersten Problematik heraus, Ziel ist ein ›anderer Zustand‹, und das Mittel zur Erlangung dieses Zustands ist nichts anderes als der Roman selbst.

2.1.5 Der Roman als anthropologische Utopie

Wie über Prousts *Recherche*, so ließe sich über Musils *Mann ohne Eigenschaften* (1930) sagen, dass er als einzelnes Buch einen Inbegriff des Romans im 20. Jahrhundert darstellt. Doch könnte diese Ansicht sofort bestritten werden. Von denjenigen nämlich, die in Musils Text gar keinen Roman sehen wollen. Tatsächlich gibt es kaum Studien, die sich explizit mit dem *Mann ohne Eigenschaften* im Sinne der Gattung ›Roman‹ beschäftigen. Das mag daran liegen, dass Musil mit seinem Werk den Horizont des Romans derart erweitert hat, dass man das von ihm hergestellte und in Fragmenten hinterlassene Textgebilde nur noch in einem metaphorischen Sinne ›Roman‹ nennen kann. Dieser metaphorische Gebrauch des Gattungsbegriffs geht allerdings so weit, dass der *Mann ohne Eigenschaften* praktisch alle jemals auf den Roman als Gattung und Schreibweise projizierten Gestaltungsweisen, Darstellungsebenen und Utopien enthält, und zwar in synthetisierter, das heißt in diesem Falle ironisch relativierter Form.

So wird von einer Welt erzählt, die Kakanien heißt und durchaus reale Züge des Habsburger Kaiserreichs kurz vor seinem Ende aufweist. Erzählt wird das letzte Jahr dieser Monarchie, das sich in gesellschaftlicher Illusionistik und politischem Leerlauf erschöpft. Diese realistischen Züge werden allerdings durchgehend ironisch untergraben, so dass die Schilderung der Verhältnisse zugleich eine Satire auf sie darstellt. Die Erzählhaltung flottiert souverän zwischen personaler und auktorialer Diktion. Sie ist nicht Folge einer Grundpositionierung des Erzählers, sondern von Anfang an ein Phänomen des **Multiperspektivismus**, der nicht nur eine Erzählhaltung darstellt, sondern die Verdichtungsatmosphäre des gesamten Textes charakterisiert.

Musils Perspektivismus wird von einem Höchstgrad stilistischer Genauigkeit und Brillanz geleitet und, man könnte sagen, inszeniert, ein Umstand, der den Text als einen außerordentlichen intellektuellen Genuss erfahrbar werden lässt. Musils Stilbemühungen stehen nicht mehr wie diejenigen Flauberts im Dienst einer platonischen Wahrheit, einer *idea*, der die Darstellung näher zu kommen habe. Stil ist bei Musil vielmehr ein Instrument des perspektivistischen Relativismus und somit gleichbedeutend mit dem **Prozessieren des Textes** selbst.

Neben diesen Momenten auf der darstellerischen Ebene kommt es im *Mann ohne Eigenschaften* zur Aufladung des Textes mit der gesamten geistigen Spannung, die der Roman seit der Romantik auf sich gezogen hat. Das Werk beherbergt das Potential des Utopischen, das vom Beginn der modernen Literatur an unausgesetzt auf den Roman ausgerichtet war und gleichsam mit dem Prominentwerden der Gattung selbst in den Mittelpunkt gerückt ist. So geht es um die ›Utopie des exakten Lebens‹, die sich in der grundsätzlichen Spannung zwischen Möglichkeitssinn und Wirklichkeitssinn vorbereitet und in eine ›Utopie des Essayismus‹ überführt wird, die selbst nur eine Vorstufe für jenen ›anderen Zustand‹ darstellt, auf den im zweiten und dritten Teil des Werks Ulrich und seine Schwester Agathe zusteuern. Der Utopiebegriff wird zum alles bestimmenden Faktor des Textes, dessen Fortschreiten auf ein Ziel gerichtet ist, das sich im Fortschreiten erschöpfen muss, da der Ort, der erreicht werden soll, ein Un-Ort ist, ein U-Topos.

Das klingt kompliziert und ist es auch. Umso befremdlicher, wenn behauptet wird, »das eigentliche Grundthema dieses Romans« sei »die Konstituierung eines Romans« (Eisele 1984, S. 116f.). Um dies zu behaupten, müsste man erst einmal klären, was man hier unter ›Roman‹ zu verstehen hätte. Diese Klärung aber bringt Musils Riesentext keineswegs; er entfernt sich vielmehr mit aller Entschiedenheit davon. Er steuert etwas an, was es in der Literatur, solange sie tatsächlich ›nur‹ ein Zeichensystem gewesen ist, noch niemals gegeben hatte: Durch die Zeichen und durch das Zeichensystem ›Roman‹ hindurch, herauszuspringen aus diesem System, einen wahrhaft ›anderen Zustand‹ zu erreichen und dadurch den Roman zu einem **Medium der Realutopie** werden zu lassen.

Das ist wohl der Grund, weshalb das Projekt unabschließbar werden musste. Wenn Prousts Romanfolge die Heilsutopie der Kunst zelebriert, so Musils Text den Roman als strukturelles Fortschreiten auf den mythischen Urgrund einer Realutopie zu. Beide Visionen verlassen den bewährten Boden des Zeichensystems Literatur, indem sie diese absolut setzen und ihre ikonische Partialität in der Repräsentation von Wirklichkeit auf geistige Totalität hin entgrenzen. Während aber die Kunst für Proust noch die Vision einer Ankunft in einem ›anderen Zustand‹ erfüllen konnte – aufgrund der Tatsache, dass die Kunst selbst noch in ihrer totalen Absolutsetzung ein Zeichensystem darstellt – so bleibt der andere Zustand als Realutopie schlechterdings unerreichbar. Musil versucht, ihn durch eine Geistesform in den Blick zu bekommen, die er ›taghelle Mystik‹ nennt und die so etwas wie das stilistisch-darstellerische Organisationsprinzip seines Textes bildet.

Aus Literatur wird auf dieser Stufe bereits Mythologie (vgl. Frank 1983). Es ist eine **Mythologie der Modernität**, die sich in einem rationalen, sprachlich und gedanklich souveränen und zugleich in höchstem Grade exakten Stil vermittelt, den Musil ›Essayismus‹ nennt. Im Essayismus springt der Roman aus seinen herkömmlichen narrativen Einfassungen und stilisiert sich zu einer Kreuzung aus diskursiven, narrativen und mystischen Momenten, die zusammen keine einheitliche Ebene der Fiktionalisierung erkennen lassen (zum Essayismus bei Musil vgl. Schärf 1999a, S. 229-248). Damit hebelt Musil im Roman das kulturelle Zeichensystem Literatur der Intention nach aus und setzt eine Mythologie der Moderne an seine Stelle, die aus der Literatur entspringen soll.

Dieser Zugriff auf den Roman ist nur noch mit Nietzsches philosophisch-artistischer Vision einer ›Umwertung aller Werte‹ zu vergleichen, in dessen Vollzug Nietzsche ebenfalls die kulturell determinierten Zeichensysteme verlässt, um die Gegenwart des Dionysischen – literarisch – zu erzielen. So ist es begreiflich, wenn schon die ältere Forschung die unmittelbare Nähe Musils zu Nietzsche als Grundlage der Musil'schen Romanpoetik hervorgehoben hat (vgl. Kimpel 1968). Der *Mann ohne Eigenschaften* ist die Transposition von Nietzsches philosophischer Mythologie der Umwertung in eine **literarische Mythologie des Perspektivischen**. In Musils Essayismus gelangt der Perspektivismus als Erkenntnis- und Lebensdimension des modernen Menschen zur Vollendung. Deshalb kann der *Mann ohne Eigenschaften* als *das* zentrale Werk zur **Dokumentation geistiger**

Modernität angesehen werden. Wenn man es noch als ›Roman‹ ansprechen will, dann wohl nur in dem metaphorischen Sinne, dass eben auch noch erzählt wird.

Genau besehen aber erweist sich das Erzählen als nurmehr *ein* Bestandteil im Kosmos des Perspektivischen, als eine von vielen Perspektiven, durch die sich die moderne Verfassung des Menschen zum Ausdruck bringt. Nicht zu Unrecht wurde der *Mann ohne Eigenschaften* als Musils verbissen geführtes Konkurrenzunternehmen zu Sigmund Freuds Psychoanalyse bezeichnet, und zwar in dem Sinne, dass Musil ähnlich wie Freud die innere, geistige und psychische Verfasstheit des modernen Menschen mit und durch seinen ›Roman‹ kanonisch darlegen wollte (vgl. Müller-Funk 1995). Es ist leicht einzusehen, dass der Versuch einer Kanonisierung auf der Grundlage des totalen Relativismus ein Paradoxon darstellt. Es bildet den Kern des Musil'schen Unternehmens, die unauflösbare innere Problematik seines literarischen Entwurfs.

In solcher Dimensionierung wäre die Funktion und die Stellung des Romans auf der Ebene des *Manns ohne Eigenschaften* zu erblicken. Es handelt sich um ein **anthropologisches Fundamentalexperiment**. Darin kommen auch der Roman und seine traditionellen erzählerischen Verfahren zur Sprache. Sie gehören zu der Versuchsanordnung dazu, ohne noch ihre unantastbare Basis zu bilden. Die Basis, von der aus alle Möglichkeiten und eben auch die des Erzählens durchgespielt werden, ist der so genannte ›Möglichkeitssinn‹, der mit dem Bewusstsein des Hauptprotagonisten Ulrich gleichzusetzen ist. Dieses Bewusstsein und sein perspektivisches Durchleuchten aller Optionen des Daseins und des Nicht-Daseins ist wiederum gleichbedeutend mit dem, was man hier ›Roman‹ nennen könnte.

Das lässt sich an einer Textstelle belegen, die sich gerade mit dem Phänomen der erzählerischen Ordnung und mit der Bedeutung des Romans befasst. Gegen Ende des Ersten Buches heißt es über Ulrich:

»Und als einer jener scheinbar abseitigen und abstrakten Gedanken, die in seinem Leben oft so unmittelbare Bedeutung gewannen, fiel ihm ein, daß das Gesetz dieses Lebens, nach dem man sich, überlastet und von Einfalt träumend, sehnt, kein anderes sei als das der erzählerischen Ordnung! Jener einfachen Ordnung, nach der man sagen kann: ›Als das geschehen war, hat sich jenes ereignet!‹ Es ist die einfache Reihenfolge, die Abbildung der überwältigenden Mannigfaltigkeit des Lebens in einer eindimensionalen, wie der Mathematiker sagen würde, was uns beruhigt. [...] Das ist es, was sich der Roman künstlich zunutze gemacht hat: der Wanderer mag bei strömendem Regen die Landstraße reiten oder bei zwanzig Grad Kälte mit den

Füßen im Schnee knirschen, dem Leser wird behaglich zumute, und das wäre schwer zu begreifen, wenn dieser ewige Kunstgriff der Epik, mit dem schon die Kinderfrauen ihre Kleinen beruhigten, diese bewährteste ›perspektivische Verkürzung des Verstandes‹ nicht schon zum Leben selbst gehörte. Die meisten Menschen sind im Grundverhältnis zu sich Erzähler.« (Musil: MoE, S. 650).

Aus dieser Passage lässt sich die Stellung des Erzählens und – Musil setzt das hier gleich – des Romans in seinem anthropologischen Experiment recht genau ersehen. Es ist ein menschliches Grundverhältnis zu sich selbst und zugleich eine heilsame Illusion. Musil ist es darum zu tun, solche Erkenntnisstrukturen zu etablieren und nicht dazu beizutragen, die Illusion vom sukzessiven Erzählen aufrechtzuerhalten. Erkennen ist also der grundlegende Akt, den der *Mann ohne Eigenschaften* von der ersten bis zur letzten Seite vollzieht, durchleuchten und hinterfragen, die Wirklichkeit hinter der Wirklichkeit aufdecken. Die Schreibweise des Essayismus führt dazu, dass dieser Erkenntnisgrad erreicht wird, der Essayismus als literarische Modalform des Perspektivismus. Damit spielt der Roman in seiner traditionellen Form nur noch als Objekt der Sektion seiner anthropologischen Funktionen eine Rolle. Musil zersetzt den Roman nicht von innen heraus, von seinen strukturellen Bedingungen her – solches werden wir in extenso bei Autoren wie Robert Walser oder Franz Kafka beobachten können –, er erklärt ihn einfach zu einem Betrachtungs- und Untersuchungsgegenstand im Kontext des Möglichkeitssinns. Musils Blick auf den Roman ist der einer intellektualistischen Überwindung des eindimensionalen Erzählens durch den Essayismus. Ulrichs Relativismus des Denkens und Fühlens, eine Geisteshaltung, die mit der Schreibweise des Essayismus vollkommen identisch wird, ist so umfassend, dass es von ihm heißt: »Er hatte offenbar so lange an einem Leben ohne innere Einheit festgehalten, daß er nun sogar einen Geisteskranken um seine Zwangsvorstellungen und den Glauben an seine Rolle beneidete.« (Musil: MoE, S. 652).

Aus einem Zustand heraus, dessen Identitätspotential noch jenseits der Geisteskrankheit liegt, eben der **totalen Relativierung und Perspektivierung aller Werte und Haltungen**, gibt es nur noch eine mögliche Haltung, die literarische. Wenn Nietzsches Wort von der Kunst als metaphysischer Tätigkeit irgendwo Gültigkeit besitzt, dann hier. Nur, dass Musil auch noch die Kunst von ihrer emphatischen Verkleidung befreit und das Zeitalter der Nüchternheit ausruft. Musils literarische Mythologie ist die Konsequenz der totalen Ernüchterung des Abendlands an sich selbst. Darin ist Musil einen

Schritt weiter als Nietzsche. Was für diesen ein bis ins Rauschhafte übersteigertes Leiden an der Tragödie der menschlichen Existenz gewesen war, ist bei Musil zu einer puren Schreibexistenz geronnen. Wie das Schreiben hier das Leben ersetzt, so das Erkennenwollen das Leiden. Es handelt sich also auch aus philosophischer Sicht um einen Paradigmenwechsel gegenüber Nietzsche und seiner unmittelbaren Anhängerschaft.

Musil arbeitet nicht mehr in dem Bewusstsein, ein Werk abzuschließen und vorzulegen, um danach vielleicht ein weiteres zu verfassen. Das war die gängige Praxis des Romans und seiner Autoren. Jetzt wird der Roman zu einer nicht mehr anzuhaltenden **Textmaschine**, die die Welt als Spiel der Perspektiven zu verarbeiten sucht, um zuletzt den Text selbst hinter sich zu lassen, aus ihm herauszuspringen. Ein Projekt ist dies, hinter dem der Autor Musil fast vollkommen verschwunden ist; der biographische Raum wird restlos von der Schrift ausgefüllt. Ein Phänomen mithin, in dem sich die Aporien der kulturellen Moderne wie an kaum einem anderen Ort konzentrieren. Musils Roman kann nicht zuletzt auch als die umfassende Manifestation solcher Modernität und ihrer Widersprüche gelesen werden. Es wäre an ihm eine ganze Theorie der Moderne als ästhetisch-kulturelles Syndrom zu erarbeiten.

Musil hat sich über seinem Manuskript vollkommen verausgabt. Die späten Fotografien von einem total erschöpften Autor, der jede Szene bis zu zwanzig Mal umschreibt, dem Werk gegenüber einen fast unüberwindlichen Widerwillen empfindet und doch nichts anderes tun kann, als sich diesem Werk tagtäglich wieder zuzuwenden, sprechen für sich (vgl. Berghahn 1963, Corino 1988). Hinzu kam die finanzielle und soziale Not des schweizer Exils. Jedenfalls aber bleibt zu bemerken, dass die historische Figur Musils mit dem Prozess seines Romans gleichsam verschmolzen ist; sein Abschluss musste irgendwo jenseits der Schrift liegen und konnte daher schreibend nicht erreicht werden.

Die Sichtung und Ordnung der hinterlassenen Fragmente und Notizen, die zu dem Projekt *Mann ohne Eigenschaften* dazugehören, ist eine Wissenschaft für sich. Adolf Frisé ist es zwar zu danken, dass er durch seine Herausgeberschaft das Textkorpus nach dem Zweiten Weltkrieg einem breiteren Leserkreis zugänglich gemacht hat, seine Editionsmethoden werden jedoch vielfach in Zweifel gezogen (vgl. Luserke 1995). Allmählich setzt sich in der Forschung die Ansicht durch, dass es keinen Sinn habe, dem *Mann ohne Eigenschaften* einen ›plausiblen‹ Schluss anzudichten, auch wenn Musil selbst zuletzt immer wieder vom Durchbruch zu einem Abschluss gesprochen hat.

Als Fragment repräsentiert der Text eine **Finalform des abendländischen Konzepts ›Roman‹**, die sich als anthropologisches Experiment und als literarisches Prozessieren einer Realutopie verstanden hat. Mehr Gewicht hatte der Roman nie zu tragen, und es hat sich gezeigt, dass er als literarische Form darunter zusammenbrechen musste (zu Musil als Autor der Moderne im Spannungsfeld von Roman und Essayismus vgl. Venturelli 1988; Robert Musil. Essayismus und Ironie, 1992; Robert Musil. Dichter, Essayist, Wissenschaftler, 1993; Baumann 1997).

2.2   Die Aufsprengung der Substanz

Die **medienhistorische Allianz von Erzählen und Schriftlichkeit**, die seit dem späten 16. Jahrhundert auf die Etablierung des Romans als der zentralen literarischen Gattung der Neuzeit zusteuerte, hatte eine relativ genau zu bestimmende Grundsubstanz des Erzählens ausgeprägt. Die großen Romane, die bis zum Beginn des 20. Jahrhunderts entstanden sind, hatten durchweg eine novellistische Basis, denkt man nur an den *Don Quijote* oder an die späten Romane Goethes, die sich wie die *Wanderjahre* um einen Kranz von Novellen herum organisieren oder wie die *Wahlverwandtschaften* nichts anderes als narrativ ausgeweitete Novellen darstellen. Konstitutiv zu dieser Substanz hinzu gehörte außerdem der fiktionale Pakt zwischen Autor und Leser, der ein stabiles Verhältnis von Produktion und Rezeption garantierte. Die Einhaltung dieses imaginären Vertrags wurde von den Leser/innen erwartet und vom Autor ausnahmslos erfüllt. Letztlich handelte es sich um ein Dialogverhältnis zwischen beiden Seiten. Die Substanz des Romans bestand im novellistischen Kern, aus dem sich der fiktionale Pakt unmittelbar ableiten ließ. Erzählen vollzog sich so als kommunikologische Reproduktion von Sinnmustern (vgl. hierzu v.a. Bauer 1997, S. 8-73; zu Goethes Romanen seit *Wilhelm Meisters Lehrjahre*: Schärf 1994, S. 177-249; Manguel 1998; Die Welt des Lesens 1999).

Mit dieser Disposition ist es zu Beginn des 20. Jahrhunderts zu Ende. Wie wir im voranstehenden Kapitel das Auseinanderbrechen von Roman und Wirklichkeit beobachten konnten, so lässt sich nun das Aufbrechen der Substantialität des Erzählens im Roman nachzeichnen. Das ist ein weiterer Punkt innerhalb der Dezentrierung von Totalität, wie sie sich in der Architextualität des modernen Romans darstellt. Die Erzählgebäude stürzen in sich zusammen. Die

Sinngeschichte des Individuums, die sich im Bildungsroman seit Goethe und eigentlich schon seit Wielands *Agathon* (1767) ausgefaltet hatte, ist nicht mehr aufrechtzuerhalten. Der Roman als vormaliges Medium dieser Sinngeschichte übernimmt nun die Aufgabe ihrer Destruktion. Zugleich mit dem Umgang der Autoren mit diesem Medium wandelt sich die poetologisch konzipierte Aufgabe des Romans.

Während Robert Walser in drei kurz aufeinander folgend verfassten Texten die Idee des Bildungsromans ad absurdum führt und sich damit vom Roman als einer Sinngeschichte verabschiedet, praktiziert Kafka den Roman als das Schreiben einer scheiternden Geschichte des Schreibens. Die Sinngeschichte des Ichs ist nicht mehr Gegenstand der niedergeschriebenen Erzählung; vielmehr kreist die Erzählung um nichts anderes als um die Frage nach dem Sinn des Schreibens. Kafka betreibt dadurch die **Aufhebung des Romans mit dessen eigenen Mitteln.** An die Stelle eines literarischen Zielpunktes, wie er in dem ästhetischen Produkt ›Roman‹ gesehen werden kann, lässt Kafka das gnoseologische Phantasma der Schrift treten (vgl. Schärf 2000).

Während Autoren wie Proust, Musil oder Thomas Mann den Roman als Medialform über seine Grundstrukturen hinaustreiben, ereignet sich in der Aufsprengung der Substanz die eigentliche Revolution auf diesem Gebiet. Ihr Höhepunkt ist zweifelsohne im *Ulysses* von James Joyce zu sehen. Hier findet die völlige Verwerfung aller jemals von der Tradition statuierten erzählerischen Maßstäbe im Horizont mimetischer Darstellung statt. Das Subjekt der ›Erzählung‹ Leopold Bloom und sein Gang durch Dublin am 16. Juni 1904 konstituiert sich aus den Strukturen dieser multihybriden Zerlegung des Mimetischen in eine totale Sprachspielpraxis des Romans (vgl. Kap. 2.3).

Der Destruktionsaspekt hinsichtlich der im Roman ausgerollten Erzählung wird von Samuel Beckett im Anschluss an Joyce weitergetrieben und in eine eigentümliche Stereotypie überführt. Die Reduktion aller Lebenszeichen der Protagonisten erreicht bei Beckett den Nullpunkt, an dem sie in Selbstparodie umschlägt und Kunst in ihrer Negation permanent als letzte Perspektive suggeriert. Die Entwicklungslosigkeit dieser ästhetischen Haltung erschöpft sich in endlos scheinenden Tiraden des Verschwindens eines novellistisch-subjektivistischen Kerns aus dem Roman; damit aber verschwindet der Roman selbst. Beckett ist der eigentliche Totengräber des Romans. Sein Nachfolger im Amt ist Thomas Bernhard. Die großen Prosatexte des mit Beckett auf der Ebene der Destruktion vergleichbaren Bernhard kennen die Bezeichnung ›Roman‹ nicht mehr, wohl aber die Tiraden seines Verschwindens. Bei Bernhard wächst sich dieses Moment zu einer wahrhaften Litanei aus, die ihre Selbstparodie schließlich mit unverkennbarer Lust aufzieht und wiederholt.

Bei Joyce ist der alte Pakt zwischen Autor und Leser zerstört. Doch suggeriert Joyce im *Ulysses* und noch vehementer in seinem letzten Roman *Finnegans Wake* (1939) ein neu zu statuierendes Verhältnis zwischen Autor, Text und Leser. Der Leser wird zum Co-Autor bei der Konstruktion des Romans, eine Tendenz, die in *Finnegans Wake* so weit geht, dass der Vorgang einer ›**Konstruktion des Romans**‹ durch die Lektüre selbst fundamental in Frage steht (vgl. Füger 1994, S. 254 ff.).

Über Beckett bis hin zu Bernhard kommt es zur Einübung des Publikums in die *fabula rasa* einer Sprache, die auf dem verblichenen Hintergrund der Romantradition unablässig weiterläuft. Damit aber wird nur eine der bei Joyce angelegten Implikationen ausgebaut, nämlich die der Reduktion einer rekonstruierbaren Handlung. Bernhard praktiziert die Dramatik der ästhetischen Moderne unverhohlen als Sprachkomödie, in der die Provokationsenergien mit monologischer Stereotypie reproduziert werden. Wenn Bernhard vielerorts bereits als der bedeutendste Autor der deutschsprachigen Nachkriegsliteratur bezeichnet wird, dann muss man hinzufügen, dass dieses Prädikat nicht zuletzt auf die universelle Innovationsunfähigkeit dieses gesamten Zeitraums hinweist. Erklärbar ist das Syndrom in jedem Fall. Die Zerschlagung der Substanz des Romans konnte weiter nicht getrieben werden. So verflüchtigte sich Bernhards anfängliche Aggressivität in der Sprache mehr und mehr zu einer oft selbstgefälligen Geste. Bernhards Todesjahr 1989 bezeichnet das Ende des Kalten Krieges ebenso wie das Ende der Abschiedszeremonien, die der moderne Roman provoziert hatte.

2.2.1 Implosion des Bildungsromans

Allmählich beginnt die Literaturwissenschaft die Bedeutung des Dichters **Robert Walser** für die moderne Poetik genauer zu erkennen (vgl. Utz 1998; Robert Walser und die moderne Poetik 1999). Außerhalb eines Kreises von Spezialisten galt Robert Walser seit seinem Tod 1956 als schweizer Kuriosität, als »Figur am Rande, im wechselnden Licht« (Greven 1992). So wollte er sich durchaus selbst betrachtet wissen. Walsers literarische Arbeiten beschreiben eine eigentümliche Entwicklungslinie. Er begann als junger Autor in Berlin recht erfolgreich. Sein erster Roman *Geschwister Tanner* (1907) wurde stark beachtet und positiv besprochen. Sein ein Jahr später erschienener Roman *Der Gehülfe* (1908) erntete nicht mehr so gute Resonanz wie der erste, und sein dritter Roman, wiederum ein Jahr nach dem zweiten erschienen, *Jakob von Gunten* (1909), wurde von der Presse und auch von Walsers Verleger Bruno Cassirer als missglückt verworfen.

Von da an hört Walser auf, sich als Romanschriftsteller zu sehen. Zurück in der Schweiz, produziert er nurmehr Kurzprosa, die er an abgelegenen Orten veröffentlicht, zum großen Teil in schweizer Regionalzeitschriften. Unausgesetzt schreibend, prägt Walser den radikalen Zug zu seinem eigenen Verschwinden als Schriftsteller aus. Schließlich wird er auf eigenen Wunsch 1924 in eine Nervenheilanstalt eingeliefert, in der er seine *Mikrogramme* verfasst, bis zur Unleserlichkeit kleine Bleistiftaufzeichnungen, die offensichtlich nicht mehr für Leser gedacht sind und erst nach langwierigen Entzifferungsarbeiten zugänglich werden konnten (vgl. Echte 1997). Nach seiner Umsiedlung in eine andere Anstalt verstummt Robert Walser 1933 ganz.

An dieser Geschichte des Verstummens interessiert für unser Thema hauptsächlich der Anfang. Bereits die drei frühen Romane bilden eine Deszendenzlinie in Richtung der **Auflösung des Romans**. Diese scheint für Walser mit *Jakob von Gunten* erreicht zu sein. Die Textstruktur wie die unmittelbare Reaktion des literarischen Betriebs auf dieses Buch zeigen deutlich, dass Walser an diesem Punkt die **Aufsprengung der Romansubstanz** vollzogen hat. Der Pakt zwischen Autor und Publikum ist gekündigt, die Sinngeschichte des Protagonisten ad absurdum geführt.

Das hatte sich bereits in *Geschwister Tanner* angekündigt. Die Gestalt des Simon Tanner präsentiert ein Subjekt jenseits der Bildungs- und Entwicklungsideen des bürgerlichen Romans seit Goethes *Wilhelm Meister*. Simon Tanners Haltung gegenüber seiner Umwelt ist von einer eigentümlichen Verweigerungspraxis geprägt, die sich vielfach als wortreich exponierte Beflissenheit präsentiert. Gleich zu Beginn des Romans etwa bewirbt sich Simon als Gehilfe in einer Buchhandlung mit einer flammenden Rede über die Vorzüge des Buchhändlerberufs, wird auch sogleich eingestellt, um jedoch schon nach vierzehn Tagen eine ebenso überzeugte Absage an die tatsächliche Realität dieses Berufs vom Stapel zu lassen.

Simons Illusion von einem unentfremdeten Leben kollidiert wie in dieser Eingangsszene während des gesamten Romans mit der Wirklichkeit der Arbeitswelt und insgesamt mit den sozialen Beziehungen, ohne dass ein Ausgleich der beiden Sphären, wie ihn Goethe im *Wilhelm Meister* noch inszeniert hatte, stattfinden könnte. Der Protagonist wird zu einer sozialen Randfigur ohne Aufgabe und Perspektive, aber auch ohne Trauer um einen Verlust. Vielmehr richtet sich Simon Tanner in einer Bohèmeexistenz ein, die auch vom Künstlertum bewusst Abstand nimmt. Das demonstriert Walser an der Figur des Dichters Sebastian, ebenfalls ein Außenseiter der Gesellschaft, der allerdings durch seine dichterischen Ambitionen, wenn auch ex negativo, noch eine Anspruchsbeziehung gegenüber der Gesellschaft unterhält.

Davon kann bei Simon keine Rede mehr sein. Er findet Sebastian tot auf einem winterlichen Waldweg und hält angesichts des Toten eine Lobrede auf die Dichter und auf die Dichtung. Insgesamt aber führt ihn auch diese Erfahrung weiter vom sozialen Leben weg in den Zustand einer rein kontemplativen Willenlosigkeit. Simon Tanner ist eine Gestalt ohne Ambition, ohne Anspruch, ohne Willen; darin ist er die Inkarnation der radikalen Umkehrung von Nietzsches ›Wille zur Macht‹.

Es ist nachgewiesen, dass Walser als Angehöriger der Generation, die der frühen Nietzsche-Manie in besonders fataler Weise ausgeliefert war, ganz bewusst einen »Tanz mit dem Monument« Nietzsche vollführt hat (vgl. Utz 1998, S. 178ff.). Im Hinblick auf die drei ersten Romane, die Walser zwischen 1907 und 1909 veröffentlicht hat, kann man sagen, dass dieser ›Tanz‹ eine völlig neue Blickrichtung in die Kunst des Romans bringt. Kunst wird nicht mehr verstanden als Manifestation des Willens und damit als Selbstsetzung des Subjekts. Bei Robert Walser steht sie vielmehr im Zeichen einer **Selbstzerstörung des Willens** und des **Verschwindens des Subjekts**.

Das hat Auswirkungen auf die Poetik des Romans. Dieser wird nun von einem Medium der bürgerlichen Ideologie des Individuums zum Zersetzungsinstrument dieses Glaubens und seiner Anschaulichkeit. Bei Robert Walser implodiert der Bildungsroman auf eine unvergleichlich zarte und poetische Art und Weise. Die verschrobene Eigentümlichkeit seiner Figuren – von Simon Tanner über Joseph Marti im *Gehülfen* bis zu Jakob von Gunten – demonstriert mit schlafwandlerischer Sicherheit den Zerfall der Illusion vom sinnhaften Zusammenhang zwischen Individuum und Gesellschaft. Nun vermag es auch die Kunst, vermag es auch der Roman nicht mehr, diesen Sinn zu stiften.

Im *Gehülfen* wird die Lebensunfähigkeit des Protagonisten Marti noch übertroffen vom Irrsinn seines Brotherrn, des Erfinders Tobler. Auch Tobler, der sich als Unternehmer geriert, hat den Kontakt mit

der gesellschaftlichen Realität verloren. Im gesamten Roman wird
dieser Kontext nicht mehr hergestellt. Die Figuren flottieren durch
ein idyllisches Sinnvakuum, das die Sprache nicht mehr aufzufüllen
vermag. Doch fordert gerade dieser Zustand immer mehr an sprachlicher Bearbeitung heraus. Es zeigt sich, dass der Roman und seine
erzählende Sprache auseinanderbrechen, dass sie keine integrative
Einheit mehr zu schaffen vermögen (vgl. Rodewald 1970).

Auf diesen Punkt steuert Walsers dritter Roman *Jakob von Gunten* noch zielstrebiger zu. Jakob ist ein junger Mann von wohlhaben-
der Abstammung, der sich im Institut Benjamenta, einer Diener-
schule, zum Diener ausbilden lassen will. Allein schon dieser Ansatz
fasst die inzwischen zum psychosozialen *fait accompli* gewordene
Umkehrung des ›Willens zur Macht‹ schlicht zusammen (vgl.
hierzu Borchmeyer 1980; Siegrist 1986). Jakobs Wille zur Selbstent-
machtung, zur Heranbildung seiner Persönlichkeit zu einer ›Null‹
gipfelt im Zusammenbruch des Instituts und im geplanten Aufbruch Jakobs mit dem Institutsleiter in eine nicht näher bezeichnete
Wildnis. Es ist der Schritt in die vollkommene Selbstaufgabe:

»Und wenn ich zerschelle und verderbe, was bricht und verdirbt dann? Eine
Null. Ich einzelner Mensch bin nur eine Null. Aber weg jetzt mit der Feder.
Weg jetzt mit dem Gedankenleben. Ich gehe mit Herrn Benjamenta in die
Wüste. Will doch sehen, ob es sich in der Wildnis nicht auch leben, atmen,
sein, aufrichtig Gutes tun wollen und tun und nachts schlafen und träu-
men läßt.« (R. Walser: Jakob von Gunten, S. 164)

Dieser Schritt ist für Walser gleichbedeutend mit der **Aufgabe des
Romans als erzählerische Form.** Mit Jakob von Gunten springt das
Subjekt des Bildungsromans gleichsam aus dem Text heraus in eine
Wildnis, die – Walsers weitere Geschichte zeigt das – nichts anderes
als die Wildnis der Sprache sein kann. Von vielen Seiten her hat
man versucht, diesen kritischen Punkt in der Geschichte des deutschen und europäischen Romans zu beleuchten und zu erklären
(Hiebel 1978; Mohr 1994). Jedoch vermögen ihn weder strukturalistische noch traditionell geistesgeschichtliche Ansätze wirklich zu
fassen. Das mag daran liegen, dass Walsers dynamische Arbeit in der
Sprache einen integralen Akt darstellt, der sowohl die ästhetischen
als auch die theoretischen Koordinaten der Moderne sprengt. Walsers Weg geht nach *Jakob von Gunten* auf eine kompromisslose
sprachspielerische Ebene aus, die Literatur und Leben, Roman und
Wirklichkeit, Sprache und Welt in einem gleichsam postästheti-
schen Raum neu konstituiert. Postästhetisch meint, jenseits des Fin-
gierens fiktiver Räume, jenseits bestimmter Formvorgaben, wie Gat-

tungen oder Poetologien. In dieser Sicht ist der Roman als Form und Gattung überwunden.

Man kann den Raum, den der Dichter damit aufstößt, mit seinem eigenen Wort das »Bleistiftgebiet« nennen. Aus seinen Mikrogrammen haben die Entzifferer einen fragmentarischen Roman extrapoliert, den *Räuber*-Roman. Darin ist der fiktionale Pakt zwischen Autor und Leser endgültig zerstört, die Grenze zwischen Mündlichkeit und Schriftlichkeit des Erzählens verwischt (vgl. Roser 1994) und insgesamt der Roman aus all seinen traditionellen Verankerungen gelöst. Es erscheint höchst problematisch, angesichts dieser Textrekonstruktion überhaupt noch von einem Roman zu sprechen. Dabei aber wird gleichzeitig eine neue Sprache freigesetzt, von der man nicht zu sagen weiß, ob sie die Sprache des Wahnsinns oder eine wahnsinnig gewordene, weil aus allen kulturellen und sozialen Verankerungen befreite Sprache ist.

Doch zeigt sich an Robert Walsers späten Texten, wohin die Implosion des Bildungsromans den Autor und sein Schreiben führt. Schreiben hat keinen Orientierungspunkt in der Welt mehr, und das heißt konkret: die epistemologische Disposition der Gattung ›Roman‹ wird in einer Sprachspielpraxis aufgelöst, die den Leser aus ihren Prozessen ohne Bedauern ausschließt. Robert Walsers Abschied vom Roman ist zugleich der Abschied von einer Literaturauffassung, die während der gesamten Neuzeit Bestand gehabt hat und die im 20. Jahrhundert zerfällt.

2.2.2 Der Roman als Selbstaufhebung in der Schrift

Die Tatsache, dass man zwischen Robert Walser und Franz Kafka immer wieder eine untergründige Verwandtschaft glaubte sehen zu können, ist nicht zuletzt auf den Umstand zu beziehen, dass Kafka ein begeisterter Leser von Walsers frühen Romanen, vor allem des *Jakob von Gunten* gewesen ist. Kafka liest Walser um 1910, also just zu der Zeit, da er sich selbst ernsthaft damit befasst, einen eigenen Roman in Angriff zu nehmen. In diesem ab 1911 vorangetriebenen Romanversuch geht es um ein dem *Jakob von Gunten* vergleichbares Motiv: die Selbstauflösung des Protagonisten in einer Fremdheit, die Kafka mit dem Westen der USA assoziiert.

Der Text bleibt wie so vieles bei Kafka Fragment; Max Brod wird ihn 1927 zum ersten Mal unter dem Titel *Amerika* herausgeben. Nachdem sowohl in einem Brief Kafkas an Felice Bauer (11.12.1912) als auch in einer Tagebuchaufzeichnung (31.12.1914) vom Autor selbst als Arbeitstitel des Romans *Der Verschollene* genannt worden ist, wird Kafkas erster Roman in der seit den achtziger Jahren erscheinenden *Kritischen Ausgabe* seiner Schriften unter diesem Titel geführt.

Auch *Der Verschollene* kann als gesprengter Bildungsroman gelesen werden. Kafkas Vorbilder, die er gleichwohl nie glaubte erreichen zu können, waren die Meister des Romans im 19. Jahrhundert, Goethe, Flaubert und Dostojewski. Besondere Begeisterung brachte der junge Kafka Flauberts *Éducation sentimentale* entgegen (vgl. Kremer 1989). Aber Kafka verfasst keinen Desillusionsroman im Sinne des Franzosen, er vollführt letztlich etwas ganz anderes als die Repräsentation realistisch-psychologischer Abläufe. Kafkas Romanversuch trägt die Anzeichen eines erzählerischen Darstellungswillens nicht mehr im kulturell fixierten Bezugsfeld von Autor und Leser aus, sondern in einem davon eigentümlich abweichenden Rahmen von Autor und Schrift.

Dieser **autistische Zugang zum Roman** (vgl. Schärf 1999 b, S. 120ff.) erzeugt eine produktive Doppelstruktur, in der die Fortführung der Handlung eine analoge Abbildung des fortschreitenden Schreibprozesses darstellt. Kafkas genuine Arbeitsweise eines intuitiven Schreibens ohne zuvor gefassten Plan, eines spontanen Weiterschreibens am jeweiligen Punkt, an dem er abgebrochen hatte, führt dazu, dass der Autor die Problematik seines Schreibens, die ihn immerfort quält, zum eigentlichen Thema seines Romans werden lässt. Der Text bildet keine reale Welt ab, sondern arbeitet die sich selbst durch Schreiben immer weiter treibende Problematik des Schreibens auf seiner Handlungs- und Motivebene minutiös durch, wobei die Handlungs- und Motivebene nicht psychologische und insgesamt realmimetische Wahrscheinlichkeit repräsentiert, sondern eine ganz eigene, alogische Dramatik umsetzt. Dadurch fällt der Sinn des Geschriebenen restlos auf den Schreibakt zurück. Dieser Sinn ist für Kafka nur im Akt selbst zu erkennen, außerhalb seiner das Bewusstsein des Subjekts überrollenden Dynamik ist er verschwunden (vgl. Pasley 1980; Binder 1983). Daher die schizophrene Haltung Kafkas gegenüber seinen Schreibbemühungen. Einerseits sind sie ihm das Höchste, geradezu etwas Heiliges, dann aber steht er ihnen wieder ohne Verständnis gegenüber, ohne noch begreifen zu können, was das alles bedeuten soll. Gegenüber Felice Bauer bekennt er im Hinblick auf den *Verschollenen*: »Der Roman bin ich« (Kafka: Briefe an Felice, S. 226). Man zielt an Kafkas spezifischem Literaturbegriff vorbei, wenn man diese Aussage metaphorisch versteht. Sie ist vielmehr physiologisch identifikativ gemeint, also in einem sehr speziellen Sinne mystisch.

Im Kontext dieser Produktionsdramatik nimmt *Der Verschollene* eine herausgehobene Stellung ein. Nach der Niederschrift der Geschichte *Das Urteil* in einer einzigen Nacht am 22./23. September 1912 glaubt Kafka, seinen Durchbruch als Schriftsteller erfahren zu haben. Zugleich mit der Hervorhebung seines Hochgefühls bekennt er im Tagebuch, »daß ich mich mit meinem Romanschreiben in den schändlichsten Niederungen des Schreibens befinde« (23. September 1912). Der Roman als Form erweist sich als der Kafka'schen Schreibweise gegenüber kontraproduktiv, weil Schreiben hier nicht in einem Zug als eine Art Geburtsakt geleistet werden kann, sondern sich in vielen einzelnen Anläufen zu einer Einheit ausformen muss. Es ist für Kafka an einem bestimmten Punkt nur folgerichtig, dass sein Romanprojekt zum Abbruch führt. Kafka erkennt hier noch nicht, was sich in seiner weiteren Romanpraxis – im *Proceß* und im *Schloß* – erweisen wird: Der Roman als imaginäre Gestaltwerdung eines Erzählstoffs wird sich in der Dynamik des Schreibens und der Schrift auflösen. Und dies nicht nur als Form, sondern in einem umfassenden Sinne als Möglichkeit des Erzählens. Die Dynamik der Schrift wird Kafka dahin bringen, dass der Roman sich selbst im Aufbau seiner eigenen Strukturen auflöst. Das ist nicht bloß eine **Dekonstruktion der Romanstruktur**, es ist eine regelrechte **Umwälzung des Ästhetischen**, die sich so eröffnet.

Diese völlig neue Art von Literatur baut auf dem zersprengten Fundament auf, das die Beziehung zwischen Autor und Leser einst gebildet hatte. Da nicht mehr unmittelbar einsehbar ist, was der Text bedeuten soll, wird Interpretation mehr als nur zu einem das Lesen begleitenden Akt; sie wird zu einer gleichsam archäologischen Arbeit. Dabei ist aber nicht einmal klar, ob es den gesuchten Urgrund des Verstehens überhaupt gibt. Der Roman suggeriert dies lediglich, besser gesagt: der Leser meint, dass der Roman ihm dies suggeriert. Diese groteske Rezeptionslage gibt die groteske Handlungsführung maßstabsgetreu wieder. Wir haben es demnach nicht mit einem realmimetischen Text, sondern mit einem im Text inszenierten interaktiven Prozess zwischen Schreiben, Lesen und Verstehen zu tun (vgl. hierzu ausführlich Schärf 2000).

Entsprechend läuft die Deutung von Kafkas zweitem Romanfragment *Der Proceß* darauf hinaus, die Similarität dieser drei Prozessebenen zu erkennen und aufeinander zu beziehen. Der Prozess, den Joseph K. eines Morgens unvermutet am Hals hat, ist als Problem analog zu dem Problem, das der Leser mit dem Text bekommt, sobald er anfängt zu lesen (vgl. Schärf 2000, S. 103f.). Damit gerät die gesamte Rezeptionssphäre in ihren wesentlichen Ordnungspunkten durcheinander. Während Kafka den Prozess des Schreibens zu einem juristischen Problem seines Protagonisten Joseph K. macht, werden beide, Schreibprozess und erzählter Prozess, zu Ablaufreihen, die den Vorgang des Lesens und Interpretierens simulieren. Damit hat die Literatur ihren repräsentationellen Funktionskontext aufgegeben, und der Roman hat sich im prinzipiell unendlichen Prozessverlauf der Schrift aufgelöst.

Kafka demonstriert bis in die Einzelheiten des Lese- und Verstehensvorgangs, dass **der Roman eine absurde Form** ist, weil er von seiner mimetisch-repräsentationellen Grundanlage her die Abschließung der Schrift einfordert. Der letale Gegner des Romans als Erzählmaschine wird somit seine eigene Medialität, die Schrift. Wenn Schreiben, so wie es Kafka versteht, ein Akt ist, in dem sich der Körper des Autors in einen Körper der Schrift verwandelt, wenn also Schreiben zum Inbegriff der physiologischen Existenz wird, dann ist der Roman ein offener Antagonismus zur Schrift. Es ist mithin der Hauptantagonismus, der sich für Kafka eröffnet. Die existentielle Alternative zum Roman als dem Inbegriff der Schriftkultur in der Gutenberg-Ära ist für Kafka keine neu zu entdeckende Mündlichkeit, sondern – paradoxerweise – das Schreiben. Schreiben meint damit aber ein Sich-Verströmen, ein Vergehen im Strom der Signifikanten, ein Vorgang der Selbsterlösung des Subjekts in seinen multiplen Intensitäten (vgl. Deleuze/Guattari 1976).

Schreiben wird als Akt postuliert, der mit dem Mittel der Schrift vor die Dimension der Schriftkultur vordringt und dort ein mit sich selbst identisches Subjekt produziert. Der Roman als Motor und avanciertestes Produkt dieser Schriftkultur wird so gleichsam hinter seine Ursprünge zurückgebogen und verliert seine Funktion als Medium von Mimesis. An die Stelle des mimetischen Anspruchs einer Abbildung von Wirklichkeit tritt der Schreibprozess in seiner Doppelfunktion als Akt und Ziel des Schreibens.

In diesem Sinne sind Kafkas Romane bis zuletzt Austragungsorte einer für ihn unüberwindlichen Fragestellung: Wie kommt man aus der Scheinwelt von Schreiben, Lesen, Bedeuten und Verstehen heraus, in der nicht zuletzt der Roman als kulturell geprägtes Medium den Menschen gefangen hält? Das durch die Frage eröffnete Feld wird zum Substanzgrund von Kafkas drittem Romanfragment, *Das Schloß*.

Die von seinem ersten Erscheinen im Jahre 1926 an unternommenen allegorischen Deutungen des *Schlosses* (vgl. Kafka-Handbuch S. 446f.) unterliegen ausnahmslos einem grundlegenden Verständnisfehler. Anzunehmen, es ginge um das Subjekt K., das in eine la-

byrinthische und hoffnungslose Bürokratiewelt hineintaumelt, die
ihm die Aufnahme, also die Gnade verweigert, führt in die Irre, weil
man *eine* Tatsache verdrängt: Niemand hat K. aufgefordert, den
Kampf mit dem Schloss aufzunehmen. Das Schloss hat ihn nicht
gerufen, und auch im Dorf hat niemand das Bedürfnis, K. bei seinem Anliegen, ins Schloss zu gelangen, zu unterstützen. Vielmehr
erweist sich K. als äußerst penetrant. Er stört das Einverständnis,
das zwischen dem Dorf und dem Schloss herrscht, so nachhaltig,
dass er sogar in die sozialpathologische Kryptik der erotischen Ordnungen eingreift und dadurch eine Öffnung der Schlosssphäre zu
erzwingen sucht. Bei alldem wird K. stets geduldet, das Dorf steht
seinen Maßnahmen eher unschlüssig als ganz und gar ablehnend gegenüber (vgl. Schärf 2000, S. 179ff.).

Wenn es also ein Problem zwischen K. und dem Schloss gibt,
dann hat K. zumindest ebenso viel Schuld daran wie das Schloss selbst.
Das kann nur bedeuten, dass allererst der Mensch als Eindringling
in eine bestehende Ordnung – ob er sie nun begreift oder nicht –
die dieser Ordnung unterliegende Welt in ein undurchdringliches
Labyrinth verwandelt. Die Erfahrung der Undurchdringlichkeit hat
den Wunsch, zur Voraussetzung durchzudringen. K. ist als der aus
der Ordnung gefallene, verstoßene Mensch der Moderne zugleich
der diese Ordnung – in ihrer Konstituierung als sozial-religiös-meta-
physische Grunddisposition des Menschen – durchstoßende Typus,
der sich in die höheren Orts gestiftete Selbstverständlichkeit ihrer
Abläufe destruktiv einmischt. Es besteht also eine fundamentale
Gleichursprünglichkeit in der Fremdheit zwischen Ich und Welt.
Die Erfahrung des Verstoßenseins hat das Verstoßen gegen die geschlossene Ordnung des Verstehens als Bedingung.

K. versucht zu begreifen, was das Schloss ist, er will unter allen
Umständen ins Schloss vordringen. An keiner Stelle wird davon gesprochen, dass K. dort die göttliche Gnade oder irgendeine Form
von Erlösung erwartet. K. will zunächst einmal nur verstehen, was
das Schloss ist. Damit ist er in derselben Lage wie der Leser des Romans. Die Similarität zwischen Handlungsebene und rezeptiver In-
teraktionsebene ist der des *Processes* vergleichbar. Nur kennt die
Handlung des *Schloß*-Romans nicht mehr das Legitimationspro-
blem, das noch Joseph K. im *Proceß* umgetrieben hat. Der Kampf
zwischen K. und dem Schloss läuft ohne die Grundfrage ab, wer daran schuld sei, dass der Kampf geführt werden muss. K. und das
Schloss sind in einem geradezu prädestinatorischen Zwangsverhält-
nis aufeinander bezogen. Ein kausallogisch ableitbarer oder auch nur
im Textverlauf behaupteter Grund für diesen Zwang ist nicht zu sehen.

Damit macht Kafka klar, dass die Frage von Bedeuten und Begreifen, also von Schreiben und Interpretieren keine rein auf die Literatur zu beschränkende Frage ist. In ihr konzentriert sich vielmehr das unlösbare Ausgangsproblem des Lebens schlechthin: Es ist unmöglich, zu einem Zentrum des Verstehens vorzudringen, obgleich dieses Zentrum stets angenommen wird, angenommen werden muss. Der Wunsch zu verstehen, ist ein Grundantrieb des Daseins und gleichzeitig nicht zu erfüllen. Daher entspricht die Handlung des Romans einem permanenten Verschieben von gestisch-semantischen Elementen. Wie für K. das Schloss das schlechthin Unerschließbare ist, so ist für den Leser der Roman *Das Schloß* das schlechthin Unbegreifbare.

Man darf jedoch nicht übersehen, dass für Kafka die Einsicht in die **Unbegreifbarkeit der Lebensvollzüge** symbolisch zurückstrahlt auf die Unmöglichkeit eines gelingenden Schreibens. Leben heißt für ihn, am Schreiben zu scheitern. Damit wird der Roman zum **Medium eines existentiellen Scheiterns**, das sich total als literarisches erlebt. Als Roman signalisiert das *Schloß* das unwiderrufliche Ende aller Romane. Das endlose Bezugssystem von Bedeuten und Begreifen wird immer weiter getrieben, ohne noch etwas über die Welt und ihre Beschaffenheit auszusagen. Der Glaube, die Realität abbilden zu können, um sie durchschaubar werden zu lassen, ist untergegangen. Das *Schloß* betreibt die endlose Bestätigung des Unbegreiflichen als unbegreiflich (vgl. Müller 1994). Es ist dies die Ebene der Schrift, auf der Erzählen sinnlos wird. Es ist ein Schloss da, aber kein Schlüssel.

Der Roman als fiktiver Diskurs über die faktische Welt suspendiert sich damit selbst. Das ist die zentrale Erschütterung, die das *Schloß* bis heute hinterlässt. Es erbringt den Nachweis, dass unser Glaube an die Darstellbarkeit und Abbildbarkeit der Welt nicht aufrechtzuerhalten ist. An die Stelle dieses Glaubens tritt der unabschließbare **Prozess des Lebens als eines Scheiterns an der Schrift**. Die endlos weiterlaufende Schrift wäre der Weg zur Erlösung für Kafka, aber dieser Weg ist ungangbar. Wer ihn betritt, muss unweigerlich scheitern, weil sich ihm jeder Bezug zwischen Schrift und Welt auflöst. Auf dieser Ebene einer gleichsam gnoseologischen Auffassung der Schrift und ihrer Beziehung zum Menschen spielt der Roman keine Rolle mehr. Das zeigt Kafkas letzter Roman in aller Deutlichkeit. Und insofern stellt der Roman in Kafkas Gesamtwerk einen bedeutsamen Bezugspunkt dar, an dem sich alle weiteren Bezugspunkte seines Schaffens kristallisieren.

2.2.3 Die Verwerfung des mimetischen Rahmens

Ein Grundaspekt der Architextualität des modernen Romans besteht darin, dass bestimmte Strömungen des Romans im 20. Jahrhundert allein durch eine bestimmte Autorfigur und allein durch deren Werk entworfen und umgesetzt werden. Diese These trifft auf keinen der hier zu behandelnden Autoren genauer zu als auf James Joyce. Mit seinen beiden Romanen *Ulysses* (1922) und *Finnegans Wake* (1929ff.) hat Joyce völlig neue Maßstäbe im Erzählen, für den Roman und insgesamt für die Literatur gesetzt. Zwei basale Aspekte lassen sich bei dieser unvergleichlichen Innovationsleistung hervorheben, **die Zerschlagung des Mimetischen**, die wir hier vor allem anhand des *Ulysses* betrachten werden, und die **Auflösung des Erzählens** in einer Polyglossie multihybrider Sprachspiele, die sich in äußerster Radikalität in *Finnegans Wake* umsetzen (vgl. Kap. 2.3.1).

In besonderem Maße scheint auf Joyce die These Bachtins vom Roman als einer hybriden Form des Dialogischen zwischen Autor und Leser zuzutreffen (vgl. Erzgräber 1998, S. 4f.). Doch kann man diese These kaum aufrechterhalten, wenn man bedenkt, dass Joyce weit über den Rahmen der von Bachtin postulierten Dialogfelder hinausgeht. Der *Ulysses* eröffnet demgegenüber einen Raum, in dem sich Erzählen in die verschiedensten formalen, stilistischen und konzeptionellen Momente aufspaltet und damit eine zuvor nicht gekannte Einheit des Romanwerks herstellt. Diese Einheit ergibt sich weder aus der integrativen Kraft einer Erzählerstimme noch aus dem rekonstruierbaren Zusammenhang der erzählten Abläufe. Es handelt sich also keineswegs um die Fiktion einer transzendentalen Dimension, die die dargebotenen Sprachteile überspannt und gleichsam ideell miteinander verbindet. Die Einheit des Romans wird paradoxerweise dadurch hergestellt, dass sie unter den Augen des Lesers, der Leserin zerfällt.

Indem der Roman beim Lesen in seine stilistischen, rhetorischen und experimentellen Bestandteile zerlegt wird, stellt sich jener thematische Eindruck einer auf das Datum des 16. Juni 1904 projizierten modernen Odyssee her, die nicht nur eine Odyssee der Hauptfigur Leopold Bloom durch Dublin, sondern auch eine des jeweiligen Lesers durch das Buch ist. Die Homogenität des Werks liegt nicht mehr in einem Konventionsrahmen von Mimesis, sondern manifestiert sich als **permanente Krisis im Interaktionsbereich von Text und Lektüre**.

In der Darstellung dieses einen Tages im Leben Dublins und im Leben Leopold Blooms kombiniert Joyce die vordergründig unspektakulären Stationen des Tagesablaufs eines irischen Kleinbürgers im Juni 1904 mit den Stationen, die Odysseus in der *Odyssee* durchläuft und mit der Grobstruktur des Epos selbst, seinem Aufbau in drei Teile, der Telemachie (Kapitel 1-3), den Irrfahrten des Odysseus (Kapitel 4-15) und der Heimkehr (Nostos) (Kapitel 16-18). Das bedeutet aber nicht, dass sich Joyce sklavisch an die Ordnung hält, die die Homerische *Odyssee* vorgibt. Das Epos fungiert mehr als archetypischer Subtext denn als Metatext, der den Roman organisiert. Es handelt sich um die »Leerform des Archetypus«, die als Grundlage eines Palimpsestes aufgegriffen wird, das Joyce völlig frei durchführt (vgl. Iser 1972, S. 300ff.). In der genuinen **Verknüpfung von archetypischer Leerform** und Palimpsest ist die Basis der unbegrenzten artistischen Freiheit zu sehen, derer sich Joyce bedient.

Dabei vollzieht Joyce nichts weniger als die Umkehrung und Verwerfung, besser und genauer: die **Verhexung** und **Verzauberung** aller seit Homers Zeiten bekannten und überlieferten Darstellungsweisen des Erzählens. Sämtliche Wertsetzungen und Konstruktionsmodelle von Welt, die die kulturelle Matrix des Abendlands dargestellt haben, fallen einer totalen Relativierung zum Opfer:

»Radikaler Bruch mit bislang als fundamental geltenden Werten und Denkweisen; Relativierung von Raum, Zeit und Kausalität; Absage an alle Absoluta; hieraus resultierend eine totale Zersplitterung der Welt und des Bildes des autonomen Person, verbunden mit der Erfahrung der prinzipiellen Begrenztheit jedweder Erkenntnis, der Einsicht in die Unmöglichkeit, zu definitiven Wahrheiten zu gelangen.« (Füger 1994, S. 216).

Wer sich als Leser/in dieser Revolution im Erzählen öffnet, unterzieht sich unweigerlich der Verwandlung in einen Extremleser. Denn es versteht sich, dass mit der angedeuteten Auflösung aller Orientierungspunkte nicht zuletzt auch das Lesen seine operationale Disposition als mimetischen Rekonstruktionsvorgang aufgeben muss. Wer den *Ulysses* wie einen realistischen Roman oder auch nur wie einen in sich kohärenten Text aufzunehmen versucht, wird an dem Buch scheitern. Joyce fordert von seinen Lesern eine regelrechte Emanzipation von seinen überkommenen Erwartungen. Das ist kein Spiel im Sinne einer Verwirrungsstrategie, vielmehr eine Provokation, die auf die eingefahrenen Wege abzielt, auf denen sich Lesen und Interpretieren seit alters her bewegen.

Text und Leser/in müssen in ein interaktives Verhältnis zueinander treten, oder sie finden überhaupt kein Verhältnis. Das bedeutet, der Leser muss sich gegenüber dem Text genauso souverän verhalten wie der Text gegenüber dessen Erwartungen. Beide Seiten

müssen sich unablässig aneinander abarbeiten, was einen gegenüber
dem realistischen Roman völlig neuartigen Rezeptionsvorgang entwirft. Ein ›interesseloses Wohlgefallen‹ (Kant) angesichts des Textes
ist unmöglich; der Text fordert den Leser dazu heraus, an die Ex-
tremdimension kognitiver und interpretatorischer Selbsthinterfragung zu gehen. Das aber ist ein Vorgang, der nie zu einem fixierbaren
Ergebnis führt, sondern stets neue, häufig einander zuwiderlaufende
Lektüren bei ein und demselben Rezipienten produziert (vgl.
Schwarz 1987; Senn 1983).

Äußerlich betrachtet ist also der *Ulysses* der Prototyp des »offenen
Kunstwerks« (vgl. Eco 1973). Diese prinzipielle Offenheit fordert
immer wieder voneinander abweichende Lektüren heraus und lässt
eine abschließende Deutung unmöglich erscheinen. Doch stellt sich
das tatsächlich nur dem äußerlichen Betrachter so dar und erweist
sich zuletzt als akademische Wunschprojektion. Genauer besehen ist
es so, dass jede Lektüre eine Konstruktion von Deutungssinn
schafft, der jeweils als solcher postuliert wird. Kein Mensch liest den
Ulysses, um für sich selbst die Theorie von der Offenheit des Kunstwerks daran zu bestätigen. Lesen ist und bleibt auch hier ein Akt
spontaner hermeneutischer Konstruktivität. Das führt zu der Annahme, dass nicht das Werk als intentional konstruiertes, offenes In-
terpretationsmodell multiple Lektüren und plurale Deutungen herausfordert, dass sich vielmehr der Text in seiner generativen
Virtualität von Lektüren diesseits und jenseits aller Deutungsperspektiven als autonom erweist. Der Gesamttext des Romans ist eine
»jenseits der einzelnen Bewußtseinsträger angesiedelte Instanz [...].
In dem Maß, in dem ihm dies klar wird, kann der Leser nicht
umhin, den Text als sprachliches Korrelat außertextlicher Gegebenheiten zu begreifen, nicht als deren mimetische Wiedergabe« (Füger
1994, S. 232).

Der multiple Leser des *Ulysses* bewegt sich also in einer Doppelstruktur. Für ihn gibt es die konstruktive und eine dekonstruktive
Lektüre des Textes gleichzeitig. Er weiß, dass ein Aufbau von Sinn-
strukturen von der Textstruktur immer schon unterlaufen und relativiert wird. So kristallisiert sich der Text als in einem materiellen
Sinne konkrete Tatsache heraus, der, indem er Lektüren herausfordert, diese zugleich auch unterminiert. Die Materialität des Signifikanten schiebt sich über die spontan beim Lesen angenommene Abbildfunktion des sprachlichen Zeichens. Das geschieht in so
vielgestaltiger Art und Weise, dass man nicht mehr von einem kompositorisch monokausalen System, einer dekonstruktiven Lektüre
oder einem erzähltechnischen Trick sprechen kann. Der Lektürepro-

zess führt zu einem Punkt, wo man das Zusammenspiel von konstruktiver und dekonstruktiver Dimension als eigenständige Realität dieses Textes auffasst und somit auf eine gegenüber dem mimetischen Lesen völlig neue Ebene verwiesen wird.

Der Text des Romans erscheint als multikausales und multihybrides Spiel, das eine eigenständige, nicht zu unterschreitende Ebene von Realität bildet (vgl. Kreutzer 1969). Zwischen dem Leser und der Welt steht ein Text, der den Leser wie die Welt so radikal relativiert, dass es unmöglich wird, ein mimetisches Verhältnis zwischen beiden anzunehmen. **Multihybrid** ist dieses Spiel deshalb zu nennen, weil – anders als in der Theorie Bachtins – nicht nur der Text des Romans und sein extratextueller Kontext in ein Dialogverhältnis miteinander treten, sondern die pluralen Formen und Stilmomente selbst eine jeweils eigene Kontextualität gegeneinander aufbieten. Der Roman stiftet fortwährend seinen eigenen, in einem multiplen Sinne dialogischen Kontext in sich selbst.

Damit weist der *Ulysses* auf eine Realität der Sprache hin, die mit den Konzepten des traditionellen Erzählens grundsätzlich unvereinbar erscheint. Erst auf der Basis der multihybriden Realität des Sprachspiels kann die mimetische Funktion der Sprache, die Abbildung von Welt im Erzählen und mithin im Roman, überhaupt konstruiert, kann mimetisches Erzählen operabel werden. Mimetisches Erzählen wird als eine von unzähligen Stilebenen innerhalb aller nur denkbaren Stilebenen ausgewiesen (vgl. hierzu vor allem das Kapitel »Oxen of the sun«). Sprache erweist sich als multikausales und polyperspektivisches Assoziationsfeld, dessen psychische und soziale Motorik von der Tatsache ihrer permanenten kasualen Latenz bedingt ist. Das bedeutet, Sprache hat in jeder Situation viele verschiedene Möglichkeiten, ihr Spiel zu spielen; es ist eine Entscheidung des jeweiligen kontextuellen Falls, welche dieser Möglichkeiten aktuell realisiert und in Gebrauch gesetzt wird. Der Text wird identisch mit der Welt, insofern als das einst durch Mimesis in den Text gelangende Prinzip ›Welt‹ nichts anderes als das Spiel des Textes selbst ist. Die für die gesamte Geschichte des Romans geltende Distinktion zwischen der Abbildfunktion des Textes und der abgebildeten Welt verschwindet. Im Spiel des Textes ist jede denkbare Möglichkeit von Bedeutung vorgezeichnet, auch wenn sie nicht konkret umgesetzt wird. So wird die Annahme einer objektiven Position der Außenwelt unhaltbar; der Roman feiert sich selbst als das **welterzeugende Medium schlechthin**.

So wird begreifbar, dass Joyce in scheinbarer Analogie zu den Autoren des realistischen Romans im 19. Jahrhundert mit dem Prinzip der Totalität argumentiert, wenn es darum geht, sein poetologisches Selbstverständnis darzulegen. Man hat es hier jedoch eindeutig mit dem Phänomen einer **Hypertotalität** zu tun, bei der Sprache und Welt in einem osmotischen Verhältnis zueinander stehen. Zwar vollzieht sich ein wechselseitiger Energieaustausch zwischen beiden Sphären, doch bleibt der Aspekt der Totalität im relativistisch-dualen Raum von Sprachspiel und Weltspiel verankert (vgl. French 1982). Die Sprachspiele des Romans werden mit dem Begriff der Welt identisch.

In diesem Zusammenhang spricht Hermann Broch vom »Welt-Alltag[s] der Epoche« und von einem »Totalitätskunstwerk« (Broch: Joyce und die Gegenwart, S. 67). Aber Broch verkennt die Richtung, in die Joyce grundsätzlich weist. Er meint, dass bei Joyce in der »Abbildung der Welt deren Abbildungsfeindschaft sich abbildet, daß gerade die hypertrophische Überausdrucksfähigkeit, zu der der Dichter gezwungen ist, die Ausdrucksunfähigkeit einer zur Stummheit verdammten Welt zum Ausdruck bringe« (ebd., S. 70f.). Dies ist eine für Broch selbst folgenschwere Fehldeutung des Gesamtprojekts, das er wie kein zweites bewundert (vgl. Kapitel 2.3.1). Denn der *Ulysses* kennt den fundamental ethischen Impetus, den Broch unterstellt, nicht. Vielmehr revolutioniert der Text – dessen authentische Fassung bis heute heftig umstritten ist (vgl. Arnold 1991) – den gesamten Erkenntnisrahmen, den die Literatur seit Homer gesetzt und über die Jahrhunderte lediglich variiert hat. Seit der *Odyssee* – seit dem Einbruch der Schriftlichkeit in eine orale Erzählkultur – hat es keine größere Umwälzung auf dem Gebiet der Literatur gegeben als bei Joyce. Interessant, dass dieser Durchbruch sich auf der Grundlage der Einführung oraler Sprachspiele aus dem Alltag Dublins in die Schriftbastion Roman vollzieht (vgl. Erzgräber 1998).

Der *Ulysses* ist kein Analogon zur Relativitätstheorie, er eröffnet als Text vielmehr allererst den relativen Raum als Realität, den sich das abendländische Bewusstsein auch nach dem Bekanntwerden einer physikalischen Relativitätstheorie nicht vorstellen kann. Joyce zeigt, dass die Relativität des Bewusstseins nicht in Einsteins gekrümmtem Raum, sondern im **multihybriden Sprachspiel** und in einem Wechselverhältnis von schriftlicher und oraler Sprachpraxis angesiedelt ist. Daraus sind alle anderen Sprachspiele ableitbar, auch das des mimetischen Erzählens.

Der *Ulysses* ist nicht nur ein Roman, der das tradierte Verständnis des Romans sprengt, er ist auch ein Roman, der alle denkbaren Erzählformen und damit Möglichkeiten des Romans enthält. Deshalb kann man ihn zugleich als die **Überwindung der historischen Gattung** ›Roman‹ und als Hyperroman betrachten. Das deutet auf eine Literaturkonzeption voraus, die man allgemein gesprochen postmodern nennen könnte. Die Multihybridität des Textes erzeugt den Hyperroman, der sich nicht nur als Roman zu erkennen gibt, sondern, indem er dies tut, als Roman über sich als Roman reflektiert. Aus diesen Gründen glaubte man im *Ulysses* die eigentliche Bruchstelle zwischen Moderne und Postmoderne erblicken zu können (Erzgräber 1995).

Tatsächlich ist der *Ulysses* nichts weniger als die Quintessenz einer Epoche, die man die Moderne nennen kann. Die von Joyce eingesetzten Techniken des Erzählens fassen alle Errungenschaften der literarischen und insgesamt ästhetischen Moderne in sich zusammen. Dabei stellen sie alles andere als bloße Effekte dar. Sie verbinden sich vielmehr zu einem unentwirrbaren Netz, in dem kein noch so banales Sprachspiel ohne Funktion für das Ganze ist. Das Ganze aber ist in diesem Sinne eine multiple Vernetzung mit unendlicher Virtualität. Joyce restituiert so die Totalität des Romans als integratives Werk, das sich als Anti-Werk präsentiert und gerade darin den aus dem 19. Jahrhundert stammenden Werkanspruch der modernen Literatur auf einer wiederum hybriden Stufe reproduziert. Die Freisetzung des Signifikanten gegenüber dem Signifikat, die erstmals umfassend von den italienischen Futuristen in ihrem *Futuristischem Manifest* (1909) gefordert worden ist, wird von Joyce in eine virtuose Artifizialität überführt, die das ursprüngliche futuristische Anliegen weit hinter sich lässt. Der **innere Monolog**, seit Édouard Dujardins Roman *Les lauriés sont coupés* (1888) in die Literatur eingeführt, jedoch in der Folge nur zaghaft aufgegriffen, wird bei Joyce zu einer Kardinaltechnik. Vor allem das letzte Kapitel, der berühmte Schlussmonolog der Molly Bloom, präsentiert in der Perfektionierung dieser Technik eine völlig neue sprachliche und literarische Dimension: »Was hier zum Ausdruck gelangt, ist nichts Geringeres als die Stimme eines schlechthin Anderen, der vor- und arationale Urgrund der Sprache, das im Wachzustand verdrängte anarchische Substrat jedes geordneten und insoweit zwangsläufig reduktiv verfahrenden Diskurses.« (Füger 1994, S. 241).

Der innere Monolog, der sich zu einem *stream of consciousness* und noch genauer zu einem *stream of unconsciousness* auswächst, ist die Technik, die am intensivsten in die Erzählliteratur nach dem *Ulysses* hineingewirkt hat (vgl. Kap. 2.3.1; für den deutschen Sprachraum Kap. 2.3.3). Dabei wurde und wird häufig die Multivalenz der sprachmanipulatorischen Techniken, die Joyce neben dem *stream of consciousness* einsetzt, in den Hintergrund gedrängt. Der *Ulysses* und noch mehr *Finnegans Wake* sind aber als umfassende Sprachspielfelder anzusehen, die keine Einschränkung angesichts bestimmter Techniken kennen. Gerade auch darin zeigt sich die summative Dimension, die diesen Texten zugesprochen werden muss. Sie fassen die ästhetische Moderne in unvergleichbarer Weise in sich zusammen. Als Sprachspiele sind sie nicht zu erreichen und wohl auch nicht zu übertreffen und bilden nicht zuletzt deshalb ein Rätsel, das nicht weniger enigmatisch vor Augen tritt als andere epochale Texte der Weltliteratur.

2.2.4 Tiraden des Verschwindens

Robert Walser: »Der Räuber«

Die Aufsprengung der Substanz im Roman des 20. Jahrhunderts betrifft nicht bloß den realistischen Roman, in dessen Zentrum der Bildungsroman steht, sondern – das zeigt sich an Kafka und Joyce in gravierender Weise – den Roman als kommunikologisches Faktum insgesamt. Das Zusammenspiel von ästhetischen, medialen und rezeptiven Faktoren, das damit bezeichnet wäre, wird so stark modifiziert, dass die Idee des Romans selbst anachronistisch wird. Das erzeugt einerseits vehementen Widerstand gegen die ästhetische Disposition des Romans überhaupt (vgl. Kapitel 2.4). Andererseits verleitet es zur Inszenierung einer endlosen Agonie seiner Schreibweisen, einer bis in die äußersten Punkte getriebenen *fin de partie*.

Damit wären wir beim selbsternannten Zeremonienmeister dieses Endspiels, bei Samuel Beckett. In seinen Erzähltexten wird auch noch der letzte Rest ausgetilgt, der vom Roman nach dem Zweiten Weltkrieg übrig geblieben war. Das hatte seinen Reiz zu einer Zeit, da man von den Radikalszenarien einer *fabula rasa* schockiert war oder sich zumindest schockiert geben konnte. Niemand hat Beckett mehr gefeiert als Adorno in seiner *Ästhetischen Theorie* (vgl. Adorno: Ästhetische Theorie). Im Zeichen des **Reduktionismus**, den Adorno vor dem Hintergrund seiner *Negativen Dialektik* hochhielt, war Beckett der Kronzeuge einer Negativität, die als einzige Haltung gegenüber der von Adorno in der *Dialektik der Aufklärung* analysierten Totalkorruption der Aufklärung durch sich selbst noch behauptet werden konnte.

Schon Robert Walsers *Räuber*-Roman überspringt die Grenze zur Selbstreferentialität des Sprachspiels ›Roman‹ auf einer parodistischen Stufe, auf der die Leerform der erzählenden Textstruktur ad infinitum durchexerziert wird. Walser schreibt einen endlosen Monolog, der immer wieder die Wand zur Unsinnigkeit durchstößt. Das geht so weit, dass der Roman selbst als eine einzige Übung zum Zeittotschlagen bezeichnet wird:

»Diese Umschweife, die ich da mache, haben den Zweck, Zeit auszufüllen, denn ich muß zu einem Buch von einigem Umfang kommen, da ich sonst noch tiefer verachtet werde, als ich bereits bin. Es kann unmöglich so weitergehen. Hiesige Lebeherren nennen mich einen Torebuben, weil mir keine Romane aus den Taschen herausfallen.« (R. Walser: Der Räuber, S. 103).

An mehreren Stellen nimmt der Erzähler direkten Kontakt mit dem Leser auf, ja unterhält sich geradezu mit diesem über den weiteren Verlauf des Romans, ohne doch irgendeinem der eröffneten Wege konsequent zu folgen. Der Roman funktioniert nicht einmal mehr dem Möglichkeitssinn nach. Er ist auch nicht als bewusst vorgeführtes Imaginationsspiel inszeniert, das der Autor mit dem Leser spielt. Der geistig-kulturelle Kontext, in dem sich der Roman abgespielt hat, ist zerfallen. Es liegt nahe, diesen Zerfall Walsers Geisteskrankheit zuzuschreiben, die ihn daran gehindert hat, sich als Autorperson noch in einem solchen Kontext zu verorten.

Tatsächlich aber deutet sich in Walsers »Jetztzeitstil« (R. Walser: Der Räuber, S. 89) die **radikale Extermination des romanhaften Erzählens** aus dem europäischen Kulturhorizont in virtuoser Vielschichtigkeit an. Das Erzählen zerfällt in die Phrasen seiner sprachspielerischen Potenzialität. Der Text wird zu einem sowohl ideell als auch sprachlich inhomogenen **Phrasenkatalog**, in dem die alte Kunst des Romans in verzerrten Zitaten und rasch abbrechenden Versuchen von fiktionaler Repräsentation aufleuchtet:

»Und nachher muß mir der Räuber endlich mal zu einem Arzt. Das kann ich unmöglich länger mitansehen, wie er sich jeder Prüfung entzieht. Finde ich keine passende Partie für ihn, so muß er mir wieder ins Büro. So viel steht fest. Dieser arme Bursche. Aber es geschieht ihm recht. Oder man steckt ihn einfach in ein Bauernhaus. Übrigens scheinen uns das selbstverständlich zunächst nur Phrasen.« (R. Walser: Der Räuber, S. 88).

Das Frappierende an Robert Walsers letztem Roman ist, dass es bei den Phrasen bleibt, dass der Text aus nichts anderem als diesen Phrasen besteht. Damit wird der Leser – sofern es ihm gelingt, den Akt der Lektüre aufrecht zu erhalten – auf die soziale und kognitive Tatsächlichkeit der Sprache verwiesen; dieser Effekt tritt an die Stelle, an der sich einst die mimetische Welt des Fiktiven zusammengesetzt hat. Robert Walsers Bedeutung für die Geschichte des Romans liegt im Durchbruch zu einer radikalen Sprachspielanarchie, in der die Bedingungen und Möglichkeiten des Erzählens zugleich offengelegt und vernichtet werden. Der an dieser Stelle gewöhnlich herbeizitierte Begriff der Dekonstruktion erscheint für die Beschreibung dieses Phänomens als insuffizient. Denn es geht nicht mehr um Strukturen, die sich durch die Anarchie hindurch neu organisieren; es geht bei Walser vielmehr um die **Desorganisation des Strukturdenkens überhaupt.** Das Sprachspiel unterliegt der Latenz einer Autorschaft, die sich als nicht programmierbarer und nicht rekonstruierbarer Willkürakt realisiert. Auch der Vorgang der Lektüre und mithin des Verstehens wird davon fundamental getroffen. Das lässt erahnen, dass die Dichtung und ihre Sprache andere basale Funktionsgrade aufweisen als solche der Widerspiegelung und der kommunikativen Konstruktion. Auf diesem Niveau erweist sich der traditionelle Roman als überkommene Form poetischer Welterzeugung, die unaufhaltsam im Verschwinden begriffen ist.

Samuel Beckett

Eine diesen Befund unterstützende Tendenz lassen die Romane des Iren Samuel Beckett erkennen. Als junger Schriftsteller in Paris dem Kreis um James Joyce zugehörig, versuchte sich Beckett Mitte der dreißiger Jahre an einem ersten Roman mit dem Titel *Murphy.* Das Manuskript wurde innerhalb von zwei Jahren von zweiundvierzig Verlagen abgelehnt, bevor es 1938 zum Druck gelangte (vgl. Simon 1988, S. 187). Schon in *Murphy*, der als der konventionellste der Romane gilt, die Beckett bis 1960 (*Comment c'est*) geschrieben hat, ist die Tendenz zur motivlichen und rhetorischen Phrasierung des Absurden erkennbar, die der Autor später perfektionieren sollte. Es handelt sich um eine »philosophisch-burleske Parodie auf die Rückkehr ins große Ganze, das eins ist mit dem großen Nichts, dem Nada« (Simon 1988, S. 226). ›Phrasierung‹ bezeichnet hier einen systematisch betriebenen Zug zur **Parodie des Scheiterns in einem sprachspielerischen Kontinuum.**
  Im Becketts zweitem Roman *Watt* (entstanden 1942-1944, erstmals erschienen 1953) wird diese Tendenz ganz deutlich und beherrscht den Text. Die Absurdität der Situationen und Figurenkonstellationen mündet in ein idiotisches Verdrehen und Wiederkäuen bestimmter Permutationen der Sprache, in der die Absurdität scheinbar endlos variierbaren Ausdruck findet. Die Motivik und damit die Plastizität des Erzählten wird sukzessive eingeschränkt und

macht dem **Monologismus** einer Figur Platz, die ihr Ende eigentlich schon hinter sich hat und nurmehr vor sich hin vegetiert. Die Sprache erweist sich als unzulänglich, auch noch das Groteske und Absurde des Zerfalls auszudrücken, mit dem sie sich konfrontiert sieht (vgl. Gessner 1957). Die Unfähigkeit der Sprache, ein Bewusstsein der Situation vollständig herzustellen, muss als äußerster Grad des Scheiterns angesehen werden; es liegt darin aber auch schon der Übergang ins Groteske aller sprachlichen Versuche, mit dem totalen Scheitern zurechtzukommen oder auch nur darüber zu sprechen. In diesem Spannungsfeld bewegen sich Becketts Texte seit *Watt* insgesamt und die Romane bis 1960 in exponierter Weise. Beckett hat stets seine Romane als sein Hauptwerk betrachtet, auch wenn in der Öffentlichkeit seit *Warten auf Godot* (1951) die Theaterstücke im Vordergrund standen.

Der Durchbruch als Romanautor gelingt Beckett im Jahre 1951 mit der Veröffentlichung von *Molloy* und *Malone meurt*. *Molloy*, der für die Literaturgeschichte wohl wichtigste Roman Becketts, besteht aus zwei Teilen. Im ersten Teil berichtet der verkrüppelte Molloy, wie er auf der Suche nach seiner Mutter in das Zimmer gelangt ist, in dem diese gestorben ist. Es zeigt sich, dass Molloy gar nicht in der Lage ist, diesen Bericht in einer angemessenen Form zu geben, da er fast alles vergessen hat, was die darauf bezogenen Tatsachen betrifft. Statt dessen deliriert er in den wenigen Versatzstücken, die ihm erinnerlich geblieben sind und die er in eine rudimentäre, selbstbezügliche und häufig unsinnige Sprache fasst.

Der zweite Teil handelt davon, wie der Detektiv Moran sich auf die Suche nach Molloy begibt. Statt diesen jedoch zu finden, gelangt Moran zu sich selbst, und zwar in eben der Situation Molloys, als Krüppel, der nicht mehr weiter kann und nicht mehr weiß, was er eigentlich sucht. Die Verfolgung läuft im Kreis und endet an dem Punkt, an dem die Sprache beginnt. Das Ziel von Molloy/Moran ist das Schreiben, das dazu dient, den Weg zum Schreiben hin als die letzte aller denkbaren Möglichkeiten zu suggerieren. Weder findet Molloy seine Mutter, noch Moran Molloy, doch finden beide zu einer rudimentären Art des Monologs über ihre Suche und damit über sich selbst. Dieser Monolog verschafft ihnen aber keineswegs Klarheit über ihre existentielle Situation, sondern mündet in der Zirkularität des Schreibens als Ausgangspunkt und Ziel jeder Art von Äußerung. Sprechen/Schreiben schiebt sich mit solcher Absolutheit über den Aspekt existentieller Selbsterkenntnis, dass sie dessen Verwirklichung schlichtweg verhindert. Allein schon deshalb ist Beckett nicht mit existentialistischen Befunden beizukommen. Die

Tatsache, dass es auch nach dem totalen Scheitern weitergeht, liegt darin begründet, dass die Sprache aufgrund ihrer Unzulänglichkeit immer weiter gehen muss. Daher ist Becketts Disposition eine genuin künstlerische und nicht mit philosophisch-theologischen Grundthesen über die *conditio humana* zu verrechnen.

So gibt Beckett einen klaren Hinweis auf die Funktion des Schreibens und der Kunst angesichts der totalen Absurdität des Daseins im Zustand reinen Vegetierens. Das Schreiben bleibt als letzte Möglichkeit nach dem Scheitern aller Lebensbemühungen, deren Gesamtheit in dem immer wiederkehrenden Bild der Suche zusammengefasst ist; Schreiben jedoch nicht mehr auf der Ebene einer transzendenten Kunst, die den platonischen Ideen zugehört. **Die Sprache ist Bestandteil des Vegetierens ihrer Sprecher.** Es gibt keine Möglichkeit, diese Sphäre zu übersteigen. Die Kunst ist nur in ihrer völligen Negation erfahrbar und praktizierbar. Wobei sich die Frage erhebt, ob das überhaupt möglich ist oder ob nicht die Aufhebung der Kunst deren Manifestation und damit deren unhintergehbare Behauptung bewirken *muss* (vgl. Iser 1971). Wenn dem so ist, so wäre Beckett der einsame Exponent einer Ästhetik auf der Basis negativer Dialektik, als den ihn Adorno gesehen hat. Dann wäre Kunst noch einmal in ihrer Autonomie gerettet, als letzte Bastion eines in die Moderne hineinwirkenden Impulses, der die gesamte Kunst der Neuzeit immer stärker bestimmt. Vielleicht ist das Becketts Hoffnung am Ende aller Hoffnungen. In jedem Fall würde dadurch das unablässige Weitermachen des Autors bis ins hohe Alter erklärbar.

Molloy ist der erste Roman, den Beckett auf Französisch geschrieben hat. Sein Sprachenwechsel vom Englischen ins Französische nach *Watt*, den er später nicht konsequent durchhält, ist nicht nur durch Äußerlichkeiten zu begründen, wie dem Wohnsitz Becketts in Paris oder publikationsstrategischen Fragen. Für Beckett ist es der Wechsel von einer primär sinnlichen und in ihrer Überfülle an Ausdrucksmöglichkeiten anarchischen Sprache in eine stark formalisierte Sprache, die dem Satzbau kaum Freiheiten lässt und damit die Varianten der Darstellung notwendig einschränkt. Das Französische ist nichts anderes für Beckett als das Medium einer künstlerischen Askese. Aus ihr spricht jedoch der äußerste Grad der **Entfremdung zwischen einem Autor und seiner Sprache**. Beckett besetzt geradezu die Fremdsprache für sein Schreiben, um dem bequemen Gebrauch der Muttersprache zu entgehen und jede Vertrautheit zwischen sich und den Sätzen, die er schreibt, auszutilgen.

Die **Tendenz zur Minimalisierung** wird unablässig fortgesetzt. Die in rascher Folge entstandenen Romane *Molloy, Malone meurt* und *L'innommable* (1953), die Beckett als Trilogie ansah, gehen schließlich im letzten Roman bis an die Grenze des Nachvollziehbaren (vgl. Materialien zu Becketts Romanen). Während Molloy bewegungslos in seinem Zimmer liegt, geht es bei Malone nurmehr um das Krepieren einer analogen Figur und in *L'innommable* um die Unmöglichkeit, Ich zu sagen, also auch noch die Unmöglichkeit, den Vorgang des Zugrundegehens als einen individuellen zu erleben und mitzuteilen. Die Reduktion erreicht einen Grad, wo nichts mehr ausgesagt werden kann und der Roman als Form des Sagens in sich zusammenbricht. Beckett betreibt dieses **Verschwinden des Romans** auf einer Strecke von drei miteinander verknüpften Texten auf nahezu tausend Seiten. Dieses Faktum gilt es zu bedenken, wenn man sich fragt, was Becketts Arbeit grundlegend für die Geschichte des Romans und die Problematik der modernen Kunst insgesamt impliziert (vgl. Hillebrand 1970).

Das totale Schweigen wird angesteuert und erreicht, aber es wird noch immer als Kunstform inszeniert (Bsp.: *Acte sans parole* I, II, 1957/1964; *Breath,* 1970). Kunst wird zur unaufhörlichen Darstellung der Unmöglichkeit von Kunst. Dabei wird auch noch das Schweigen, wird auch noch der bloße Atem zu einem Sprachspiel. Kunst ist ein Lebenszeichen im Dahinvegetieren des Menschen, der den abendländischen Kulturkontext hinter sich gelassen hat. Was soll dieses Lebenszeichen bedeuten?

Der Mensch ist aus allen Bedeutungsrelationen herausgefallen. Das aber heißt, er kann in alle Bedeutungsrelationen wieder eintreten, ohne noch weiter an ihre Verbindlichkeit zu glauben. Das trifft auch auf den Roman zu. Eigentlich hätte mit Beckett die Geschichte des Romans ihr definitives Ende finden müssen. Zu Ende war jedoch lediglich der Glaube an die Verbindlichkeit der Romanform auf die Tatsache ›Welt‹ hin. **Zu Ende war das mimetisch-realistische Erzählen als Medium der Welterzeugung.**

Daran hat man sich heute gewöhnt. Zumal der Zustand mit Kafkas *Schloß* schon erreicht war. Becketts Romane tendieren, wenn man sie in einer breiten historischen Linie betrachtet, ins Epigonale. Die Statik seines Kunstbegriffs mag heute noch irritieren, ins Gewicht fällt sie nicht mehr. Die Kulturindustrie konnte auch Beckett vereinnahmen. *Warten auf Godot* wird nur noch als Parodie einer Parodie zitiert und gehört zum Unterhaltungsarsenal anspruchsvollerer Zeitgenossen. Die Romane dagegen erscheinen heute in zunehmendem Maße unlesbar. Das betrifft vor allem Becketts letzten als Roman zu bezeichnenden Text *Comment c'est* (1960). Die Schwierigkeit, einen Zugang zu Becketts Romanen zu vermitteln, liegt in dem

Umstand begründet, dass es immer schwieriger wird, die Bedeutung einer autonomen Kunst im Jenseits der Kulturindustrie zu vermitteln. Vielleicht liegt aber gerade in diesem Problem Becketts Zukunft, seine Wiederentdeckung im 21. Jahrhundert.

Bei Beckett bleibt von der alten europäischen Kultur allein das Sprachspiel als Leerform von Kultur und Kunst übrig. Das **Sprachspielpotential** aber ist unerschöpflich und erneuert sich immer wieder als Text, gleichgültig auf welcher Ebene von Reflexion und in welcher Dimension kommunikativer Akte. Es geht über den Zusammenbruch einer zweitausendjährigen Tradition, die bei Beckett noch einmal parodiert und damit festgehalten wird, ohne zu fragen hinweg (vgl. Kenner 1965; zu Beckett allgemein vgl. Grossmann 1998; Ullmann 1999).

Auf dieser Grundlage hat auch der Roman eine Wiederbelebung erfahren, nachdem er bei Beckett die finale Auflösung in den ruinösen Tiraden seines Verschwindens hinnehmen musste. Becketts Romane bilden nicht den letzten Atemzug der Gattung, sondern eine Momentaufnahme im Prozess ihrer Selbstmodifikation. Deshalb kann man sie in ihrer Fabula-Rasa-Dimension als Ausgangsphänomene zu neuen Sprachspielen ansehen, die den Roman möglicherweise neu beleben.

Das Interesse an Beckett ist gegenwärtig stark zurückgegangen. Seine Romane waren für die fünfziger und sechziger Jahre von einer sensationellen Radikalität. Wenngleich man sich fragen muss, ob es nicht an der stereotyp existentialistischen Interpretation lag, deren man sie durchweg unterzogen hat, dass sie heute als ausgeschöpft, ja als erschöpft gelten. Das Auseinanderbrechen von Schrift und Rezeption, das wir schon angesichts der Werke von James Joyce bemerken konnten, wird bei Beckett noch verschärft. Jedoch mündet dieser Zug in der monokausalen Strategie eines unveränderlichen und unhinterfragbaren Scheiterns.

Die Langeweile, die Becketts Romane erzeugen, ist die Langeweile des Lesers an seiner eigenen Existenz. So lautet der existentialistische *circulus vitiosus* der Beckett-Interpretation. Darin liegt ein dogmatischer Kern, der den Totalismus der Avantgarde in sublimierter Form bis weit in die zweite Hälfte des 20. Jahrhunderts hineingetragen hat. Eine ganze Generation glaubte, nach Beckett könne und dürfe es nicht weitergehen. Jedoch der Dogmatismus des Scheiterns sollte sich – bei Beckett schon – selbst wiederum im Sprachspiel des Romans auflösen, also von der Literatur überwunden werden. Denn Literatur ist kein Resultat einer einsinnigen Geschichtsentwicklung, sondern ein multikausales und permutatives

Verfahren der Sprache mit sich selbst. Da es keinen Abschluss finden kann, ist auch für den Roman ein definitives Ende undenkbar. Schließlich bildet der moderne Roman die Potenzierung aller Formfragen und Formentwicklungstendenzen der Literaturgeschichte überhaupt. Noch immer gilt: Den Roman zu überwinden, bedeutet, die Literatur zu überwinden. Gerade diese Intention aber ist bei Beckett nicht auszumachen.

Thomas Bernhard

Das tiradenhafte Verschwinden des Romans im Nirwana des Scheiterns findet bei Thomas Bernhard in gewisser Weise seine Fortsetzung. Der Begriff ›Roman‹ ist bei ihm von Anfang an getilgt, und zwar mit einer Gründlichkeit, die Rückschlüsse auf Bernhards Prosaschreiben zulässt. Statt ›Roman‹ nennt Bernhard seine Bücher lieber *Eine Erregung* oder *Ein Zerfall*. Das zeigt, dass das Gattungshafte hier ganz mit der Suada eines selbsterregten Satzbaus zusammenfällt. Der Roman als Formfokus ist nicht verschwunden, sondern endlos im Verschwinden begriffen und zeichnet im reinen Rückbezug der Sprache auf sich selbst die Spur seines Verschwindens nach. Das Ganze ist ein lebenslängliches Projekt, das heißt, das Ende der Satzproduktion ist erst mit dem Ende des Lebens (des Autors) erreicht.

Mit *Frost* (1963) landete Bernhard einen Sensationserfolg in der deutschen Nachkriegsliteratur. Es handelt sich um den mit äußerster Radikalität inszenierten »Zusammenprall von Traumphantasie und Realität« (Sorg 1992, S. 24). Die Geisteskrankheit des Malers Strauch, der im Auftrag seines Bruders von einem Famulanten besucht und beobachtet wird, ist ein zwanghaftes Delirieren in einer total kommunikationslosen Sprache. Die halbverrückten Sätze des Malers bilden mehr als zwei Drittel des Textes. Bernhards Verfahren besteht darin, »Begriffe so aus den ›normalen‹ Benennungsschemata herauszulösen, dass eine Fluktuation entsteht, eben jener poetische Zeichencharakter von einzelnen Wörtern und Begriffen, der es unmöglich macht, logische und alogische, vernünftige und unvernünftige Beziehungen zwischen dem Zeichen und dem damit Bezeichneten fein säuberlich auseinanderzuhalten« (Mixner 1981, S. 83).

Das Erzählen ist in *Frost* auf etwa dreihundert Seiten in Satzkaskaden und oft aggressiven Unsinnstiraden aufgelöst, die rein formal durch den Auftrag des Famulanten zu einem Text zusammengehalten werden. Es ist dies ein von Bernhard ganz selbständig entwickeltes Verfahren, das keineswegs von Beckett übernommen oder auch

nur im Duktus an die Prosa des Iren angelehnt wäre. Dennoch steht
es in der Linie jener **Phrasierungstendenz**, die man seit Robert Walser beobachten kann und die zur steten **Auflösung des Romanbegriffs** führt. Diese Auflösung ist bei Bernhard vollzogen. Aber die
Spur des Verschwindens will kein Ende nehmen.

Sicherlich hängt das weitgehende Ausbleiben der Thematisierung
des Problems ›Roman‹ in der Bernhard-Forschung damit zusammen,
dass es in Bernhards vielfältigen Diskursen selbst keine explizit hervorgehobene Rolle spielt (vgl. Mittermayer 1995: Literaturverzeich-
nis). Für die Phänomenalität des Romans im 20. Jahrhundert ist seine Prosa dennoch von einiger Aussagekraft. An ihr manifestiert sich
die Überwindung des Formproblems ›Roman‹ auf eine Sprachver-
dichtung hin, die sich mit keiner Gattungstradition mehr identifizieren kann, in deren Verlauf aber das Ende der Romantradition
scheinbar endlos verarbeitet wird. Für die Architextualität des modernen Romans ist dieses Phänomen von einiger Bedeutung, zeigt
sich doch daran in historisch manifester Art und Weise, dass die
prozessuale Praxis des Romans bis in die subtilsten Ausformungen
des Prosaschreibens eine zentrale artistische Problematik des Jahrhunderts darstellt. Das legt einmal mehr den Schluss nahe, dass
man sich auf diesem Gebiet nicht mit einer Gattungspoetik im herkömmlichen Stil begnügen kann, sondern die Aufmerksamkeit gerade auch auf die Auflösungsmomente der Gattung richten muss.

Die Monomanie des Bernhard'schen Schreibens erfährt von *Frost*
an vielfältige Variationen, bleibt aber strikt auf der Linie der Auflösung des Erzählens in einer Phrasierung von hypertrophen Sprech-
akten monologischer Protagonisten. Dabei hat Bernhard in den
sechziger und siebziger Jahren mit *Verstörung* (1967), *Das Kalkwerk*
(1970) und *Korrektur* (1975) drei größere Prosawerke verfasst, die
zu den faszinierendsten Hervorbringungen der deutschsprachigen
Literatur des 20. Jahrhunderts überhaupt zählen. Auch sein Spätwerk *Auslöschung. Ein Zerfall* (1986) gehört in diese Reihe.

In Bernhards Sprache hat sich die Substanz des Romans vollständig aufgelöst; die Subjekte jenes utopischen Kunsthorizonts, in den
seit der Romantik der Roman zentral hineingehört, treten bei Bernhard als wahnsinnige Visionäre auf, die sich und ihre unmittelbare
Umwelt mit ihrem Forscherdrang systematisch zugrunde richten.
Die Sprach- und Formauflösung vollzieht sich in Bernhards Prosa
nach einem unverkennbar musikalischen Prinzip, das auf den Kon-
stituenten einer sich auf eine überschaubare Anzahl von Begriffen
und Wendungen stützende Rhetorik fußt (vgl. Reiter 1989, Eyckeler
1995).

Bernhard hat seit seinen frühen Texten in den sechziger Jahren einen regelrechten **Rezeptionsboom** ausgelöst. Es ist nicht übertrieben zu sagen, dass bei Bernhard und seinen Leser/innen die literarische Moderne bereits zur **Manier** geworden ist. Gleichzeitig mit der Bernhard-Euphorie wurden bereits die unterschiedlichen Konzepte postmoderner Literatur und Theorie diskutiert. Während Beckett als inkommensurabler Block in der Literaturgeschichte steht, hat Bernhard die Zerstörung der Romansubstanz zu einer intellektuellen Mode kreiert, die – zumindest an den Universitäten – noch nicht ganz abgeklungen ist. Der finalistische Duktus dieses Schreibens suggeriert einmal mehr eine Linearität in der Entwicklung des Romans und seiner Folgeerscheinungen, die bei genauerem Hinsehen nicht haltbar erscheint. Gerade Beckett und Bernhard haben die bei Joyce angelegte hybride Sprachspielpotenz des Romans mit aller Konsequenz in die Enge getrieben, die als solche nur *einen* Ort avantgardistischer Schreibweisen des Romans nach dem *Ulysses* darstellt. Das Konzept der Weltvernichtung und die »Erschaffung der Welthölle« (Schärf 1999 b, S. 225ff.) haben ein für die Zeit nach dem Zweiten Weltkrieg äußerst wirksames Szenario erzeugt, das in Deutschland und Österreich gerade im Hinblick auf den Provokateur Bernhard starke Wirkung entfalten konnte.

Aus den zwanziger Jahren des 20. Jahrhunderts, die für den Roman von unvergleichlicher Fruchtbarkeit waren, lassen sich aber noch andere Wege des multihybriden Sprachspiels ableiten, die ungleich breitere Aufnahme gefunden haben, als der bei Beckett und Bernhard beschrittene Weg der absoluten Negation und der rückhaltlosen Reduktion. Das Sprachspiel als Welterzeugungsprozedur im Roman war gerade erst aus der Wiege gehoben und erbrachte im Zuge des Modernismus und in seiner Folge neue, prägende Manifestationen.

2.3   Die Welt als Spiel der Sprache

Die moderne Dichtung arbeitet seit Mallarmé immer deutlicher die materielle Dimension der Sprache heraus, aus der sie gemacht ist. Mallarmés berühmtes, von Paul Valéry überliefertes Diktum, Gedichte bestünden nicht aus Ideen, sondern aus Worten, das Gottfried Benn noch in den fünfziger Jahren als ersten Maßstab lyrischen Schaffens postulieren sollte, signalisiert einen *linguistic turn* (Rorty) auf der Ebene der Dichtung, der kennzeichnend für die

Konstituierung eines genuin modernen Schaffensbewusstseins ist und alle Gattungen erfassen sollte.

Die Konzentration auf die Materialität des Signifikanten beim sprachlichen Konstruktionsprozess erzeugte eine neue künstlerische Ebene, die für den Roman die Vorstellung eines Abbildrealismus als naiv und überholt erscheinen ließ. Welche Ausmaße diese grundlegende **Neuorientierung an der Faktizität der Sprache** annehmen konnte, demonstrierte James Joyce in seinen beiden Romanen *Ulysses* und *Finnegans Wake*. Der Roman wird hier zum Schauplatz einer unübersehbaren Sprachspielenergie, die dennoch nicht den Bezugspunkt allen neuzeitlichen Romanschaffens aus den Augen verliert, den Bezugspunkt ›Welt‹. Mit ihren einfachen, den Alltag in seiner Banalität aufnehmenden Plots führen beide großen Romane des Iren ins Zentrum jenes ›Weltalltags der Epoche‹, von dem Hermann Broch in seinem Joyce-Essay voller Bewunderung gesprochen hat. Dieser Weltalltag ist aber kein Kosmos, also kein geordneter Raum, sondern wird bei Joyce zum Schauplatz einer Sprache, die keinen festen Ort hat, die gleichsam die Sprachverwirrung von Babel als Welt-Sprache rekonstruiert (vgl. Schmitz-Emans 1997, S. 49-108).

Welt und Sprache begegnen sich im Spiel, wobei Spiel kein unverbindliches und beliebiges Eingreifen in die Möglichkeiten der Sprache meint. Vielmehr ist damit deren eigentliche Realität selbst angesprochen, wie sie der Philosoph Ludwig Wittgenstein in seinen »Philosophischen Untersuchungen« dargelegt hat, ihre soziale Gebrauchsdimension als Sprachspiel (vgl. Wittgenstein: Philosophische Untersuchungen; Kisro-Völker 1981). Der Roman als hybride Form ist in höchstem Maße dazu prädestiniert, als **Austragungsfeld für die Anarchie der Sprachpotentiale** zu dienen. Das hat schon Friedrich Schlegel im Initialmoment der Romantik postuliert. Joyce sollte diese Prophezeiung mit ungeahnter Durchschlagskraft einlösen.

Joyce demonstriert, dass die Erzählung bestimmter Vorgänge auf zahllosen verschiedenen Ebenen erfolgen kann, in der permanenten Durchdringung der materialen, der kognitiven und der historischen Momente verschiedener Sprachen und ihrer dialektalen Varietäten. Die Welt ist zwar immer noch alles, was der Fall ist. Aber, was der Fall ist, ist allererst Sache der Sprache und ihrer Spiele. Die so entwickelte Praxis des Romans gipfelt in *Finnegans Wake*, das nach wie vor auch unter Spezialisten als inkommensurables und nur in Annäherungen übersetzbares Werk gilt (vgl. James Joyce: Finnegans Wake, dt. 1989).

Die multihybriden Sprachströme, die Joyce bis zur Perfektion entwirft und durchführt, sind bei aller Anstrengung unter logischen

Gesichtspunkten nicht zu durchschauen und erzeugen gerade deshalb eine Vielzahl von Anschlussphänomenen. Mit Hermann Broch und Virginia Woolf beziehen sich zwei Autoren ganz explizit auf Joyce, jedoch nur in ausgewählten Elementen aus jener Vielfalt von poetischen Szenarien, die dieser vorgeführt hat. Broch nimmt sich Joyce als absolutes Vorbild und versucht, die »totalitätserfassende Erkenntnis« (Broch: Joyce und die Gegenwart, S. 87), die er dessen Romanen zuspricht, auf seine Weise umzusetzen, zunächst in der Trilogie *Die Schlafwandler* (1930), dann in seinem Roman *Der Tod des Vergil* (1945). Mit ihren Romanen *Mrs. Dalloway* (1925) und *To the Lighthouse* (1927) stellt sich Virginia Woolf in den Einflussbereich von Joyce, vor allem durch ihre Ausarbeitung des *stream of consciousness* zu einer lange Strecken dieser Texte beherrschenden Stillage.

An dieser jeweils nur partiellen und dennoch an sich bereits äußerst innovativen Rezeption bei den Literaten zeigt sich in besonderem Maße, dass Joyce der Kristallisationspunkt des modernen Erzählens und des Romans schlechthin ist, und zudem der Höhepunkt der literarischen Moderne insgesamt, der in seiner Komplexität nicht einzuholen war. Joyce ist mit seinen beiden letzten Romanen der Vollender der in der ästhetischen Moderne angelegten Möglichkeiten und zugleich der Transformator dieser Möglichkeiten in einen nachmodernen Bereich, der bis heute nur wenig ausgeleuchtet ist.

Ein anderer eigenständiger Entwurf sprachspielerischer Romankunst findet sich bei Alfred Döblin in dessen Idee vom Roman als eines **modernen Epos**. Eine Idee, die Döblin zeitlebens nicht losgelassen und die immer neue und andere Formen angenommen hat. Ihren Höhepunkt erreicht sie in seinem berühmtesten Werk *Berlin Alexanderplatz* (1929). Von Döblin, Joyce, Kafka und Virginia Woolf gehen – neben den Erscheinungsformen des faktizistischen und des absurden Realismus bei Hemingway und Camus – in der Hauptsache jene Rezeptionslinien aus, die nach dem Zweiten Weltkrieg in Westdeutschland als Kardinalformen des modernen Romans aufgenommen und umgesetzt worden sind. Das kann man an Romanciers unterschiedlichster Couleur wie Wolfgang Koeppen, Günter Grass und Uwe Johnson oder Peter Weiss nachzeichnen. Dabei zeigt sich, dass schon in den fünfziger Jahren die sprachliche Radikalität eines James Joyce nicht mehr im Mittelpunkt des Interesses stand. Vielmehr versuchte man die formalen Errungenschaften des experimentellen Schreibens in den Kontext gesellschaftspolitischer Fragestellungen treten zu lassen, um sich kurz nach dem Untergang des Nationalsozialismus nicht erneut dem Vorwurf politischer Blindheit aussetzen zu müssen.

2.3.1 Multihybride Sprachströme

»Riverrun« – das erste Wort in *Finnegans Wake* und zugleich das erste, mit dem der Zirkel des Sprachflusses von neuem beginnt, nachdem der letzte Satz am Ende des Textes auf den Anschluss mit dem ersten Wort hin offen bleibt: »A way a lone a last a loved a long the« (Joyce: Finnegans Wake, S. 628). »Riverrun« ist bereits eine typisch Joyce'sche Wortschöpfung, ein aus einem Substantiv (River) und einem Verbum in der 3. Person Singular Präsens zu einem Substantiv zusammengezogene Verdichtung, deren Bezug auf eine bestimmte Wortart unmöglich ist. Es handelt sich um ein so genanntes *Portemanteau-Wort*. Die unzähligen portmanteau words in *Finnegans Wake* sind Beispiele für **Sprachverdichtungen**, in denen die materiale und die semantische Dimension der Sprache in mikrologischer Form auf die Ebene unendlicher Assoziationsbreite und Interpretationstiefe gehoben wird. Ein anderes Beispiel wäre etwa »Chaosmos«, in dem durch die Zusammenziehung von Chaos und Kosmos eine völlig neue Assoziationsfläche geschaffen wird. In ihr kann man eine explizit poetologische und zugleich unausdeutbare Selbstreflexion des Romans sehen. »›Chaosmos‹ ist eine der zutreffendsten Bezeichnungen für Joyces Werk: Es hat kosmische Dimensionen, läßt aber zugleich den Eindruck aufkommen, daß es chaotische Fülle bietet; es hat architektonische Ordnungsprinzipien, stellt aber kein geschlossenes Weltbild dar.« (Erzgräber 1999, S. 121).

Genau das, ein geschlossenes Weltbild, wird in *Finnegans Wake* ein für allemal verabschiedet. Joyce bezieht alle denkbaren Spielformen mit ein, um das Aufbrechen der Erzählmuster zu erzielen, die eine bestimmte einsinnige Interpretation von Welt nahe legen. Das ist nun tatsächlich das »offene Kunstwerk«, das Umberto Eco theoretisch umkreist; was aber vor allem offen bleiben muss, ist die Frage, wie dieses Werk überhaupt zu rezipieren wäre. Sie ist noch fast gänzlich unbeantwortet (vgl. Rose/O' Hanlon 1982).

Jeder Leser, jede Leserin sieht sich vor die praktisch unlösbare Aufgabe gestellt, den »vielfachen Schriftsinn« (vgl. Reichert 1989) des Textes für sich in Anwendung zu bringen, und bleibt in einem Zwiespalt darüber befangen, wie er den Text eigentlich aufzufassen habe, als erzählenden Roman, als konkrete Poesie oder als Gesamtkunstwerk, das literale, visuelle und auditive Dimensionen in eine

ganz ungewöhnliche Konstellation bringt. Ebenso wenig wie das
Weltbild dieser Dichtung ist ihre Textgestalt und ihre Referenzfunk-
tion abschließend zu bestimmen. Dies aber kann als eines der pri-
mären künstlerischen Zielsetzungen des Autors angesehen werden.
Finnegans Wake konnte und musste gerade wegen seiner **sprachlichen und referentiellen Dezentralität** zum zentralen Werk einer
Epoche ohne Zentrum werden.

Diese paradoxe Lage ergibt sich nicht zuletzt aus der Auseinandersetzung mit den ideengeschichtlichen Grundpfeilern der diesem
Epochentext vorangehenden abendländischen Epochen. Im *Ulysses*
hatte sich Joyce auf Homers *Odyssee* im Sinne eines Subtextes bezogen. Doch wurde dieser historische Ausgriff dort bereits erweitert
auf Dante, Giordano Bruno und Giambattista Vico, die zusammen
mit Homer als Kronzeugen für die Geschichte und die Metamorphosen der abendländischen ›Weltbilder‹ gelten können. Die Sprache dehnt sich in *Finnegans Wake* – wie schon im *Ulysses* – nicht nur
auf die strukturell-synchrone Ebene der Kombinatorik und des
Spiels aus, sondern gerade auch auf die diachron-polyglotte der babylonischen Sprachverwirrung aller Zeiten. Reichert nennt diese
Sprache »polyglott-hybrid« (Reichert 1989, S. 10).

Die **hybriden Wortklone und polyphonen Satzströme** des Romans werden gleichsam zu Medien einer epochensemiologischen
Deutung der Weltgeschichte und der Gegenwart. Mit Bezug auf Vicos *Nuova Scienza* (1725) stützt sich Joyce auf ein bestimmtes Ge-
schichtsverständnis, ein triadisches Modell, in das sich der Autor
selbst eingebunden sieht, und zwar auf einer vierten Stufe, die bei
Vico *ricorso* genannt wird und die den Übergang ins Chaos bezeichnet. Von dort aus beginnen, so Vicos Modell, die drei Weltalter, das
göttliche, das heroische und das menschliche, wieder von Neuem.

Joyce versucht, eine enzyklopädische Summe der Weltgeschichte
zu ziehen. Von dieser inneren Logik aus haben die ersten Vermittler
und Interpreten von *Finnegans Wake* den Ansatz unternommen,
dem Werk tendenziell seinen geisteshistorischen Ort zuzuweisen
(vgl. Beckett 1929). Einen solchen repräsentativen Ort kann es
ohne jeden Zweifel für sich beanspruchen, nur lässt sich kaum theo-
retisch-diskursiv sagen, aus welchen Gründen. Joyce macht Ernst
mit der Tatsache, dass das poetische Sprachspiel und die begriffliche
Logik des distanzierten Benennens füreinander prinzipiell unzu-
gängliche Gebiete sind.

Das ist eine der wesentlichen Erkenntnisse, die der Roman des
20. Jahrhunderts überhaupt erbracht hat, nicht nur bei Joyce, sondern auch bei Kafka und Beckett. Die produktive Aufnahme einer

solchen Erkenntnis ist allerdings in einer fast ausnahmslos auf begriffliches Denken und mathematische Logik ausgerichteten Kultur fast unmöglich und kaum zu vermitteln. Dennoch könnte es sein, dass in ihr die Potentiale liegen, die die westliche Zivilisation aus ihrer Verschanzung in den Zitadellen der Logik und des Begriffs einmal herausführen können.

Die Gegenwart, in der die Geschichte der Dubliner Familie Earwicker, um deren Leben und Problematik es in *Finnegans Wake* auf einer primär inhaltlichen Stufe geht, angesiedelt ist, hat die unterschiedlichen Epochen im historischen Hintergrund, ohne an und durch sich selbst noch so etwas wie eine Geschlossenheit auch nur erahnen zu lassen. Die Diagnose dieses Zustands nimmt die zentrale Erkenntnis der Postmoderne auf dem Höhepunkt der ästhetischen Moderne vorweg. Der Roman kann nichts mehr von der Welt in einer abgerundeten und an allgemeinen Konventionen des Erzählens orientierten Form wiedergeben, ohne eine unzulässige Reduktion von Komplexität vorzunehmen. Die Sprache explodiert förmlich in die unüberblickbaren Galaxien ihrer aktualen und diachronen Zuständlichkeiten.

Es ist, als hätten die Romanautoren jahrhundertelang ihr Material mühsam auf einem bestimmten Niveau, bei einer bestimmten Temperatur gehalten, bis es bei Joyce schließlich zum ›Big Bang‹ kommen musste. Darin wird der Weltalltag, den Joyce bereits im *Ulysses* aufgerufen hatte, zum **Spiel der Sprache mit der Weltgeschichte**, die sich nur noch im Spiel des ›Chaosmos‹ einer babylonischen Hypersprache vergegenwärtigen lässt. Alle anderen Methoden ihrer Vergegenwärtigung legen linguistische und ideelle Standpunkte zugrunde, die angesichts des Weltsprachspiels von *Finnegans Wake* nicht mehr aufrecht zu erhalten sind. Diese Sprache ist eine polyglotte Traumsprache, die das Erzählte, das aus ihr immer wieder mehr oder weniger deutlich aufscheint, in ein Traumreich transponiert. Es ist der archetypische Traum eines ›Everybody‹, der das kollektive Unbewusste der Weltgeschichte repräsentiert.

»Das Buch gleicht einem Computer, von dem sich jederzeit ein beliebiges Programm abrufen läßt, das seinerseits wiederum mit einer Vielzahl von Schlüsseln dechiffriert werden kann. [...] Der Traum, den Joyce in *Finnegans Wake* dargestellt hat, wird auch in Zukunft ein Alptraum des ›Common Reader‹ bleiben.« (Erzgräber 1999, S. 124).

Der Roman als Kunstwerk widersetzt sich damit jeglicher Art der kommunikativen Vermittlung. Er befindet sich hier **in der äußersten Exponiertheit des inkommensurablen Kunstwerks**. Das hat mit

Flauberts Intensiv-Roman allerdings fast nichts mehr zu tun. Das Kunstwerk behauptet sich im Jenseits der Diskurse als Über-Wirklichkeit. Dies hat Hermann Broch an Joyce klar erkannt und für seine eigene künstlerische Praxis übernommen. Broch spricht von der »Zeitgerechtheit« des *Ulysses* und meint damit einen bestimmten »Zustand des Bewußtseins«, eine »Logik, die für die betreffende Zeit verbindlich ist und die damit automatisch zu ihren Themen und den ihr eigentümlichen Inhalten hinführt« (Broch: Joyce und die Gegenwart, S. 78). So verdienstvoll Hermann Brochs frühe Reflexion über die Stellung und die Bedeutung des Joyce'schen Werks ist, es bleibt doch fraglich, welches Bewusstsein hier zur Sprache kommt, ein Weltbewusstsein oder ein Traumbewusstsein oder eher beides in einer irren Mixtur.

In jedem Fall ist Joyce etwas gelungen, was die spätstrukturalistischen Theoretiker von Roland Barthes über Gilles Deleuze bis hin zu Jacques Derrida immer wieder für ihre Gegenwart postuliert haben. Bei Joyce ist das Subjekt verschwunden, vom Strom der Signifikanten ist es aufgesogen und wird daraus ständig neu zusammengesetzt, ohne noch einmal eine dauerhafte Identität durchscheinen zu lassen. Aber dahinter steht eine artistische Leistung ohnegleichen, und damit eben doch wieder ein Subjekt als kognitives Organisationszentrum der Subjektdezentrierung.

Vielleicht ist gerade hier der Zwischenraum zu sehen, in dem Literatur immer wieder stattfindet, ja in dem sie immer wieder stattfinden muss. Sie allein kann den Menschen im Spiel zur Sprache bringen, der dadurch zeigt, dass er mehr ist als das punktuelle Produkt einer Struktur, sondern immer zugleich Subjekt und Objekt der Sprache und ihrer Spiele. *Finnegans Wake* kann man so als die **Transformation der neuzeitlichen Rationalität in eine Traumzeit** begreifen, die den meisten Mitgliedern der westlichen Kultur (noch) verschlossen ist.

2.3.2 Epos der Moderne

Alfred Döblin

Die Architextualität des modernen Romans unterliegt einem Ausdifferenzierungsphänomen, das einem Prozess zunehmender Hybridisierung entspricht. Damit entwickelt sich der Roman von der narrativen Statik des alten Epos immer weiter weg, ohne jemals damit identisch gewesen zu sein. Gerade aber auf dem Niveau höchster

Komplexität und Texthybridität kommt die Forderung nach einem neuen Epos, einem Epos der Moderne auf. Es soll durch einen äußersten Grad erzählerischer Verdichtung gekennzeichnet sein und eine Atmosphäre vollkommener Objektivität evozieren. Die Errungenschaften des experimentellen Modernismus wie Montage und Collage sollen mit der Idee einer großen Epik zur Konvergenz gebracht werden. Hauptinitiator und Aktivist solcher Ideen war Alfred Döblin (vgl. Keller 1980).

Döblin ist zweifellos der radikalste Innovator des modernen Romans in Deutschland vor dem Zweiten Weltkrieg. Das wird häufig übersehen, und zwar nicht zuletzt deshalb, weil die Mehrzahl der Leser/innen ihr Augenmerk fast ausschließlich auf Döblins bekanntestes Buch, auf den Roman *Berlin Alexanderplatz* (1929) richtet. Zwar findet sich in diesem Text die Quintessenz der romanpoetologischen Absichten Döblins umgesetzt, die der Autor seit 1913 permanent geäußert hat. Doch handelt es sich bei der »Geschichte vom Franz Biberkopf« bereits um eine Modifikation der frühen Aufbrüche auf ein Epos der Moderne hin. Eine Modifikation, die den Berlin-Roman mehr auf die Ebene einer populären Rezeption stellt, die bei den vorausgehenden epischen Werken Döblins nicht denkbar gewesen wäre (vgl. Žmegač 1968).

Döblins Konzeption des epischen Werks steht inmitten der **Diskussionen um den modernistischen Aufbruch** in den ersten zwanzig Jahren des 20. Jahrhunderts, ausgehend vom Naturalismus über den Futurismus und der Neuen Wortkunst des Sturm-Kreises. Diesen Strömungen stand Döblin ideell und poetologisch – unterstützt durch die Freundschaft mit dem Verleger Herwarth Walden, der den Futurismus in Deutschland bekannt machte und in dessen Verlag die Zeitschrift *Der Sturm* erschien – von Anfang an nahe (vgl. Möser 1983; Schmidt-Bergmann 1991). Die Auseinandersetzung mit diesen Strömungen gipfelte für Döblin im Bekenntnis zu einem ›**Döblinismus**‹, einer Art Privatavantgardismus, der eines gegenüber dem Futurismus und seiner dominanten Programmatik deutlich machen sollte: die Singularität der Döblin'schen Ästhetik im Resonanzraum der Moderne.

In seinen frühen Romanen – *Die drei Sprünge des Wang-lun* (1915), *Watzeks Kampf mit der Dampfturbine* (1917) und *Wallenstein* (1920) –, deren Entstehung und Veröffentlichung ins so genannte expressionistische Jahrzehnt fallen, ist Döblin ein entschiedener Vertreter des Epischen im Roman. Unter diesem Gesichtspunkt begreifen sich seine avantgardistischen Innovationen weniger als reine Experimente denn als Revisionen anthropologischer Grundbedürfnisse. Döblins Vorstellung vom Epischen soll den im 19. Jahrhundert entstandenen Gesellschaftsroman in all seinen Ausrichtungen verdrängen und ersetzen. Selbst noch die naturalistische Variante des Romans erscheint Döblin als fauler Kompromiss mit dem Massengeschmack. Der Autor stuft das Romanschaffen seiner Vorläufer und mancher seiner Zeitgenossen als in einem psychologisch-abstrakten Sinne dekadent und anachronistisch ein. Zielscheibe seiner Angriffe ist immer wieder Thomas Mann. In seiner romanpoetologisch zentralen Frühschrift, dem *Berliner Programm*, bemerkt Döblin im Jahre 1913:

»Ein Grundgebrechen des gegenwärtigen ernsten Prosaikers ist seine psychologische Manier. Man muß erkennen, daß die Romanpsychologie, wie die meiste, täglich geübte, rein abstrakte Phantasmagerie ist. Die Analysen und Differenzierungsversuche haben mit dem Ablauf einer wirklichen Psyche nichts zu tun; man kommt damit an keine Wurzel.« (Döblin: An Romanautoren..., S. 120).

Als Psychiater und Künstler weiß Döblin, wovon er spricht. Im *Berliner Programm* wird dem psychologisch-realistischen Roman der Kampf angesagt. Döblin hat sich nichts weniger vorgenommen als eine kulturgeschichtliche Revolution analog zur Aufbruchsstimmung in den Künstlerzirkeln um Marinetti und Herwarth Walden. Döblin fordert die Formung großer Stoffe, Stoffmassen, die der Roman in einer Fassade »aus Stein oder Stahl, elektrisch, blitzend oder finster« präsentiert: »Die Darstellung erfordert bei der ungeheuren Menge des Geformten einen Kinostil. In höchster Gedrängtheit und Präzision hat ›die Fülle der Gesichte‹ vorbeizuziehen. Die Sprache das Äußerste der Plastik und Lebendigkeit abzuringen.« (Döblin 1989, S. 121).

Hinter dem Begriff des ›**Kinostils**‹ verbirgt sich die ästhetische Bezugnahme auf ein im Jahre 1913 noch recht neues Medium. Dieser Bezug ist futuristisch bedingt, das heißt, von einer diffusen Begeisterung für technisch-mediale Innovation getragen, jedoch keineswegs auf die konkreten erzählerischen Möglichkeiten des Kinos ausgerichtet. ›Kinostil‹ wird von Döblin im Grunde rein metaphorisch gebraucht, in der Absicht, dem alten Erzählen im Roman ein verschärftes Tempo und eine gehärtete Oberfläche entgegenzustellen (vgl. Kiesel 1993).

Auf dieser Grundlage konzipiert Döblin seine Erneuerungsphantasien hinsichtlich des epischen Romanwerks:

»Der Psychologismus, der Erotismus muß fortgeschwemmt werden; Entselbstung, Entäußerung des Autors, Depersonation. Die Erde muß wieder

dampfen. Los vom Menschen! Mut zur kinetischen Phantasie und zum Erkennen der unglaublich realen Konturen! Tatsachenphantasie! Der Roman
muß seine Wiedergeburt erleben als Kunstwerk und modernes Epos.«
(Döblin: An Romanautoren, S. 123).

Die Erneuerung des Romans als episches Werk erfordert sowohl das
Zurückblicken auf die Ursprünge allen Erzählens im mündlich be-
richtenden Epos vorgeschichtlicher Prägung als auch die **Einbeziehung neuer Medien,** die sich jenseits des gedruckten Buches bewegen. Döblin rekapituliert in seinem Aufruf eine historische Spanne,
die den gesamten geschichtlichen Raum der Schriftlichkeit umgreift,
vom Übergang des mündlichen Epos in die Schrift, der durch die
Signatur ›Homer‹ markiert ist, bis hin zur Ablösung des schriftlich
fixierten Erzählens durch neue Medien wie den Film. Der Romancier setzt seine Vorstellung einer kinetischen Phantasie nicht ein, um
die Dominanz der schriftlich fixierten Texte im Bereich des Narrativen insgesamt zu brechen, sondern um ihre Erneuerung zu propagieren. Döblin verlangt kein neues Erzählen im Film, also jenseits
des Buches, sondern fordert eine neue Form von Erzählen, in dem
sich der ›Kinostil‹ literarisch niederschlagen soll.

Das Umdenken auf diesem Gebiet stellt für Döblin eine Konsequenz aus der Faktizität des modernen Lebens dar. Zentraler Aspekt
dieser Modernität ist die Großstadt (vgl. Becker 1993). Erstaunlich,
dass Döblin in seinen Romanen vor *Berlin Alexanderplatz* trotz dieser Einsicht nicht zur Darstellung der modernen Großstadt vordringt. *Die drei Sprünge des Wang-lun* spielt in einem imaginären
China des 18. Jahrhunderts, *Wallenstein* im Deutschland des Dreißigjährigen Kriegs. Beide Werke gelten als Prototypen des so genannten ›**Steinernen Stils**‹, von dem Döblin im Zusammenhang mit seiner
Epik gesprochen hat. Sie stellen eine Umsetzung der modernistischen Epostheorie des Autors dar, ohne jedoch auf die Wirklichkeit
einzugehen, aufgrund derer sie entstanden ist: die moderne Urbanität und ihre neuen Wahrnehmungsformen. Döblins Praxis des epischen Romans weist einen unübersehbaren **Zug ins Esoterische und
Exotische** auf. Diese Richtung wird durch den 1922 erschienenen
Roman *Meere, Berge und Giganten,* dessen Handlung in Grönland
spielt, noch verstärkt.

Döblin versucht durchweg, ungeheure Massen an Material einzubringen; er arbeitet auch unter schwierigsten Bedingungen – etwa
als Lazarettarzt im Ersten Weltkrieg – ganze Bibliotheken durch, um
sich beispielsweise ins Deutschland des Dreißigjährigen Kriegs so
authentisch hineinzuversetzen, dass dem Leser die Szenerie gleichsam ungefiltert entgegentritt. Jedoch, die Stoffe scheinen willkürlich

gewählt, ohne einsehbaren Bezug auf die Gegenwart des Autors und seiner Leser. Sie treten als Exemplifikationen eines poetologisch avancierten Willens auf und nicht in erster Linie als Manifestationen eines neuen Erzählens, das einen in sich notwendigen Bezug zur Problematik der Zeitgeschichte unterhält.

Der Epiker bewegt sich so in einem Raum erzählerischer Allmacht und zelebriert unter der Maske des Avantgardisten einen ästhetischen Elitarismus. Dieser sieht sich von den ihn historisch bedingenden Tatsachen gerade dadurch abgelöst, dass er sich dazu befähigt fühlt, darstellerische Omnipotenz auszuüben, ohne sich als Autorsubjekt zur Geltung zu bringen. Das Subjekt des Erzählens verschwindet in den frühen Romanen hinter den Sujets der Stoffe und den von ihnen gebildeten Massen. Das ist der Inbegriff des ›Steinernen Stils‹, die »Gedrängtheit und Gleichzeitigkeit der Erzählpartikel sollen totale Realpräsenz vermitteln« (Hillebrand 1993, S. 365).

Das Ästhetische nimmt in dieser vorgeblichen Objektivität eine extreme Form von Autonomie für sich in Anspruch. Dadurch bleibt es der Umwelt, von der es ausgeht und in der es rezipiert wird, extern und fremd. Der ›Steinerne Stil‹ erzeugt ein für den Leser fast unbezwingbares Felsmassiv, in dem der Begriff ›Epos‹ eine in sich kontradiktorische Ausrichtung erhält. Döblins Begriff des modernen Epos offenbart sich als ganz und gar artifiziell strukturiert und präsentiert darin seine Ablösung von jeglicher sozialen Realität.

Das ist deshalb besonders bemerkenswert, weil sich Döblins poetologische und erzählerische Praxis mit der Abfassung von *Berlin Alexanderplatz* entscheidend wandelt. Zuvor hatte der Autor eine epische Dichtung veröffentlicht, die im alten Indien spielt und den Titel *Manas* (1924) trägt. Aufgrund des verlegerischen Misserfolgs dieses Versepos wäre es fast zum Bruch zwischen Döblin und dem S. Fischer Verlag gekommen. Döblin war mit seinem Konzept des modernen Epos offensichtlich gescheitert. Sein neuer Roman *Berlin Alexanderplatz* entsteht vor dem Hintergrund dieser Problematik. Die Perspektiven der dabei erfolgten konzeptionellen Umformung legt Döblin in seinem Vortrag und Essay »Der Bau des epischen Werkes« (1928) dar.

Romanpraxis und poetologische Reflexion laufen also weiterhin parallel. Döblin betreibt jetzt eine konzentrierte Auseinandersetzung mit den das epische Erzählen tangierenden und durchkreuzenden Medien, er arbeitet bewusst intermedial. Gerade dadurch gelingt es ihm, die seit seinem *Berliner Programm* statuierte **Opposition zwischen ästhetischer Elitekultur und populistischer Massenkultur** zu unterlaufen, ohne sie doch ganz verabschieden zu müssen. Der Roman als hybride Form, die dazu in der Lage ist, die unterschiedlichsten Sprachebenen und Darstellungsvarianten zu integrieren und in ein dialogisches und mithin dynamisches Verhältnis zueinander zu setzen, erreicht jetzt eine neue Dimension. Tatsächlich scheinen an dieser Stelle der Geschichte des Romans Bachtins dialogische Romantheorie und Döblins multimediale Epik zur Kongruenz zu gelangen, ohne dass beide Autoren zu diesem Zeitpunkt voneinander gewusst hätten.

Der intermediale Zugriff auf den Roman ist für Döblin der entscheidende Schritt hin zu einer Kombination von Avantgarderoman und Volksbuch, wie sie in *Berlin Alexanderplatz* vorliegt. Damit hat der Autor eine echte Neuerung innerhalb der deutschen Literatur geschaffen. Durch die Prinzipien der Montage und der Collage erschließt sich Döblin mit einem Schlag die unterschiedlichen Darstellungsfunktionen und Möglichkeiten anderer, die Literatur berührender Medien. Damit wird ein Erzählen freigesetzt, das endgültig keine Grenzen mehr kennt und sich keiner theoretischen Programmatik mehr verpflichtet sieht. Döblin lässt die Theoriekonstrukte hinter sich, die ihn von seiner Sturm-Kreis-Periode her noch geleitet haben. Er rät dem Romancier

»in der epischen Arbeit entschlossen lyrisch, dramatisch, ja reflexiv zu sein [...] das Kunstwerk ist Sache des Künstlers, Gesetze gibt mir nicht die Vergangenheit, das Gesetz gebe ich mir selber und für mich heißt nun episches Kunstwerk etwas anderes. Darf der Autor im epischen Werk mitsprechen, darf er in die Welt hineinspringen? Antwort: ja, er darf und er soll und muß.« (Döblin: Schriften zur Ästhetik, S. 225f.).

Für Döblin entsteht das über den traditionellen Roman hinausweisende epische Kunstwerk in der **Öffnung des Schreibens auf alle Medien hin**, die es in Besitz nehmen können. Er stellt sich den Roman nicht mehr als Gefäß vor, in das andere Darstellungsweisen und eine Vielzahl von Stilen homogen einfließen können, sondern als reine Potentialität, in der diese Stimmen und Diskurse aufeinander treffen und sich wechselseitig modifizieren und erweitern. Ausnahmslos alles soll in den Roman eingehen können; dieses Einfließen und Einstürmen *ist* der Roman als episches Kunstwerk. Das ist Döblins Einstieg in ein multihybrides Sprachspiel, das mit der Idee des modernen Epos konvergiert. Genau das ist auch das Grundkonzept von *Berlin Alexanderplatz*. Die Einzigartigkeit des Romans in der deutschen Literatur, ja in der Weltliteratur wird von diesen beiden Faktoren entscheidend bedingt. Es handelt sich hier keineswegs um ein direktes Rezeptionsverhältnis zu den beiden international exemplarischen Großstadtromanen der zwanziger Jahre, *Ulysses* von Joyce und *Manhatten Transfer* (1925) von John Dos Passos, die Döblin – zumindest im Falle des *Ulysses* ist das belegt – gekannt haben dürfte.

Die Besonderheit von *Berlin Alexanderplatz* besteht nicht im Aufgreifen und in der Umsetzung bestimmter Erzähltechniken, die bei den beiden genannten Texten zur Entfaltung kommen. Die Konzeption und die Umsetzung des *Alexanderplatzes* ist bei Döblin über Jahrzehnte hin gewachsen und bildet so etwas wie die Kulmination seines Romanschaffens. Döblin bricht endlich zur Realität seiner Zeit durch, und er schafft es, die Stimmen der Großstadt so unmittelbar ins Buch zu bringen, dass sie im Zusammenklingen die Geschichte von Franz Biberkopf selbst erzählen.

Zu diesen Stimmen gehört die des Autors hinzu, ohne noch eine zentrale organisierende Rolle zu spielen. Die Hybridität des Sprachspiels ist total und permanent, also ohne Anfang und Ende. Dennoch hat die erzählte Geschichte Anfang und Ende, ja sogar eine ziemlich pastos aufgetragene Moral am Schluss.

Dieses Phänomen ist nur bedingt dem Autor in seiner Rolle eines linksbürgerlichen Moralisten zuzuschreiben; es hängt in der Hauptsache mit der den Roman dominant durchziehenden Gattungsform, der Moritat, zusammen. Der Erzähler meldet sich immer wieder geradezu überpointiert im Stile eines Bänkelsängers zu Wort und versetzt so die Handlung wie die Diktion des Textes in die ihm ureigene Sphäre, ins Milieu des Berliner Proletariats. Vor diesem Hintergrund wird auch der Schluss erklärbar, wo der fast zu Tode geschundene Franz Biberkopf gleichsam wieder aufersteht und ein neues Leben beginnt, nun nicht mehr allein auf sich gestellt, sondern in einer nicht näher charakterisierten Gemeinschaft. Die christliche, ja christologische Parallele drängt sich auf, bleibt jedoch immer auf der artifiziellen, artistisch gebrochenen Ebene der Moritat und vermeidet somit einen allzu direkten Appellcharakter.

Die ständigen Fokuswechsel, die der Roman vollzieht, das anarchische Zusammenspiel der Stimmen der Großstadt und die daran gekoppelte Dezentrierung des Subjekts Franz Biberkopf führen zur Entrückung des Protagonisten aus der Sphäre unmittelbarer Identifikation. Als Figur bleibt Franz Biberkopf in erheblichem Maße fremd; die Sprachlosigkeit, die Gewalttätigkeit, die Dummheit der Hauptfigur sind keine Muster, mit denen sich ein Romanleser spontan identifizieren könnte; Biberkopf ist kein problematischer Held wie Wilhelm Meister, und er ist kein verschrobener Antiheld wie

Hans Castorp in Thomas Manns *Zauberberg*. Er ist vielmehr ein exemplarischer Held. Was ihn auszeichnet, ist die Typisierung, auch die seines Schicksals, nicht seine Individualität.

Das korrespondiert noch immer mit Döblins Vorstellung vom Roman als Epos. **Typisierung des Helden** war stets ein Hauptkennzeichen epischen Erzählens, von Homer bis zu Chrétien de Troyes. Dennoch gibt es jetzt so etwas wie eine Identifikationssphäre, die man in Döblins früheren Romanen vergeblich sucht. Es entsteht nun Identifikation als Typisierung, ein Mechanismus, der nur funktioniert, weil die Stilmittel und Sprachebenen in bestimmter Weise aufeinander abgestimmt sind.

Dieses nicht analytisch zu begreifende Zusammenwirken aller Sprachen und Stile des Romans prägt eine bestimmte Mentalitätsschicht aus, die zu seinem atmosphärischen Hauptkennzeichen wird. Was sich in dieser Form gewissermaßen selbst erzählt, ist die Geschichte des Franz Biberkopf, der als Produkt dieses vielfach gebrochenen Sprachflusses in Erscheinung tritt. Die Techniken der Typisierung wirken so als Medien der Individualisierung. Sie sind zumeist semantisch hypertrophe Funktionselemente aus dem Großbereich literarischer Individualisierung, Persiflage und Parodie. Diese Brechungen sind nicht Selbstzweck oder Endzweck, sondern transportieren in ihrer permanenten Varianz ein Lebensgefühl, den spezifischen Humor und die Mentalität einer Population, die sich Ende der zwanziger Jahre in Berlin um den Alexanderplatz herum eingerichtet hat.

Der aus unzähligen Stimmen und Stimmlagen sich zusammenfügende Berliner Ton ersetzt die personalen Identifikationsformen des realistischen Romans. Das führt zu einer typologischen Identifikation des Lesers mit Franz Biberkopf, dem von dieser eigentümlichen Collage überhaupt erst Zusammengesetzten. Biberkopf ist ganz direkt ein Geschöpf der Sprache und ihrer Hybridisierung, das Produkt der Tropen und Strukturen, die der Text in seiner montierten Selbstdurchdringung kreiert. Das Zwingende der Form, die Selbstparodie des Erzählens durch das Collagieren der Teile hindurch, weckt die Sympathie für die Textfigur und zugleich für die Figuren des Textes, die Protagonisten. Darin treibt Döblin die von ihm initiierte **Episierung des modernen Romans** auf die Spitze.

Der Roman als **multimediale Moritat auf der Projektionsfläche des modernen Epos**: Das wäre das architextuelle Bedeutungsfeld, das Döblin in *Berlin Alexanderplatz* schafft. Nirgendwo findet sich der Paratext ›Roman‹ zur näheren Spezifizierung des Werks. Die Bezeichnung ›Geschichte‹ im Untertitel entbehrt im Grunde einer genauen Gattungszuschreibung. Das legt den Schluss nahe, dass Döblin selbst die gattungsmäßige Zuschreibung seines Werks vermeiden wollte. Woraus man wiederum folgern kann, dass er den Text bewusst in eine Position zwischen allen etablierten Medien zu bringen suchte.

Wie vordringlich dieser intermediale Bezug in Döblins Hauptwerk erscheint, belegt die Kreation des Ausdrucks »filmische Schreibweise« in Bezug auf die stilistische Besonderheit von »Berlin Alexanderplatz« (vgl. Kaemmerling 1975). Trotz des früh von Döblin in die ästhetische Debatte geworfenen Begriffs des Kinostils darf man filmische Schreibweise jedoch nicht als reines Übertragungsphänomen von einem Medium in ein anderes missverstehen. Vielmehr gilt: »Die filmische Schreibweise erschafft das Lesen neu als filmisches Sehen in der Lektüre des geschriebenen Textes.« (Kaemmerling 1975, S. 197).

Es geht also um die **wechselseitige Durchdringung von Roman und Film auf der Grenze zwischen Schriftlichkeit und Audiovision.** Das ist eine für die Moderne und die Postmoderne gleichermaßen virulente kulturgeschichtliche Grenzsituation. Die beiden Verfilmungen des Stoffes – von Phil Jutzi 1931 und von Rainer Werner Fassbinder 1980 – beweisen, dass eine unmittelbare Übertragung vom Buch auf den Film undenkbar ist, dass es sich dabei jeweils um eine ganz bestimmte, im Falle Fassbinders sogar äußerst eigenwillige Auslegung des Werks handelt und dass die filmische Schreibweise ganz den Roman, also den schriftlichen Text betrifft. Die von Döblin nutzbar gemachte Intermedialität ist somit als eine Errungenschaft der Literatur zu betrachten, die zur genuinen Erweiterung ihrer Darstellungsmöglichkeiten beiträgt (vgl. Literatur intermedial 1995; Schnell 2000).

Dennoch mag der Vorwurf, den Bertolt Brecht im Jahre 1932 gegenüber Döblin erhoben hat, nicht ganz an der Sache vorbeigehen. Brecht schreibt in einer kurzen Notiz, »daß auch er, Döblin, nichts macht, was mit dem Leben zusammenhängt. Es hat vielmehr mit reiner Kunst zu tun, als mit sonst etwas auf der Welt. Tatsächlich gehen diese Sachen schon die jüngeren Leute nichts mehr an, wirken bombastisch und willkürlich und vergessen sich allzu schnell.« (Brecht: Schriften zur Literatur und Kunst, S. 80).

Ein Riss geht zu dieser Zeit, Anfang der dreißiger Jahre, in Deutschland durch die grundlegenden Konzeptionsebenen der Literatur; einerseits Literatur als Kunst im Sinne einer Funktion des gesellschaftlichen Überbaus, als ästhetische Kunst, und andererseits als anti- oder metaästhetische Kunst wie sie Brecht propagierte und auch praktizierte.

Bertolt Brecht: Dreigroschenroman

Dass Döblin die Ebene einer ästhetischen Kunst nie verlassen hat, ist unbestreitbar. Eine andere Frage ist, was Brechts Programmatik für den Roman erbracht hat. Das scheint gerade vor dem Hintergrund einer intermedialen Poetik interessant, wie sie Brecht in seinem einzigen zu Ende geführten Roman, dem *Dreigroschenroman,* offen einsetzt (vgl. Fischetti 1971; Hakkarainen 1994).

Der *Dreigroschenroman* ist einer der eigenwilligsten und ungewöhnlichsten Romane des 20. Jahrhunderts, ein modernes Epos in einem ganz anderen als dem von Döblin verstandenen Sinne (vgl. Jeske 1984). Der Text ist im Zusammenhang mit der *Dreigroschenoper* (1928) von Brecht und seinen Mitarbeiterinnen (v.a. Margarete Steffin) in der ersten Phase der Emigrationszeit des Dichters 1934 entstanden. Die beiden Hauptcharakteristika des Romans klingen dabei an, **Kollektivarbeit und Intermedialität,** wobei beide Phänomene von Brecht beabsichtigt waren und ihren Niederschlag im Roman gefunden haben.

Der Dreigroschenstoff hat mehrfache Umsetzung erfahren, als Oper, als Roman, als Film – und als Aufsatz oder Essay, dem *Dreigroschenprozeß* (1933), einer Schrift, der Brecht den Untertitel »Ein soziologisches Experiment« verlieh. Der Operntext geht zurück auf eine von Elisabeth Hauptmann angefertigte Rohübersetzung der *Beggar's Opera* von John Gay aus dem Jahre 1728. Brecht arbeitet hier weder im Horizont der Originalschöpfung noch einer geschlossenen Werkidee, noch eines individuellen Schaffensprozesses. So wird aus dem *Dreigroschenroman* ein erzählender Text, der kaum noch auf der Ebene einer homogenen Produktionsform anzusiedeln ist. Es ist dies der Bruch mit der Tradition einer autonomen Ästhetik des Kunstwerks und die Hinwendung auf eine rezeptionsästhetisch orientierte, funktionale Ästhetik, die eines nicht mehr sein sollte: im herkömmlichen, mimetisch-darstellerischen Sinne ästhetisch. Im *Dreigroschenroman* fließt diese Problemstellung auch in die Ebene des Romans ein, der auf seinem Höhepunkt im 19. Jahrhundert gerade die Korrespondenz zwischen Individuum und Gesellschaft durch ästhetische Widerspiegelung der Realität leisten sollte.

Für Brecht gibt es an diesem Punkt kein Weiterkommen. Das ist deshalb interessant, weil die marxistische Literaturtheorie, in den dreißiger Jahren schon unter Federführung von Georg Lukács, weiter am Abbildrealismus festhielt. Bei Brecht geht es statt dessen um **die Durchsetzung des Gebrauchswerts von Kunst** gegenüber ihrem Genusswert. Kunst soll die Wahrnehmungsformen des Rezipienten

aktiv verändern. Man soll nicht mehr nur Strukturen seiner gesellschaftlichen Realität *erkennen*, man muss vielmehr dazu in die Lage
versetzt werden, sie bewusst zu durchdringen und aktiv in sie einzu-
greifen.

Das wirkt sich entscheidend auf die literarische Darstellung und
ihre Mittel aus. Der *Dreigroschenroman* hebt den illusorischen Vorhang, der zwischen dem Erzählen und der Imagination etabliert war,
rücksichtslos auf. Es handelt sich um einen »operativen Roman«
(Boie-Grotz 1978, S. 182) und beim Autor um einen »operativen
Schriftsteller« (Benjamin: Der Autor als Produzent, S. 95).

Ein Roman kann ›operativ‹ genannt werden, wenn er nicht nur
den Charakter der Wirklichkeit aufdeckt, sondern »Fingerzeige zu
ihrer Handhabung« liefert (Boie-Grotz 1978, S. 182). Der individuelle, auratische Wert eines Kunstwerks soll durch einen politisch-
funktionalen ersetzt werden. Nicht die Einmaligkeit des Werks
zählt, sondern das Modellhafte seiner Aussage. Es geht Brecht darum, die »Vergesellschaftung der geistigen Produktionsmittel zu fördern« (Benjamin: Der Autor als Produzent, S. 115) und die aktive
Beteiligung des Publikums am jeweiligen künstlerischen Experiment
zu bewirken. Damit ist der Roman auf *einer* Ebene mit Brechts
Konzept des Epischen Theaters anzusiedeln. Wobei zu bemerken ist,
dass sich das Theater für die benannten Zwecke weitaus besser eig-
net als der Roman. Die weitere künstlerische Entwicklung Brechts
nach dem *Dreigroschenroman* bestätigt das.

Dennoch ist der *Dreigroschenroman* ein eminentes Werk im Kontext der Architextualität des modernen Romans. Die Distanz des Erzählers zum Erzählten ist so groß, dass eine Bemühung um fiktionale Stringenz kaum noch vorhanden scheint. Statt diesen Effekt zu
verfolgen, lenkt der Autor die Handlung wie den Erzählvorgang auf
unverdeckte Art und Weise im Sinne einer deiktischen Aufklärung
der Zusammenhänge zwischen Kapitalismus, Ausbeutung der Massen, Zerstörung des Individuums und Faschismus. Brecht lässt mehrere Darstellungsformen und Erzählstile aufeinander prallen, jedoch
nicht im Sinne der Montage, wie sie Döblin praktiziert, sondern
eher im Sinne eines harten Bruchs. Für Brecht ist die Montage des
Modernismus noch zu sehr einem sich autonom setzenden Willen
zur rein ästhetischen Formung unterworfen. Brechts Romanpraxis
strebt dagegen die Dekuvrierung der illusionären und realitätsfrem-
den Grundlagen solcher Formintentionen insgesamt an.

Während Döblins Montagestil das Ineinanderspielen und chaotische Zusammenklingen aller Stimmen zur Evokation der Großstadt
verfolgt, blickt der Leser in den Brüchen, die Brecht im *Dreigro-*

schenroman inszeniert, ständig unter die Oberfläche der durch Erzählen sonst erzeugten Illusionierung. **Evokation soll durch Erkenntnis abgelöst werden.** Die klassische Thematik der Groschenromanhefte findet ihren Platz neben historischen und zeitgenössischen Bezügen aller Art. **Filmische Elemente** wie Fokuswechsel, Überblendung oder Schnitt werden direkt ins Erzählen übernommen (vgl. Knopf 1984, S. 358-365). Alles wird zusammengehalten durch einen lakonischen Duktus, der den Leser auf Distanz hält. Die Versatzstücke werden im Sinne einer materialistischen Wirkungsästhetik funktional integriert. Weder dem Bericht noch dem Trivialgenre kann eine immanente ästhetische Qualität zugesprochen werden. Erst der Bruch zwischen den Teilen sorgt für einen Reiz, der auf seine Weise auch wieder ein ästhetischer ist (zu Brechts Prosa insgesamt vgl. Müller 1980; Knopf 2000, S. 250-285).

Unbestreitbar ist bei alldem die epische Dimension des *Dreigroschenromans*. Episch meint aber hier vor allem funktional auf den Erkenntnisprozess ausgerichtet und weniger unmittelbar faszinierend auf ästhetischen Reiz im Sinne ›interesselosen Wohlgefallens‹ hin. Der Roman blieb im Rahmen der grundlegenden Fragestellungen des Dichters ein untergeordnetes, hinter dem Drama zurücktretendes Genre. Darin liegt eine Problemstellung, die nicht übersehen werden darf, wenn man den Roman im 20. Jahrhundert betrachtet. Der Roman hat als Darstellungsmedium genuine Grenzen, die eine intermediale Erweiterung der Textdimension eher aufdeckt als überwindet. An diese Grenzen stößt man vor allem, wenn man sich die avanciertesten Produktionen der zwanziger und dreißiger Jahre ansieht, ganz abgesehen davon, dass der Roman im ersten Drittel des 20. Jahrhunderts auf allen Ebenen an seine internen Grenzen gelangt. Die weitere Entwicklung, deren Elemente schon zwischen 1910 und 1930 zu erkennen sind, wird darauf Bezug nehmen. Einerseits im Anti-Roman und seinen vielfältigen Erscheinungsformen (vgl. Kap. 2.4), andererseits in der Rückkehr zu traditionellen Erzählverfahren, die nur noch partiell auf die avantgardistischen Vorstöße der Moderne zurückgreifen und die gerade in Deutschland nach dem Zweiten Weltkrieg zu beobachten sind.

Der *Dreigroschenroman* ist das unikate Produkt einer Kollektivarbeit. Wie bei anderen der ihm zugeschriebenen Werke hat Brecht gerade auch hier vor allem sein weibliches Umfeld in die Erarbeitung des Textes einbezogen. Wenn die Kritik bis heute die chauvinistische Dimension dieses Verhaltens bei Brecht hervorhebt (vgl. Fuegi 1997), so ist das wohl in erster Linie auf die Verhaftung der Kritik und ihrer Kategorien in den patriarchalischen Ideologemen des Geniekults und der daraus zwangsläufig resultierenden Frauenunterdrückung durch den selbstherrlichen Künstler zurückzuführen. Dass Brecht hinter dem Roman nicht mehr als produktiver Fixstern auftaucht, sondern hinter der Kollektivarbeit zurücktritt und seinen Namen mehr als Firmen- oder Markenzeichen denn als Zeichen alleiniger Urheberschaft einsetzt, ist ein Phänomen, das sich auch die spätbürgerliche Literaturkritik – zumal unter dem Diktat politischer Korrektheit – bis in die Gegenwart nicht vorzustellen vermag.

Am *Dreigroschenroman* zeigt sich, als wie radikal Brechts künstlerischer Aufbruch zu bewerten ist; ein Aufbruch, an den nach 1956, Brechts Todesjahr, kaum noch angeknüpft werden konnte. Die Brecht-Renaissance in der Bundesrepublik der sechziger Jahre beweist das. Man bezog sich auf die Lyrik und in Maßen auf das Brecht'sche Theater; den *Dreigroschenroman* ließ man praktisch außer Acht.

Dabei ist Brechts **intermediale Arbeit an den Formen und Motiven** der Romangeschichte ähnlich revolutionär wie die multihybriden Sprachszenarien bei Joyce und Döblin. Der *Ulysses, Berlin Alexanderplatz* und der *Dreigroschenroman* haben auf einer formgeschichtlichen Ebene eines gemeinsam: Sie öffnen das Konzept und die Praxis des Romans vollständig für ein Bewusstsein von der Bedingtheit seiner Möglichkeiten. Es handelt sich um die Überwindung des neuzeitlichen Romans im Prozess der Überformung seiner Medien – der Sprachen, der Genres, des repräsentationellen Grundmodells. Kein Wunder, dass eine Krise des Romans ins Bewusstsein treten musste.

Walter Benjamin hat dieses Wort nicht zufällig im Hinblick auf Döblins Berlin-Roman exponiert (vgl. Benjamin: Krisis des Romans). Wobei Benjamin andeutet, dass die ›Krisis des Romans‹ auf die fundamentale Bewusstseinskrise der Moderne überhaupt verweist. Diese Lage aber ist wiederum das Signum für die finale Disposition der ästhetischen und weltanschaulichen Paradigmen des alten Europa. Daraus geht hervor, dass die Moderne nicht nur als eine Phase innovativer Aufbrüche, sondern ebenso als die Periode des radikalen Zuendedenkens abendländischer Grundentwürfe angesehen werden kann. Vielleicht war aus diesem Grund die Anknüpfung an die Moderne nach 1945 so schwierig, ja fast unmöglich. Man hatte den Zug nicht verpasst, sondern war schon unter seine Räder gekommen. Trotzdem blieb das Gefühl, man müsse weiter auf seine Ankunft warten.

2.3.3 Aufnahme der modernistischen Tradition in Deutschland nach 1945

Das Jahr 1945 bedeutet nicht bloß einen Bruch im Geschichtsbewusstsein der Zeitgenossen; es markiert den tatsächlichen Untergang des Abendlands. Nach Auschwitz und nach dem Einsatz der Atombombe war die Welt nicht mehr, was sie vorher gewesen war. Ein Weg zurück vor diese Ereignisse war unvorstellbar. Die alteuropäische Zivilisation hatte ihre Apokalypse erlebt. Der Existentialismus sprach es mit aller Deutlichkeit aus: Die Hölle ist nirgendwo anders als hier auf Erden – die Hölle, das sind die Anderen.

Vor diesem Hintergrund ist es unsinnig, so zu tun, als gäbe es eine interne und autarke Geschichte der Gattungen. Diesen Luxus hat sich die Literaturwissenschaft lange genug geleistet. Gattungsgeschichte ist Problemgeschichte und nicht zu trennen von allen anderen Faktoren der Kulturgeschichte. Betrachtet man es so, dann muss man hinsichtlich des Romans nach 1945 von einer unvergleichlichen Phase der Restauration sprechen, vor allem auf dem Gebiet der deutschsprachigen Literatur.

Die Treibhausatmosphäre der Gruppe 47 in den fünfziger Jahren förderte einen erzählerischen und weltanschaulichen Provinzialismus, der das **Postulat politischer Verantwortlichkeit** mit der beflissenen Beschreibung kleinbürgerlicher Verhältnisse und Neurosen zu einer merkwürdigen Mischung verband. Peter Handkes Wort von der »Beschreibungsimpotenz«, das er bei der Tagung der Gruppe 47 1966 in Princeton deren Produktionen pauschal und provozierend entgegenhielt, traf nicht zuletzt den Kern einer spezifischen Nachkriegsmentalität im kulturellen Klima Deutschlands. Man hatte sich auf eine eigentümliche Form von kleinmeisterlichem Realismus eingeschworen, als dessen Hauptvertreter Heinrich Böll, Siegfried Lenz und Martin Walser zu nennen sind und der eines unter allen Umständen vermeiden wollte: die Allusion an die artistische Komplexität der Hochmoderne (vgl. Schnell 1993, S. 246; Richter 1997). Gegen diese Tendenz hatte Adorno 1954, also ohne bereits ihre Auswirkungen in den sechziger Jahren zu kennen, in seinem Essay »Standort des Erzählers im zeitgenössischen Roman« behauptet: »Will der Roman seinem realistischen Erbe treu bleiben und sagen, wie es wirklich ist, so muß er auf einen Realismus verzichten, der, indem er die Fassade reproduziert, nur dieser bei ihrem Täuschungsgeschäfte hilft.« (Adorno: Standort des Erzählers ..., S. 64).

Mit solcher Dialektik konnte man allerdings zu diesem Zeitpunkt kaum etwas anfangen. Das Bild der Moderne nach 1950 bot sich mehr als kulinarische Absonderlichkeit denn als künstlerische Herausforderung dar: »eine überaus bunte, schwere, vielgeschichtete und -gefüllte Torte, die man überall herumzeigte, die aber viel zu alt geworden war, um noch genossen zu werden.« (Trommler 1984, S. 37). Entsprechend zurückhaltend waren die Anschlussversuche an die vom Nationalsozialismus unterbrochene Rezeption. Zwar versuchte man vor allem auf Seiten der Literaturkritik, einer Musealisierung der Moderne entgegenzuwirken, doch war und blieb dies auch auf dem Gebiet des Romans ein nur halbherziges Unterfangen. Adorno fasst das Problem gleich zu Beginn seines Aufsatzes prägnant, wenn er formuliert: »Es läßt sich nicht mehr erzählen, während die Form des Romans Erzählung verlangt.« (Adorno: Standort des Erzählers..., S. 61).

Diesem Dilemma hatten sich die Romanautoren zu stellen. Die Situation wurde umso bedrängender, als auch die klassische Moderne keine wirkliche Orientierung bot. Man befand sich zwar noch immer in deren Horizont, hatte aber unzweifelhaft eine neue Qualität des Problems vor Augen. Nach 1945 sah sich die Literatur zum Handeln aufgerufen. Das politische Versagen der Intellektuellen am Ende der Weimarer Republik und ihre Ohnmacht unter der Nazi-Diktatur trugen zu dieser Ausgangslage ebenso bei wie die heroische **Subjektphilosophie des Existentialismus.** Camus' *Mensch in der Revolte* (1951) prägte die Stimmungslage. Die Literatur sollte sich nicht in experimentellen Spielereien verlieren, sondern aktiv an der historischen und politischen Bewusstseinsbildung mitarbeiten. Dazu gehörte aber fast unabdingbar, zumindest im deutschen Sprachraum, eine Restauration des alten Erzählens im Sinne des Abbildrealismus.

Während in den fünfziger Jahren Traditionalisten wie Heimito von Doderer offen die Rückkehr zum breiten epischen Erzählen jenseits aller Sprachexperimente forderten (vgl. Doderer 1959) und die konservative Kritik sich gemäß eines modischen Kulturpessimismus im Ausmalen von Untergangsszenarien erging (vgl. Kahler 1953), schienen Projekte wie die von Joyce, Kafka oder Döblin in sich abgekapselt und für die Praxis nicht adaptierbar. Zwar gab es so etwas wie eine Kafka-Mode, doch machte man sich keine Illusionen darüber, dass Kafka tatsächlich eine eigene Schreibtradition stiften könnte. Dasselbe galt für Joyce, für Musil oder für Proust. Der Roman hatte bei ihnen seinen konzeptionellen und artistischen Höhepunkt erreicht und seinen Zenit dabei offenbar überschritten.

Günter Grass

War der Roman also erledigt und das Erzählen mit ihm? Als einer der wenigen gab sich Günter Grass Mitte der sechziger Jahre als Schüler eines der Großmeister des modernen Erzählens in seiner Anknüpfung an Alfred Döblin zu erkennen. Mit seinem Roman *Die Blechtrommel* (1959) war Grass zuvor weltberühmt geworden und hatte die deutsche Literatur aus ihrem restaurativen Dornröschenschlaf des unmittelbaren Nachkriegsjahrzehnts geweckt.

In seiner 1967 gehaltenen Rede über Döblin bezieht sich Grass vor allem auf dessen Roman *Wallenstein* und den darin wie sonst nirgends umgesetzten Sprachstil der totalen Versachlichung, den ›steinernen Stil‹. Grass zitiert einen zentralen Satz aus Döblins Romantheorie, den man durchaus auch auf die Stillage der *Blechtrommel* anwenden kann: »›Das Ganze darf nicht erscheinen wie gesprochen, sondern wie vorhanden.‹« (Grass: Über meinen Lehrer Döblin, S. 240). In diesem Sinne erwies sich Grass vor allem in seinen frühen Büchern wie in der Erzählung *Katz und Maus* (1961) und in dem Roman *Hundejahre* (1963) als Meister der narrativen Verdichtung. Bei allem Einfluss der futuristischen Komponente, auf die sich Grass im Hinblick auf Döblins *Wang-lun* und auf *Wallenstein* beruft, geht sein Erzählen doch einen anderen, eigenen Weg. Die Verknüpfung von Schelmenroman, Bildungsroman und Künstlerroman (vgl. Neuhaus 1992, S. 23ff.), die die *Blechtrommel* bietet, öffnet den Blick für die gesamte deutsche Erzähltradition, von Grimmelshausen über Jean Paul bis eben zu Döblin (vgl. Böschenstein 1971).

Grass wird diese Traditionslinie in Variationen immer beibehalten, gerade auch in seinen späteren Werken wie dem *Butt* (1976) oder dem *Treffen in Telgte* (1979). Damit sammelt er im Roman eine barocke Überfülle an Elementen aus Vergangenheit und Gegenwart an, die sein Erzählen in die Imaginationssphäre des Emblematischen verweisen. Grass' episch breite Romane sind bizarre und oft undurchdringliche Bild-Sprach-Komplexe, die ein Thema der Zeitgeschichte – wie im *Butt* die Frauenemanzipation oder in *Ein weites Feld* (1995) die Vereinigung der beiden deutschen Staaten nach 1989 – sinnbildlich und erzählerisch virtuos konzentrieren. Sie geben sich als großformatige Tafelbilder deutscher Zeitgeschichte und wollen so aufgenommen werden. Grass pflegte stets das Nebeneinander von Graphik und Schreiben, was der Autor in seinen Arbeiten vor allem seit dem *Butt* immer deutlicher demonstriert und das ganz eigene Publikationsformen **zwischen Bilddarstellung und Sprachkunst** bewirkt hat (vgl. *Ach Butt, dein Märchen geht böse aus,* 1980; *Zunge zeigen,* 1987; *Totes Holz,* 1990; *Fundsachen für Nichtleser,* 1997; vgl. auch Hoesterey 1988).

Grass kann somit als Erneuerer einer alten, vor allem in der Barockkultur gängigen Darstellungsform gelten, die im **produktiven Zwischenraum zwischen Wort und Bild** ihr eigentliches Territorium hat. Darin kann man ein antiabstraktes Verfahren erkennen, das den grundlegenden Tendenzen der Moderne nicht strikt entgegenarbeitet, sondern sie durch eigene Bildsphären in ihrer abstrakten Strenge abmildert.

Dahinter steht immer auch das staatsbürgerliche Engagement, das der Autor Grass seit seiner frühen Berühmtheit öffentlich bekundet hat. Sein Schreiben hat einen **moralisch-politischen Hintergrund**, wobei sich Moral und Ästhetik wechselseitig in Dienst nehmen können. Gerade dies lässt aber die Frage nach der Position der Literatur im Kontext von Ästhetik, Moral und Politik erst wirklich virulent werden und die Vermutung entstehen, man habe es bei Grass mit einem Erzählen zu tun, das auf unterhaltsame Bebilderung inmitten der Bildlosigkeit abstrakter gesellschaftlicher und weltpolitischer Vollzüge setzt. Grass' jüngstes Erzählwerk *Mein Jahrhundert* (1999) illustriert buchstäblich, was damit gemeint ist (vgl. Trommler 1984, S. 186; »Die Blechtrommel«). In jedem Falle kann man sagen, dass die Adaption moderner Formaspekte, die Grass angesichts seines Bezugs zu Döblin hervorhebt, bei ihm eher zu einer Differenzierung und moderaten Infragestellung des modernistischen Potentials als zu seiner Radikalisierung oder gar Überschreitung geführt hat.

Wolfgang Koeppen

Die Phase der ersten beiden Jahrzehnte nach dem Zweiten Weltkrieg präsentiert sich im Rückblick als Zeitraum großer Unübersichtlichkeit und Orientierungslosigkeit. Der avantgardistische Impuls der zwanziger und frühen dreißiger Jahre, der eine Politisierung der Schriftsteller durchaus mit einschließen konnte, hatte sich verausgabt; seine Produkte standen jedoch nach wie vor als Meisterschöpfungen der Moderne am Horizont. Das genuine Selbstbewusstsein der Modernität war nach dem Zweiten Weltkrieg zusammengebrochen, ohne dass man bereits von einer Postmoderne sprach. Das Verhältnis von Gesellschaft, Kultur und Politik gestaltete sich in den westlichen Staaten von Grund auf neu. Der Kalte Krieg spaltete die Welt in zwei Lager, die sich in eisiger Starre und

bis zum Irrsinn hochgerüstet gegenüberstanden. Kunst – und mit
ihr der Roman – war nicht mehr das Refugium metaphysischer Stei-
gerung, weil der Glaube an die Metaphysik endgültig zerbrochen
war. Mit Auschwitz hatten alle ideellen Zentren des Abendlandes
aufgehört zu existieren: Gott, Vernunft, Geschichte, Geist. Ihre
Wiederbelebung war ausgeschlossen.

Die **Kulturindustrie**, die Adorno und Horkheimer schon in den
vierziger Jahren, mit dem Beispiel Hollywood unmittelbar vor Augen, als ideologische Konsumordnung und Rückführung der Aufklärung ihrer selbsterzeugten Mythen analysiert hatten (vgl. Horkheimer/
Adorno 1969), verwies die Kunst aufs Feld steriler Simulationen.
Ästhetik wurde gleichgesetzt mit dem Glitzern der Oberfläche. Der
Roman verfiel diesen Zwängen, ohne es zunächst zu registrieren.
Während Autoren wie Lenz, Grass oder Böll die nationalsozialis-
tische Vergangenheit aufarbeiteten und von der Literatur eine mora-
lische Stellungnahme forderten, schrieben sie bereits auch für die
Profitmaschine der »Bewußtseinsindustrie« (Enzensberger).

Angesichts dieser Entwicklungen mussten alle ästhetischen und
romanpoetologischen Diskussionen Makulatur werden. Doch auch
sie wurden zunächst weitergeführt, als habe sich nichts geändert.
Die Schieflage zwischen der Fortsetzung einer zweihundert Jahre alten Diskussion und dem gleichzeitigen Eintreten in eine neue Sphäre von Produktion und Rezeption kennzeichnet die Jahre bis 1980.
Erst danach begann in Deutschland die Diskussion um die Postmoderne (vgl. Kap. 3.1.3).

Für den Roman der fünfziger Jahre gilt, »daß das Spektrum der
Meinungen und Theorien so groß war wie das Panorama der Romane« (Hillebrand 1993, S. 390). Ein Schriftsteller, der den Anschluss an die Moderne explizit gesucht hat, sticht aus diesem
Zeitraum hervor: Wolfgang Koeppen. Mit seinen drei kurz
nacheinander erschienenen Romanen *Tauben im Gras* (1951), *Das
Treibhaus* (1953) und *Der Tod in Rom* (1954) setzte Koeppen erzählerische Maßstäbe, die er selbst später nicht mehr einholen
konnte oder wollte. Der Bezug auf den *Ulysses* ist vor allem in
Tauben im Gras klar zu erkennen, wird aber in gebrochener Form
umgesetzt. Trotz der **Vielstimmigkeit der Erzählführung**, die an
das von Joyce her bekannte multihybride Sprachspiel zumindest
im Ansatz erinnert, »bleibt bei den Romanen die Vorstellung einer
privilegierten Deutungsperspektive des einzelnen, einsamen Künstlers erhalten. Gerade diese traditionelle Position, die in Koeppens
Romanen in ironischen, grotesken und tragischen Szenen reflektiert
und gebrochen wird, ihre Verzweiflung aber wesentlich motiviert,

unterscheidet den Roman radikal von den Vorbildern der Moderne.« (Hielscher 1988, S. 78).

Koeppen wurde als der eigentliche Repräsentant modernen Erzählens im Roman nach 1945 vielfach gerühmt (vgl. Altenhofer 1983, Treichel 1984). Sein nur von wenigen Ausnahmen durchbrochenes Verstummen nach 1954 trug weiter zum Aufbau seines Mythos bei. Kaum einmal wurde jedoch erörtert, ob und wie die Schreibweisen der Nachkriegstrilogie und Koeppens spätere Abstinenz vom Roman miteinander zusammenhängen. Offenbar konnte Koeppen sein Romankonzept, in dem die Texte »ins Korsett einer sich der Kolportage annähernden Handlung gesteckt worden waren oder ein souverän arrangiertes Figuren-Ballett darstellten« (Hielscher 1988, S. 127), so nicht weitertreiben, konnte er den Roman möglicherweise gar nicht mehr als Ausdrucksform akzeptieren. Koeppen hat sich darüber nie in einer deutlichen Weise geäußert. Erst spät hat er die Frage nach dem Roman definitiv zurückgewiesen, ohne jedoch zu sagen, aus welchem Grund.

Zu seinem direkten Bezug auf Joyce sagt Koeppen in einem Interview Anfang der sechziger Jahre:

»Ich bin überzeugt, daß man heute auch ohne die Wegmarke Joyce in seine Richtung gehen müßte. Dieser Stil entspricht unserem Empfinden, unserem Bewußtsein, unserer bitteren Erfahrung. Und man sollte, weil ein Großer zum ersten Mal so gesprochen, so erzählt hat, das Gefundene, das Erreichte nicht leichtfertig verwerfen. [...] Es gibt eine Tradition. Aber sie ist anders als unsere Traditionalisten sie sich vorstellen. Die neue Tradition ist international!« (Koeppen in: Bienek 1962, S. 50).

Beurteilt man diese Aussage mit dem Wissen um Koeppens weitere Entwicklung als Autor, also vor allem unter Berücksichtigung seines vollständigen Verstummens auf dem Gebiet des Romans, so stellen sich Fragen, die symptomatische Bedeutung für die deutsche Literatur nach 1945 erlangen können. Gab es keine Möglichkeit des Anknüpfens an diese ›internationale Tradition‹? Oder hatte man es gar nicht mit einem traditionsfähigen Phänomen zu tun? Ging es also ›in Richtung Joyce‹ nicht weiter oder konnte es in diese Richtung nicht weitergehen? Hat die Vorstellung einer einheitlichen Linie der ästhetischen Modernität überhaupt einen Sinn oder gibt es nur noch autonome Projekte des Erzählens, die von versprengt arbeitenden Subjekten betrieben werden?

Das sind Fragen, die kaum schlüssig zu beantworten sind. Man kann nur die Faktizität der Romanproduktion heranziehen, wenn man etwas dazu sagen will. Die Lage ist deshalb so schwer auf einen

Nenner zu bringen, weil sich die Erzählformen immer mehr in Nuancen ausdifferenzieren. Echte Innovationen hat es auch in den sechziger und siebziger Jahren im deutschen Sprachraum kaum gegeben. Arno Schmidts eigentümliche literarische Praxis etwa hat eher zur Ausbildung einer Sekte von Anhängern als zu einer Verbreiterung der Basis für die Rezeption der klassischen Moderne geführt. Der Modernismus findet hier seine Fortsetzung als idiosynkratischer Eigensinn und als anachoretische Zettelkasteninspiration. Das ist bezeichnend für die deutsche Situation. Der Provinzialismus reproduziert sich auch noch auf höchstem sprachartistischen Niveau und begibt sich von vornherein jeder Chance, international wirksam zu werden (zu Arno Schmidt vgl. Albrecht 1998).

Uwe Johnson

Eine **Konfrontation zwischen internationalem Bewusstsein und deutschem Provinzialismus** unternimmt hingegen Uwe Johnson in seinem vierteiligen epischen Großprojekt *Jahrestage*, das zwischen 1970 und 1983 erschienen ist und annähernd zweitausend Seiten umfasst. Es handelt sich dabei sicherlich um eine der interessantesten erzählerischen Unternehmungen in der jüngeren deutschen Literatur. Die Genrebezeichnung ›Roman‹ ist durchaus darauf verwendbar, auch wenn der Autor sie selbst nicht gebraucht.

In einem genaueren Sinne handelt es sich um die Chronik eines Jahres aus dem Leben der Gesine Cresspahl. Es geht um den Zeitraum zwischen dem 20. August 1967 und dem 20. August 1968. Die Handlung spielt einerseits im New York des Jahres 1967/68, wo die Hauptfigur Gesine Cresspahl mit ihrer zehnjährigen Tochter Marie seit einigen Jahren lebt; andererseits geht es um die erzählerische Aufarbeitung der Lebensspanne Gesines seit ihrer Geburt im Jahre 1933 in dem mecklenburgischen Ort Jerichow. Es handelt sich also um ein permanentes Überblenden zwischen amerikanischer Gegenwart und mecklenburgischer Vergangenheit, wobei Marie das konzeptionelle Bindeglied für beide Sphären darstellt. Sie ist in die Realität der Stadt New York bereits hineingewachsen und hört von ihrer Mutter die Erzählungen aus deren Kindheit und Jugend, die Kunde von ihrer eigenen Abkunft also, die nur noch im Erzählstrom der Mutter vorhanden ist.

Ein Leitthema dieser Chronik ist die tägliche Lektüre der New York Times, wodurch die zweigliedrige Erzählung, die keinen externen souveränen Manager (oder auktorialen Erzähler) kennt, eine dritte Ebene hinzugewinnt. Die Zeitung ist gleichsam das kommentatorische Leitsystem durch das Jahr, das politisch zur Hauptsache vom Vietnam-Krieg beherrscht wird. Johnsons Schachzug, nicht mehr einem Erzähler die Ordnung der Dinge zu übertragen, sondern diese Aufgabe der **Chronologie der Zeitungslektüre** zuzuweisen, katapultiert den Roman aus dem traditionellen Medium rein fiktiver Imagination hinaus. Die Geschichte erzählt sich selbst, von keinem zentralen Punkt her, einzig geführt vom Leitfaden der täglichen Nachrichtenfolge. Damit tritt die von medialen Ereignissen bestimmte Realität des (post)modernen Typus vor Augen, der in einer Stadt wie New York jeden über diese Vermittlungsinstanz hinausreichenden Blickpunkt verloren hat. Das Leben der Gesine Cresspahl besteht aus diesen drei Momenten: die Erinnerung an Jerichow, das zerstückelte Dasein in der amerikanischen Mega-City und der strukturstiftende Nachschub täglicher Nachrichten durch die Zeitung.

Durch die Figur Gesines scheint aber auch immer wieder deren Funktion als Alter ego des Autors Johnson durch; das führt bis hin zu punktuellen Zwiegesprächen der beiden im Text. Der Autor ist ganz unmittelbar in die Handlung verflochten. Johnsons Erzählwerk ist Roman, Chronik und Dokumentation in gleichem Maße und erzielt so die Herausarbeitung einer **hybriden Konstruktion neuen Typs**. Diese Konstruktion reagiert auf eine Welt, die ebenso unter dem Diktat des Kalten Kriegs steht wie unter der das Bewusstsein des Einzelnen und der Kollektive fast vollständig bestimmenden Macht der Medien. Es ist eine Welt, in der die Verbindung zur jüngsten biographischen Vergangenheit nur noch durch mühsame, immer wieder Anlauf nehmende Rekonstruktion aufrecht erhalten werden kann, in der die Verknüpftheit des Ich mit der eigenen Geschichte vor der Auflösung steht. Es ist mithin nicht mehr die Umwelt der klassischen modernen Literatur.

Bei Johnson wird deutlich, dass Experimente ebenso wenig noch sinnvoll erscheinen wie Versuche, das alte fiktionale Panorama aufzubauen. Es ist die Chronologie in ihrer unerbittlichen Form, der das Leben Tag für Tag folgt, eine Chronologie, die im Kern keineswegs vom Subjekt selbst bestimmt wird, sondern von thematisch-medialen Komplexen, die von der Informationsmaschinerie täglich neu produziert werden. Welche Aufgabe hat da noch der Roman? Die Antwort, Unterhaltung sei die letzte Aufgabe des Romans, klingt einigermaßen zynisch, bedenkt man die Bewusstseinslage derer, die da unterhalten werden sollen.

Solche Art der Unterhaltung dient allein der permanenten Verdrängung der konkreten Lebensverhältnisse. Genau diese Lage aber

machen Johnsons *Jahrestage* deutlich. Sein Erzählen wühlt das Feld
zwischen Zerstreuung, Selbstverlust und Erinnerungsarbeit in einer
endlos scheinenden Sprachkette rücksichtslos auf. Er steht somit
noch immer in der Selbstverpflichtung des modernen Romans, die
kritische Erkenntnis der Zeitverhältnisse zu fördern. Zu Recht hat
die literaturwissenschaftliche Forschung in den letzten Jahren ein
hohes Maß an Aufmerksamkeit auf dieses Buch wie auf Johnsons
Werk insgesamt gelenkt (vgl. Neumann 1978; Über Uwe Johnson
1992; Mecklenburg 1997; Fries u.a. 1999).

In der deutschen Romanlandschaft der Nachkriegszeit, die man mit
der Phase des Kalten Krieges zwischen 1945 und 1989 gleichsetzen
mag, scheint der moderne Roman einerseits in seinen Möglichkeiten weitgehend erschöpft, andererseits in seinen Beständen vielfältig
reproduzierbar und variierbar. Inwiefern ein so anspruchsvolles Projekt wie Peter Weiss' *Ästhetik des Widerstands* (1975-81), das formal
einen Romanessay und inhaltlich die fiktiv-historische Aufarbeitung
der Arbeiterbewegung seit der Nazidiktatur darstellt, neue Maßstäbe
setzen konnte, muss von der Forschung erst noch aufgearbeitet und
einer Bewertung unterzogen werden (vgl. *Die Ästhetik des Widerstands*, 1983; Cohen 1992, Hanenberg 1993, Howald 1994).
   Mit der Diskussion um die Postmoderne in den achtziger Jahren
ist die **Kategorie der Innovation** insgesamt in Verruf geraten. Das
Potential modernen Erzählens schien ausgeschöpft. Die Vermutung,
der innovatorische Impuls des Modernismus habe das Erzählen und
damit den Roman zu einer anachronistischen Form des künstlerischen Ausdrucks werden lassen, kommt unmittelbar nach dem
Zweiten Weltkrieg auf und ist seither nicht mehr wegzudiskutieren.
   Den grundsätzlichen Verdacht gegenüber dem Roman und dem
realistisch-psychologischen Erzählen insgesamt hat Natalie Sarraute
in ihrem epochalen Essay *L'ère du soupçon* (dt. *Das Zeitalter des Argwohns*) im Jahr 1953 hervorgehoben. Dem alten Erzählen war kein
Vertrauen mehr entgegenzubringen; es schien, als könne es in der
Welt, wie sie sich nach dem Zweiten Weltkrieg darstellte, nichts
mehr leisten. Sarrautes Essay ist eines der Hauptmanifeste des *Nouveau Roman*. Dessen programmatische Neuheit reproduzierte einen
Argwohn, der in vielfältiger Form während des gesamten 20. Jahrhunderts virulent war und der das Phänomen des Anti-Romans in
unterschiedlichster Ausprägung hervorgebracht hat.

2.4   Anti-Roman und Nouveau Roman

Zur Auseinandersetzung über den Roman im 20. Jahrhundert gehört das Phänomen des Anti-Romans unabdingbar dazu. Das Phänomen ist mit Carl Einsteins *Bebuquin oder die Dilettanten des Wunders* von 1906 von Beginn an virulent. Kubisten und Expressionisten nahmen gegenüber dem Roman meist eine destruktive Haltung ein. Alfred Döblin bildet hier nur scheinbar eine Ausnahme. Zwischen dem modernen Epos, das Döblin erstmals mit dem *Wang-lun* 1915 in Angriff genommen hat, und der Überwindung des traditionellen Romans und seinen stilistischen, inhaltlichen wie rezeptionsästhetischen Bedingungen liegt nur ein kleiner Schritt. Auf der Ebene expressionistischer Modernität korrespondieren diese beiden Phänomene aufs Engste.

Das ließe sich nicht zuletzt an Otto Flakes *Stadt des Hirns* (1915) nachvollziehen. Das Erzählen büßt hier früh seine überkommene Funktion ein; es soll nicht mehr belehren und unterhalten, sondern aufwühlen und zum Denken zwingen. Dazu muss der Roman zumindest in seinen Grundmomenten umgestaltet werden. An die Stelle der figurativen Imagination tritt ein abstrakter Intellektualismus. Von *Erzählen* kann auf dieser Ebene keine Rede mehr sein. Vielmehr spricht etwa Gottfried Benn im Hinblick auf Einstein von ›**absoluter Prosa**‹, ein Phänomen, das er u. a. beim frühen Einstein und in seiner eigenen späten Prosa verwirklicht sieht und das als Kriterium die Spaltung zwischen Kunstanspruch und Roman unüberbrückbar werden lässt (vgl. Forte 1981).

Einen anderen Aspekt bringt demgegenüber der Dadaismus ins Spiel, vor allem durch Hugo Balls Romanfragment *Tenderenda, der Phantast* (ca. 1914-20). Der Roman wird hier buchstäblich mit den Mitteln des Anarchismus und der Groteske gesprengt. **Anarchismus und abstrakter Intellektualismus** gehen in den ersten beiden Jahrzehnten des 20. Jahrhunderts eine explosive Mischung ein, aus der der Roman als in seiner Zeitgemäßheit total relativiertes Genre entspringt. Gottfried Benn wird diese Sicht auf den Roman niemals aufgeben; vielmehr wird er sie in seinem Spätwerk erneuern und mit ungeahnter Schärfe wieder ins Spiel bringen. Sein *Roman des Phänotyp* (1944) ist wohl der ausgeprägteste und durchdachteste Anti-Roman des Jahrhunderts in deutscher Sprache. Benn formt mit seiner Vorstellung der Phänotypologie als Verkörperung des zeitadäquaten Typus eine ganz neue Diskussionsebene aus. Das ist nicht nur Provokation, sondern vor allem Umorientierung und zielt ins Zentrum der Krisis des modernen Erzählens (vgl. Hillebrand 1986).

Auf dieses Zentrum hat es – parallel zum Spätwerk Benns – auch
der *Nouveau Roman* abgesehen. Er blieb weitgehend ein französi-
sches Phänomen, hatte von dort aus allerdings eine große Ausstrahlung. Überhaupt erlebte die Kategorie des Neuen nach dem Zweiten
Weltkrieg in der französischen Kultur eine enorme Konjunktur.
Man sprach im Film von der *Nouvelle Vague*, im Kulinarischen von
der *Nouvelle Cuisine*, literarisch von der *Nouvelle Critique*, dann
auch von der *Nouvelle Autobiographie*; am Anfang dieser Erneue-
rungseuphorie jedoch stand der *Nouveau Roman*. Er gab sich als
großes Innovationsphänomen, bildete jedoch nicht mehr als eine
Episode innerhalb der Krisis des modernen Romans. Immerhin aber
wurde das Problem hier auch gedanklich an der Wurzel gepackt.
Der Roman wurde als Kunstform noch einmal grundlegend auf die
Probe gestellt (vgl. Coenen-Mennemeier 1996).

Die Formierung einer avantgardistischen Poetologie, wie sie im
Nouveau Roman in den Namen Michel Butor, Alain Robbe-Grillet,
Claude Simon und Nathalie Sarraute aufscheint, erbringt in den
fünfziger Jahren zum letzten Mal so etwas wie eine **Homogenisie-
rung des Avantgardebegriffs**. Solches hatte für die klassische Moderne zuerst der Surrealismus geleistet, und zwar unter dem Diktat
einer Doktrin, die von André Breton zeitweise unnachgiebig vertreten wurde. Der Roman unterlag darin einem strikten Verdikt; diese
Ablehnung ging so weit, dass derjenige aus dem Kreis um Breton
auszuschließen war, der einen Roman schrieb oder schreiben wollte.
Dennoch wurden Derivationen des Romans wie Bretons *Nadja* oder
Louis Aragons *Le paysan de Paris* zu herausragenden Manifestationen des Surrealismus als ästhetische Bewegung. Bei Aragon
schließlich wurde der Roman seit den dreißiger Jahren sogar zur
zentralen Gattung.

2.4.1 Ästhetischer Anarchismus und absolute Prosa

Den Begriff ›Anti-Roman‹ hat Helmut Heißenbüttel im Hinblick
auf Carl Einsteins *Bebuquin* geprägt, ohne ihn näher zu erläutern
(Heißenbüttel 1972, S. 271). Wenn schon ein gattungsgeschichtli-
cher oder poetologischer Begriff des Romans kaum zu fixieren ist,
so dürfte sich das im Hinblick auf den Anti-Roman als noch
schwieriger erweisen. Im Kontext einer Architextualität des modernen Romans scheint der Begriff dennoch anwendbar, da er die
Verwerfung eines geschlossenen Erzählkonzepts ›Roman‹ insgesamt
impliziert. Eine solche Negation ist konstitutiv für die ambivalente

Stellung des Romans zwischen Tradition und Moderne im 20. Jahrhundert.

Der 1906 entstandene Text zählt gemeinhin als ›Roman‹ zu den »Stiftungstexten einer modernen Ästhetik« (Kleinschmidt 1985, S. 85). Dabei wird ein Aspekt in besonderem Maße zum kategorialen Faktor erklärt:»Nicht die Realität, sondern ihre subjektive Verwandlung in Form ist der Maßstab der Kunst.« (ebd., S. 79). Das zielt auf Einsteins Kunsttheorie, die er vor allem als Kunsthistoriker dargelegt hat (vgl. Oehm 1976). Es betrifft jedoch im selben Maße den Vorstellungsrahmen ›Roman‹. Darin war der Bezug auf Realität als mimetisch-illusorische Folie des Erzählens immer gegeben. Wird nun das Erzählen von der Realität strikt abgetrennt, so hat man es künstlerisch mit einer völlig neuen Sphäre zu tun.

Darauf spielt Einstein in seinen Anmerkungen »Über den Roman« von 1912 an. Zurückgewiesen wird das Psychologische und Beschreibende, das für Einstein nichts anderes repräsentiert als »pantheistische(n) Lyrism« (Einstein: Über den Roman, S. 127). Mittelpunkt dieser Gefühlslage, die der Roman reproduziert, sind Liebe und Sexualität:»Man stelle das Epos in Zukunft nicht mehr allein in den Dienst des geschlechtlichen Verkehrs. [...] Liebesgeschichten haben nur Sinn für von Jugend an kastrierte, schwer frauenleidende Personen.« (ebd., S. 128). Demgegenüber verlangt Einstein vom Roman »Bewegung darzustellen – eine Aufgabe, der das Deskriptive gänzlich fern liegt. [...] Das Absurde zur Tatsache machen! Kunst ist eine Technik, tatsächliche Bestände und Affekte zu erzeugen.« (ebd., S. 129).

In seinem *Bebuquin* ist es Einstein vorab gelungen, »das Absurde zur Tatsache« zu machen (vgl. Krämer 1991). Die Forschung hat in den letzten Jahren die innere Konstitution des Textes genauer herausgearbeitet, vor allem im Hinblick auf die intertextuelle und diskurstheoretische Dimension (Kiefer 1994, Sorg 1998). Daneben geht es immer wieder um das für den Text zweifellos zentrale **Verfahren der ›Dekomposition‹**, das Einsteins Werk unmittelbar in Opposition zu jeder herkömmlichen Roman›komposition‹ bringt (vgl. Heißerer 1992). Die Auseinandersetzung mit dem Roman als Gattung oder als Genre ist in Einsteins Text ebenso virulent wie die Auseinandersetzung mit einem magischen Begriff des Poetischen, was sich nicht zuletzt in der Suche nach dem »Wunder« zeigt. Es geht um eine grundlegende Infragestellung des Kunstbegriffs, des bürgerlichen im Roman wie des abendländischen auf der Ebene übersinnlicher Momente, die über die Dichtung zu erschließen wären.

»Herr, gib mir ein Wunder, wir suchen es seit Kapitel eins.«
(Einstein 1985, S. 34), heißt es im zwölften Kapitel, eine Aussage,
die beide performativen Ebenen des Textes zusammenführt. Die Dekomposition des Erzählens erzeugt eine Demonstration dessen, was
den Roman in nuce ausmacht. Die Zerstörung der Homogenität
imaginierbarer Figuren, ihrer Psychologie, der Kausalität der Handlung, ja der grundlegenden Kategorien des Denkens, Raum und
Zeit, und die Ersetzung all dessen durch intertextuelle und performative Überblendungen katapultieren den Text in einen Raum
scheinbar autarker Intellektualität. Dort werden die Operationen
des Intellekts im Kontext eines kunsttheoretischen und epistemolo-
gischen Zusammenhangs autonom gesetzt. Damit kann es zur Abspaltung der Textdimension von jeder Weltreferenz kommen. Es
versteht sich, dass der Text so keiner definierbaren Textsorte oder
gar einem bestimmten literarischen Genre mehr zuzuordnen ist, –
ein Problem, das die Forschung lange umgetrieben hat (vgl. Carl
Einstein: Materialien 1990).

In diesem Horizont ist die Rede von einer im *Bebuquin* repräsentierten ›**absoluten Prosa**‹ zu einem immer wieder kritisch hinterfrag-
ten Topos geworden (vgl. Quenzer 1965; Moog-Grünewald 1992).
Angeregt wurde diese Vorstellung von Gottfried Benn, der im Rahmen seiner vor allem nach dem Zweiten Weltkrieg vorgetragenen
Kunstvision immer wieder auf Carl Einsteins *Bebuquin* und André
Gides *Paludes* (1895) als Beispiele für ›absolute Prosa‹ hingewiesen
hat. Benn spricht von ›absoluter Prosa‹ im Hinblick auf seinen *Roman des Phänotyp* an mehreren Stellen, so in Briefen gegenüber seinem Briefpartner Friedrich Wilhelm Oelze (31. 5. 1944) und seinem Verleger Max Niedermayer (18. 9. 1948). In konzentrierter
Gestalt kommt Benn darauf in seiner autobiographischen Schrift
»Doppelleben« (1949) unter der Überschrift »Absolute Prosa« zurück. Wiederum hinsichtlich des *Roman des Phänotyp* heißt es da:

»Eine Folge von sachlich und psychologisch nicht verbundenen Suiten – je-
der mit einer Überschrift versehene Abschnitt steht für sich. Wenn diese
Arbeit ein Problem bietet, ist es das Problem der absoluten Prosa. Einer
Prosa außerhalb von Raum und Zeit, ins Imaginäre gebaut, ins Momenta-
ne, Flächige gelegt, ihr Gegenteil ist Psychologie und Evolution.« (Benn:
Prosa und Autobiographie, S. 446).

Benn steht nicht an, sogleich eine Genealogie dieser Art von Dichtung nachzuschicken, er verweist auf Pascal, auf Flaubert und
wiederum auf Gide und Einstein. »Aus der moderneren Literatur
nenne ich Carl Einstein mit seinem Roman Bebuquin (1912) und

Gide mit Paludes. Ihnen schwebte offenbar etwas Ähnliches vor: die Möglichkeit nämlich von geordneten Worten und Sätzen als Kunst, als Kunst an sich.« (ebd., S. 446).

Benns Idee einer ›Kunst an sich‹, die er gerade im *Roman des Phänotyp* umkreist, kann hier nicht genauer erörtert werden (vgl. Bleinagel 1966; Pauler 1992; Schärf 1999 b, S. 176-225). Dass er darin einen **Restbestand an metaphysischem Kunstglauben** aktiviert, liegt auf der Hand. Der Verweis auf Einsteins *Bebuquin* ist jedoch einigermaßen irreführend und nur unter Benns Prämisse zu begreifen, für seinen eigenen Prosastil eine (möglichst kleine) Anzahl von Kronzeugen anzuführen. Zwar bewegt sich Einstein vor allem in seinem ›Kampf gegen die Metapher‹, von dem der *Bebuquin* poetisch zeugt, auf der Grenze zu einem Vorstellungsfeld von ›absoluter Kunst‹ (bis er in seiner Streitschrift *Die Fabrikation der Fiktionen* von 1930 eine radikale Abkehr davon vollzieht), doch dürfte sich der bereits 1906 entstandene *Bebuquin* einem weitaus spontaneren Impuls verdanken. Der Text repräsentiert mehr einen intellektualistischen Anarchismus als das Ergebnis einer Kunstanstrengung auf dem Niveau ›absoluter Prosa‹.

»Häufig wiederholter Blödsinn wird integrierendes Moment unseres Denkens.« (Einstein: Bebuquin, S. 18). Solche und ähnliche Sätze sprechen eher für eine radikal persiflierende Grundlage, auf der der Text steht, als für eine wie auch immer zu begreifende kunsttheoretische oder gar kunstvisionäre. Durch die Nobilitierung des *Bebuquin* zu einem ›Stiftungstext der Moderne‹ und zur Prophetie der Avantgarde (vgl. *Carl Einstein. Prophet der Avantgarde*, 1991) hat man, nicht nur aufgrund der Behauptung Benns, man habe es hier mit absoluter Prosa zu tun, kaum den spontaneistischen und anarchischen Charakter dieses Anti-Romans hervorgehoben. Dass Einstein Vergleichbares nicht noch einmal in Angriff genommen hat, spricht für sich. Die Persiflierung aller nur denkbaren Zeitströmungen – von Nietzsche über d'Annunzio bis zur Neuromantik – ist ein Generalangriff auf die Hauptströmungen des intellektuellen und kulturellen Lebens nach der Jahrhundertwende. Es bedeutet die Zurückweisung jeglicher Form von Affirmation, Einstein praktiziert die **Negation als dynamischen Impuls des Geistes** par excellence. Er nimmt damit den radikal destruierenden Zug vorweg, den der Dadaismus – in anderer Form – einige Jahre später wieder aufgreifen sollte. Gegenstand solcher Destruktion ist neben anderem auch der Roman, als Gattung und als kulturgeschichtliches Phänomen (vgl. Braun 1987).

Womit wir wieder beim Thema wären. Auch Benn nennt seine Prosa im »Orangenstil« (Benn: Prosa und Autobiographie, S. 448)

›Roman‹, einen »Roman im Sitzen« (ebd., S. 173). Damit wird angedeutet, dass es keine Handlung gibt. Kausalität und Psychologie fallen ebenso fort wie jegliche Art der Motivierung von Zusammenhängen. Die Segmente des *Roman des Phänotyp* hängen dennoch miteinander zusammen, nur eben nicht kompositorisch, sondern *existentiell*. Das ist das Zauberwort des späten Benn und der Inbegriff seines Schreibens. Gleich zu Beginn wird das erläutert:

»Existentiell – das neue Wort, das seit einigen Jahren da ist und entschieden der bemerkenswerteste Ausdruck einer inneren Verwandlung ist. Er zieht das Schwergewicht des Ich vom Psychologisch-Kasuistischen ins Arthafte, Dunkle, geschlossene, in den Stamm. Er verringert das Individuum um sein Peripheres, und gewinnt ihm Gewicht, Schwere, Eindringlichkeit hinzu. Existentiell – das ist der Todesstoß für den Roman.« (ebd., S. 150).

Mit dieser letzten Aussage hat sich Benn vielleicht nicht nur rein empirisch gesehen getäuscht. Aber was er meint, wird klar. Nicht zentrifugal, also territorial wie der realistische Roman wird hier gearbeitet und gedacht, sondern zentripedal, aufs innere Zentrum hin, auf den existentiellen Kern des Ichs. Wobei nicht unbedingt deutlich wird, worin dieser existentielle Kern bestehen soll. Es geht um Typologie, genauer um **Phänotypologie**, nicht um Psychologie und Figuralität. Es geht um **das monologische Ich**, nicht um die Dialogizität des Romantextes.

Zwischen Benn und Bachtin, so könnte man folgern, geht ein Riss durch die Ästhetik der Jahrhundertmitte, der tiefer nicht sein könnte. Und natürlich ist es unfair, von einer Seite auf die andere zu zeigen und auf deren anachronistischen Seinszustand zu verweisen. Genau das aber tut Benn in seinem *Landsberger Fragment*. Er erklärt die Art und Weise des Romans, das Leben zu repräsentieren, es abzubilden, für unvereinbar mit dem repräsentativen Typus der zeitgeschichtlichen Stunde:

»Wenn jemand von Ruth über Nigge zu Gisela gelangt, so mag er mit jeder eine gewisse Zeit verbracht haben, aber die Zerlösung der Dinge ist nicht betrieben. Oder für wen es ein Eindruck ist, daß eine Frau aus einem Postamt kommt oder daß ein Mixer erschöpft aussieht, mit einem Wort, wen Einzelheiten bedrängen, der greife ungestört zur Feder, – doch für sich bleibt die Kunst, nämliches etwas Reines, ein Adagio, nur aus Klarinette und Klavier [...].« (Benn 1984, S. 157).

Benns Konfrontation mit dem Roman ist symptomatisch für die Situation der Gattung in der Mitte des 20. Jahrhunderts. Das bürgerliche Zeitalter war zu Ende und mit ihm eine Mentalität, die Welt

zu sehen, die sich im Roman niedergeschlagen hatte. Klar, dass
Benn nicht an die Formexperimente eines Joyce oder an die schrift-
erotischen Exzesse eines Kafka dachte. Er zielte auf einen **Abstraktionsgrad** der Gattung ab, in dem nur noch wenige karikaturhafte
Elemente übrig bleiben konnten, wie das angeführte Zitat zeigt.

Die Diskussion um den Roman, die während des gesamten Jahrhunderts geführt worden ist, verschärfte sich dadurch; gleichzeitig
muss man sich fragen, was der Dichter etwa mit der »Zerlösung der
Dinge« genau meint. In gewisser Weise muss es sich um einen Vorgang handeln, der genau entgegengesetzt zu allem ist, was den Roman gemeinhin ausmacht: die imaginäre Konstruktion von Dingen
und Figuren. Es geht Benn um die Wertfrage auf der Ebene der
Kunst, und viele Romanautoren interessierte gerade die nicht mehr.
Der große Einfluss amerikanischer Romane – vor allem Hemingways – nach dem Zweiten Weltkrieg in Europa macht sich darin bemerkbar. Die tatsächliche Praxis des Romans wurde mehr und mehr
von der alteuropäischen Kunstdiskussion abgekoppelt.

Damit vollzieht sich die Abspaltung von Kunstdenken und Romanschaffen in einem fundamentalen Sinne. **Der Roman tritt aus
dem Zenit der Kunst**, in den ihn die Romantik mit der Vorbild-
figur Goethe hineingestellt hatte, heraus. Benn erhebt die von ihm
behauptete Spaltung zwischen kontemplativer Kunst und praktischer Welt zu einem Dogma, einem auch bereits zu seiner Zeit
höchst fragwürdigen und von ihm ebenso lässig wie unnachgiebig
vertretenen. Kunst kann in einem emphatisch metaphysischen Sinne
in der zweiten Hälfte des 20. Jahrhunderts nur noch dogmatisch behauptet werden. Dass der Roman dazu als Negativfolie dient, ist
kein Wunder. Er galt als Vehikel eines Weltbezugs, der als vollkommen anachronistisch betrachtet wurde. Erst die Diskussion um die
Postmoderne wird die Frage aufwerfen, ob nicht jede Art von Weltbezug fiktiv sein muss und ob nicht angesichts dieser Tatsache gerade der Roman eine zentrale Rolle bei der Konstruktion von Welten
spielen kann (vgl. Goodman 1984).

Benn attackiert den Roman pauschal und auf einer bewusst abstrakten Ebene, um vor diesem Hintergrund seine eigene, über eine
lange Phase hin neu entwickelte Schreibweise nicht zuletzt auch vor
sich selbst zu profilieren: »Ein Held, der sich wenig bewegt, seine
Aktionen sind Perspektiven, Gedankengänge sein Element. Das erste Wort schafft die Situation, substantivische Verbindungen die
Stimmung, Fortsetzung folgt aus Satzenden, die Handlung besteht
in gedanklichen Antithesen.« (Benn: Prosa und Autobiographie,
S. 173).

Inbegriff dieser Prosa ist »Summarisches Überblicken« (ebd., S. 164). Dahinter steht ein bewusst kultivierter **Anarchismus der Wahrnehmung** und ihrer Umsetzung in Form. Die Welt ist nur für das Ich da, auf das sie chaotisch einstürmt, mit Notwendigkeit, geradezu zwanghaft. Benn selbst nennt es in einem Brief an seinen Verleger Max Niedermayer eine »Ausdrucks- und Darstellungsneurose bei völlig zerstörtem Objekt-Subjekt-Verhältnis und bei völlig abgebauter Psychologie« (Benn 1969, S. 122).

Die Verbindung von Individualismus und ästhetischem Anarchismus entsteht im expressionistischen Jahrzehnt zwischen 1910 und 1920 (vgl. Expressionismus 1982). Sie ist Ausdruck einer Wahrnehmungskrise, die sich auf alle Segmente des Lebens bezieht und im Zusammenspiel mit anderen Aspekten die Modernität des Expressionismus kennzeichnet. Dass der Roman in seiner aus dem 19. Jahrhundert bekannten Form dem nicht mehr beikommen konnte, liegt auf der Hand. Das ist der Hintergrund einer experimentellen Prosa, die ausgehend von Einsteins *Bebuquin* bis in die Mitte des Jahrhunderts aktuell bleibt.

Futurismus und Dadaismus

Eine weitere Wurzel des Anti-Romans liegt im italienischen Futurismus. Dessen Führungsgestalt Filippo Tommaso Marinetti hatte mit seinem Gründungsmanifest des Futurismus von 1909 den Roman *Mafarka le Futuriste* (1909) herausgebracht, der in grotesker Form das **Pathos des Übermenschentums** mit der **Technikbegeisterung** der Futuristen und der Phantastik einer von Zeit- und Raumdimensionen losgelösten Erzählweise verbindet. Marinettis Roman steht ganz und gar im Zeichen der futuristischen Programmatik (vgl. Futurismus 1993). Der Propagandismus der Manifeste geht in die Erprobung einer ideologischen Schreibweise über, die bereits alle Anzeichen faschistischer Allmachtsphantasie trägt (vgl. Riesz 1983). Zugleich propagierte Marinetti die Abkehr von allen der Kunstform ›Roman‹ im 19. Jahrhundert anhaftenden Attributen: gegen den Sentimentalismus von Liebe und Erotik, gegen Psychologie, gegen kausale Raum-Zeit-Konstrukte – für die autonome Phantastik und die omnipotente Egozentrik des Ich.

Eine weitaus subtilere Spielart solchen Experimentierens repräsentiert Hugo Balls Fragment gebliebener Text »Tenderenda der Phantast«, an dem Ball zwischen 1914 und 1920 mit vielen Unterbrechungen arbeitete. Er erschien zum ersten Mal 1967 im Zürcher Arche Verlag, war also auch innerhalb der Avantgarde praktisch unbekannt (vgl. Ball 1988). Die Forschung hat sich seit den siebziger Jahren mit aller Vorsicht diesem ›Roman‹ genähert, war doch selbst eine beschreibende Charakterisierung des Phänomens von allergrößten Schwierigkeiten begleitet. Thematische und stilistische Untersuchungen, durchgeführt mit den Mitteln strukturaler Analyse, brachten kaum Fortschritte im Bemühen, eine poetologische Entschlüsselung des Textes vorzunehmen (vgl. Knüfermann 1975; Wild 1979).

Das lag mit daran, dass Ball seinen Roman als Ausarbeitung einer phantastisch-grotesken Autobiographie verstand, in die die unterschiedlichsten inneren und äußeren Impulse einfließen sollten. Es geht um eine Abrechnung mit dem Avantgardegestus und der Übermenschenpose des Futurismus und in verdeckter Form mit der modischen Nietzsche-Rezeption dieser Jahre. Es handelt sich aber auch um die groteske Auseinandersetzung mit der eigenen dadaistischen Zeit im *Cabaret Voltaire*, eine Episode, die im Kapitel »Das Karussellpferd Johann« dargestellt wird. In einem dritten Teil geht es um die Hinwendung des Phantasten zur Kirche; er wird, wie er sich selbst nennt »Kirchenpoet« (Ball: Der Künstler und die Zeitkrankheit, S. 410). Dies sind in etwa die Stationen, die Hugo Ball zwischen 1914 und 1920 selbst durchläuft. Nach 1920 wird er sich aus dem öffentlichen Leben zurückziehen und sich einer sehr eigenwilligen Form des Katholizismus zuwenden (zu dieser Entwicklung vgl. Rechner-Zimmermann 1992, S. 11).

Kennzeichnend für den gesamten Text ist die groteske Artifizialität aller Teile. Ball will keine biographische Entwicklung im Sinne eines Entwicklungsromans schildern; es geht ihm um die episodische **Karnevalisierung des Stoffes** als zeitgeschichtliches Phänomen (zum Begriff der Karnevalisierung vgl. Bachtin 1990). Durch die Stationen einer absurden Biographie hindurch wird die Epoche als Narrenspiel dekuvriert, das jegliche Kategorialität entbehrt. Ziel ist die alles durchgreifende Negation des Bestehenden, sei es intellektueller, politischer oder materieller Natur.

Die phantastische Dichtergemeinde hat nur noch den Wunsch, ihr symbolisches Karussellpferd Johann (hinter dem sich nicht zuletzt eine Persiflage auf den wilhelminischen Goethekult) verbirgt, vor dem Mob zu retten. Dabei werden diese Phantasten von keinerlei Wertmaßstäben geleitet; an deren Stelle ist die symbolische Geltung des Fetischs Johann getreten: »Intelligenz ist verdächtig: Scharfsinn verblühter Reklamechefs. Der Asketenverein ›Zum Häßlichen Schenkel‹ hat die platonische Idee erfunden. Das ›Ding an sich‹ ist heute ein Schuhputzmittel. Die Welt ist keß und voll Epilepsie.« (Ball: Der Künstler und die Zeitkrankheit, S. 382).

Im Abschnitt »Der Untergang des Machetanz« wird die Zurückweisung des futuristischen Propagandismus betrieben, wie überhaupt
der gesamte Avantgardismus ins Groteske gezogen wird. Der Text
repräsentiert durchgehend eine doppelte Brechung: Die totale Negation des Faktischen und die groteske Überzeichnung dieser Negation bilden zusammen eine eigentümlich sprunghafte Schreibweise, die jeden ästhetischen Anspruch preisgegeben hat. Ball
versucht, die **Bankrotterklärung abendländischer Zivilisation** formal wie inhaltlich darzulegen, und man kann sich des Eindrucks
nicht erwehren, dass sein Text das, wenn auch auf sehr eigenwillige
Weise, schafft.

»Die Magie der Groteske ist für Ball schließlich nur noch ein letzter Versuch einer Reihe von Selbstbehauptungen, die in der ›Krankheit der Zeit‹
untergehen: im Wahnsinn des Krieges und des Technikkultes der Generäle,
Industriellen und Futuristen, aber auch – so Balls Selbstkritik – im Wahnsinn der eigenen Phantasien.« (Rechner-Zimmermann 1992, S. 13).

In der Geschichte des modernen Romans nimmt Hugo Balls Fragment einen eigenen Stellenwert ein, weil darin die für die Moderne
so zentrale Kategorie der Negation auch erzähltechnisch gegen alle
narrative Konvention und Praxis Umsetzung gefunden hat. Realität
wird letztlich ersetzt durch eine Überwirklichkeit, die Ball nach
1920 im gnostischen Christentum gefunden zu haben glaubte (zur
Gnosis und ihrer Überlieferung bis in die Moderne vgl. Weltrevolution der Seele, 1993; zum Gnostizismus in der modernen Literatur
vgl. Donovan 1990).
    Balls zeitkritische Schriften, allen voran *Die Kritik der deutschen
Intelligenz* (1919), arbeiten daran, eine Tradition deutscher Geistes-
geschichte in Abkehr von den dominanten Hauptströmungen zu
propagieren, Thomas Münzer statt Martin Luther, Franz von Baader
statt Hegel, Wilhelm Weitling statt Karl Marx. Ball legt eine Tradition des deutschen Anarchismus frei, die für die meisten seiner Zeitgenossen, auch auf der Linken, eine eher unheimliche Wirkung hatte. Sein Roman bezeichnet den Versuch, diese Tendenz mit
radikalen Methoden künstlerisch umzusetzen; zuletzt aber blieb Ball
nur der Rückzug in die Mystik (vgl. Süllwold 1999).
    Die durchaus gnostisch zu nennende Trennung einer verworfe-
nen weltlichen und geistigen Sphäre, die Hugo Ball durch seine Praxis der totalen Negation ansteuert, weist auf die Weiterentwicklung
des Dadaismus in Frankreich, auf die Operationen des Surrealismus
voraus. »Den kritizistischen Mitteln der Ideologiezertrümmerung
sollte eine ›symbolische Weltbetrachtung‹, eine sur-realistische

Durchleuchtung der Phänomene zur Seite treten«, schreibt der Herausgeber der *Ausgewählten Schriften* Hugo Balls, Burkhard Schlichting, in seinem Nachwort (Schlichting in: Hugo Ball: *Der Künstler und die Zeitkrankheit*, S. 462).

Der Surrealismus war dann tatsächlich die gnoseologische Kulmination des Modernismus. Auch hier spielt der Roman eine nicht zu unterschätzende Rolle, die in der Darstellung seiner architextuellen Phänomenalität im 20. Jahrhundert nicht unterschlagen werden darf. Denn der Roman ist im 20. Jahrhundert nicht immer nur ein mehr oder weniger umfangreiches Buch; manchmal existiert er auch nur als Konzept, als Plan oder als Vision und manchmal auch nur in seiner Negation, aus der er irgendwann wieder als Buch hervorgeht.

2.4.2 Roman und Surrealismus

Im 20. Jahrhundert muss man den Roman auch dort suchen, wo es ihn eigentlich gar nicht geben dürfte. Streng genommen ist der Ausdruck ›surrealistischer Roman‹ ein Widerspruch in sich; die Surrealisten, allen voran André Breton, haben nichts so sehr verachtet wie den Roman in seiner realistisch-psychologischen Ausrichtung. Gleich zu Beginn seines *Ersten Manifests des Surrealismus* (1924) kommt Breton darauf zu sprechen und bemerkt:

»Par contre, l'attitude réaliste, inspirée du positivisme, de saint Thomas à Anatole France, m'a bien l'air hostile à tout essor intellectuel et morale. J'en ai horreur, car elle est faite de médiocrité, de haine et de plate suffisance. C'est elle qui engendre aujourd'hui ces livres ridicules, ces pièces insultantes. [...] Une conséquence plaisante de cet état de choses, en littérature par exemple, est l'abondance des romans. Chacun y va de sa petite ›observation‹. [...] Et les descriptions! Rien n'est comparable au néant de celles-ci; ce n'est que superposition d'images de catalogue, l'auteur en prend de plus en plus à son aise, il saisit l'occassion de me glisser ces cartes postales, il cherche à me faire tomber d'accord avec lui sur des lieux communs.« (Breton 1988, S. 313f.)

Bretons Kampf gegen den Roman ist zugleich ein **Kampf gegen die bürgerliche Literatur** insgesamt. Der Illusionismus des schönen Scheins soll zerstört werden, da aus ihm die fatale Antithese von Kunst und Leben entspringt und aufrechterhalten wird. Dem Surrealismus geht es darum, diese die neuzeitliche Rationalität stützende Dichotomie einzureißen und das Imaginäre im spontanen Akt freizusetzen. Das soll u. a. in einer Schreibweise geschehen, die durch einen psychischen Automatismus die Tiefendimensionen der Seele und der Einbildungskraft an die Oberfläche der Wahrnehmung bringt, der *écriture automatique*. Hinter diesem Ausdruck steht die Idee eines Schreibakts jenseits rationaler Kontrolle, die vor dem Hintergrund der neueren Kognitions- und Schreibforschung eher befremdlich wirkt. Breton definiert in diesem Zusammenhang den Surrealismus wie folgt: »Automatisme psychique pur par lequel on se propose d'exprimer, soit verbalement, soit par écrit, soit de toute autre manière, le fonctionnement réel de la pensée. Dictée de la pensée, en l'absence de tout contrôle, exercé par la raison, en dehors de toute préoccupation esthétique ou morale.« (Breton: Œuvres complètes, S. 328).

Die Praxis der **écriture automatique** besteht meist in einem unmittelbar nach dem Erwachen begonnenen Schreibvorgang, für den bestimmte Subjekte ein besonderes Talent aufweisen und bei dem die Restpartikel des Traums und der psychischen Tiefenschichten noch erfassbar sein sollen. Ob diese Methode jemals zu befriedigenden Ergebnissen geführt hat, ist zumindest zweifelhaft. Ein Roman lässt sich mit ihr jedenfalls nicht verfassen. Die Vorstellung, man könne mnemotechnische Errungenschaften der Kultur wie das Schreiben, deren erfolgreicher Praxis immer ein zivilisatorischer Dressurakt vorausgeht, in die Spontaneität unmittelbaren psychischen Erlebens einfügen, ja man könne an diese subjektive Unmittelbarkeit überhaupt durch die Nutzung eines intersubjektiv verfügbaren Vermittlungsinstruments herankommen, entbehrt im Grunde jeder kulturhistorischen Basisreflexion und jeder Logik. Aber genau gegen solche Logozentrik wenden sich die Surrealisten. Was wie ein neues Literaturkonzept aussieht, soll per se nichts mehr mit Literatur zu tun haben. Es ist vielmehr explizit gegen alle Literatur gerichtet, sofern diese nichts anderes als ein Reproduktionsmedium kultureller Stereoptypen ist:

»Der Surrealismus intendiert keine literarische Erneuerung, er will nicht neue Formen an die Stelle überlebter Formen setzen, sondern eine Veränderung der Mentalität des Menschen bewirken. Wer *Nadja* als *nouveau roman* von 1928 beurteilt, verstellt sich bereits durch die Wahl der Kategorien das Verständnis des Werks.« (Bürger 1996, S. 21).

Das ist ein Punkt, der für die Architextualität des Romans im 20. Jahrhundert von einiger Bedeutung ist. Mit der Ablehnung aller traditionellen Auffassungen von Kultur und Literatur, mithin der gesellschaftlich eminenten Trennung der Bereiche Kunst und Leben, wird auch der Roman als überholt und überwunden angesehen. Der

Surrealismus ist vor allem deshalb in der gegenwärtigen Kultur- und Medienreflexion noch interessant, weil er zum ersten Mal die **radikale Negation aller kulturellen Medien** exponiert und praktiziert hat. Mit den anderen historischen Avantgardebewegungen hat der Surrealismus zwei Grundzüge gemein: der **Wille zur Verknüpfung von Kunst und Lebenspraxis** (vgl. Bürger 1974) und die diktatorische Durchsetzung dieses Anspruchs durch das Absolutheitspostulat der Negation. Allen historischen Avantgarden gemeinsam ist der emphatisch behauptete Begriff des Lebens oder der Lebenspraxis. Im Surrealismus geht es vor allem um die Verbindung der Lebenspraxis mit den Energien des Imaginären und der Psyche. Wenn der negierte Vorstellungshorizont ›Roman‹ sich irgendwo niedergeschlagen hat, dann in dieser Idee. Zwischen Roman und Leben besteht kein Unterschied, **das Leben ist ein Roman**.

Das klänge äußerst spekulativ, hätten die Textproduktionen der Surrealisten diese These nicht versucht umzusetzen. Dabei ist vor allem an zwei Texte aus den zwanziger Jahren zu denken, *Le Paysan de Paris* (1926) von Louis Aragon und *Nadja* (1928) von André Breton. In beiden geht es um die **Beschwörung einer neuen Mythologie**, die in der modernen Lebenswelt, präziser gesagt in der Metropole der Moderne, in Paris, erfahrbar werden soll.

Aragons *Paysan de Paris* beginnt mit einer »Préface à une mythologie moderne«, deren erster Satz programmatisch die Abdankung aller cartesianisch inspiriertenTheoriebildung aufruft: »Il semble que toute idée ait aujourd'hui dépassé sa phase critique.« (Aragon: Le Paysan de Paris, S. 7). Gegen die Verknüpfung von Wahrheit und Gewissheit bietet Aragon den Irrtum und die Kräfte der Phantasie auf, die aus der modernen Lebenswelt in ihrer rationalen Undurchdringlichkeit eine neue Mythologie machen sollen. Die drei Teile des Textes kombinieren die unterschiedlichsten Textelemente wie dokumentarisches Material, Traumpassagen und realistisch anmutende Beschreibungen zu einem Ensemble, das einzig von den zufälligen und willkürlichen Eingriffen eines ohne Schwierigkeiten mit dem Autor identifizierbaren Subjektes organisiert wird. Der Text liefert so eine Totalverfremdung der Großstadterfahrung, für die das titelgebende Bild vom Pariser Bauern steht. Ziel dieser subjektiven Assemblage ist allerdings nicht die Repräsentation eines Erfahrungsraums, sondern die Verwandlung des Realen in die Realität des Mythos mittels Reflexion und Selbstsuggestion:

»Je n'avais pas compris que le mythe est avant tout une réalité, et une nécessité de l'esprit, qu'il est le chemin de la conscience, son tapis roulant.

J'acceptais sans examen cette croyance commune, qu'il est, au moins un instant, une figure de langage, un moyen d'expression: je lui préférais follement la pensée abstraite, et me félicitais de le faire.« (Aragon 1926, S. 140).

Surrealität ist die Synthesis des Realen mit dem Irrealen auf der Ebene des subjektiven Mythos. Darin liegt eine tiefgreifende Auseinandersetzung mit dem Imaginationspotential, das dem Roman seit Cervantes immer zugrunde gelegen hatte, mit dem direkt oder indirekt stets postulierten Realismus der Darstellung. Der realistischen Beschreibung setzen Aragon wie auch Breton das Dokument entgegen, bei Aragon das zufällige Fundstück aus der Großstadt wie eine Theaterkarte oder eine Speisekarte, bei Breton die Fotografie. Darin ist »ein doppelter Angriff auf den Realismus enthalten: einmal überbietet der Surrealist den Realismus, indem er die Realität als solche respektiert, während sie im realistischen Werk stets transponiert erscheint [...], zum anderen wird die ästhetische Kohärenz des realistischen Werks als falscher Schein zerstört« (Bürger 1996, S. 107).

Dass das Leben selbst ein Roman ist, wird auch darin erkennbar, dass der ›Held‹ des Geschehens, der jeweils in der Ich-Form spricht, keinerlei kompositorische Strategie verfolgt. Er spricht von sich und den in ihrer zwingenden Zufälligkeit (*hasard objectif*) auf ihn eindringenden Ereignissen in totaler Improvisation und ohne Kontrolle: »j'en parlerai sans ordre préétabli, et selon le caprice de l'heure qui laisse surnager ce qui surnage.« (Breton: Œuvres complètes, S. 653). Das Zusammentreffen von Breton und Nadja, der »Grenzgängerin zwischen Traum und Wirklichkeit« (Zotz 1990, S. 72), ist kein fiktives Moment, sondern ein im genauen Sinne *sur-reales*. Es bezeichnet den Einbruch des Irrationalen in den Alltag des Autors. Inwieweit der Autor sich dabei bereits selbst als fiktives Subjekt betrachtet und inwieweit dieses Irrationale nicht unmittelbar seiner durch und durch romantisch geprägten Männerphantasie entspringt, müsste näher untersucht werden. In jedem Falle setzen die Surrealisten **Subjektivität als Mittel der Provokation** ein und zelebrieren bewusst das Weibliche und die Liebe als Elemente des modernen Mythos; beides wird an der Grenze zum Wahnsinn angesiedelt. Das zeigt sich in der Gestalt Nadjas ebenso wie in Bretons anderer Prosaarbeit *Amour fou* (1937). Eigentümlich ist jedoch, dass Breton als Autor nicht vom letztlich durchbrechenden Wahnsinn Nadjas berührt wird. Nach ihrer Einlieferung ins Irrenhaus kümmert er sich nicht mehr um sie, was darauf hindeutet, dass Nadja doch mehr eine surrealistische – und damit ästhetisch-theoretische – Modellfunktion hatte, als dass sie in manifester Form den Einbruch des Anderen ins Eigene markieren würde.

Festzuhalten bleibt, »daß es Breton nicht darum geht, einen bestimmten ästhetischen Erwartungshorizont zu zerstören und damit zugleich einen neuen zu erstellen, sondern daß er die ästhetische Erwartung überhaupt zerstören will« (Bürger 1996, S. 120). Die im Text dargestellte Welt bleibt fragmentarisch, subjektiv und enigmatisch. Das Rätsel ist der Ausgangspunkt für die ›Konstruktion‹ einer surrealen Erfahrung. Das **Vorhandensein des Enigmatischen** im Realen aber ist selbst eine genuin romantische Vorstellung, die vor allem in der deutschen Romantik aufgekommen ist. Überhaupt schließt der Surrealismus poetisch an der deutschen Frühromantik und hier vor allem an Novalis und philosophisch am Deutschen Idealismus an (vgl. Freier 1983). Die bei Novalis zentrale Idee einer Romantisierung der Welt, deren Durchsetzung im Roman stattfinden soll, ist nicht allzu weit entfernt vom Postulat einer surrealen Sphäre der Erfahrung. Beides wurzelt im **Kontext einer modernen Mythologie**, in deren Dienst die Poesie steht.

Im Surrealismus kann man die Restitution des romantischen Romanbegriffs mit den Mitteln des Anti-Romans sehen. Was Novalis noch durch die Schrift hindurch anstrebt, wird bei Breton und seinen Mitstreitern als bereits in der neuen Erfahrungswirklichkeit einer mythologischen Modernität vorhanden postuliert. Das ist eine suggestive Behauptung, die wiederum eine ganz eigene Praxis des Schreibens hervorruft. Der paradoxale Widerspruch zwischen der Authentizität des Enigmatischen und der Medialität des (künstlerischen oder nicht-künstlerischen) Ausdrucks ist im Surrealismus nicht aufzulösen. Deshalb scheint durch die strikte Negation des Romans bei Breton das utopische Potential gerade der Romanpoetik der vorangegangenen einhundertfünfzig Jahre immer wieder unverkennbar durch.

Walter Benjamin hat in seinem Aufsatz *Der Sürrealismus* diese zugleich epische und revolutionäre Energie vor Augen geführt, die in *Nadja* wie im gesamten surrealistischen Ansatz steckt:

»Breton und Nadja sind das Liebespaar, das alles, was wir auf traurigen Eisenbahnfahrten [...], an gottverlassenen Sonntagnachmittagen in den Proletarierviertteln der großen Städte, im ersten Blick durchs regennasse Fenster einer neuen Wohnung erfuhren, in revolutionärer Erfahrung, wenn nicht Handlung, einlösen. Sie bringen die gewaltigen Kräfte der ›Stimmung‹ zur Explosion, die in diesen Dingen verborgen sind.« (Benjamin: Der Sürrealismus, S. 205).

Die Idee, dass der eigentliche, der letzte und beste Roman das Leben sei, transferiert fundamentale ästhetische Kategorien in die Lebenswelt und bewirkt die potentielle Freisetzung der imaginären Kapazitäten des Ästhetischen für eine revolutionäre Veränderung der Wirklichkeit. Das ist Benjamins These, die im Übrigen mit der Grundhaltung der Surrealisten in Bezug auf politische Fragen korrespondiert. »Die Kräfte des Rausches für die Revolution zu gewinnen, darum kreist der Surrealismus in allen Büchern und Unternehmungen. Das darf er seine eigenste Aufgabe nennen.« (ebd., S. 212). Die ideelle Nähe der Surrealisten zum PCF (Parti communiste français) ist seit den späten zwanziger Jahren Anlass ständiger Diskussionen innerhalb der Gruppe gewesen, ohne dass sie selbst jemals politischen Einfluss erlangen konnte.

Die im Surrealismus betriebene **Auslagerung des Romanpotentials** – des Imaginären und Irrationalen, der hybriden Dialogizität verschiedenster Sprachformen und Textsorten, des Romantisch-Enigmatischen, der Epiphanie des Schönen – in ein Zwischenreich zwischen Traum und Wirklichkeit bedeutet das programmatische Ende der alten vom Roman evozierten Ordnungsmuster, die im Kontext von Wirklichkeit und Imagination angesiedelt waren. Selbstverständlich werden diese Muster weiter benutzt, da aus der Sicht Bretons die in ihnen festgeschriebene Ordnung die eines durch die rationalistische Logik in seiner inneren und äußeren Unfreiheit verhafteten Menschen ist. Der Surrealismus wollte in diesem Horizont die Befreiung des ganzen Menschen, gerade durch die Freilegung seiner unterbewussten Energien.

Nimmt man die Angriffe Bretons und seiner Mitstreiter gegen den Roman, vor allem gegen seine ästhetische Position ernst, dann sehen sie den beschreibenden und im weitesten Sinne realistischen Roman nicht mehr im Zeichen einer Emanzipation des Menschen, mithin nicht mehr im Horizont einer fundamental aufklärerischen Idealität. Der Surrealismus zieht die exakte Grenze zwischen einer authentisch und frei verfügenden Einbildungskraft im Jenseits der überkommenen Begriffe von Kunst und Kultur und der Unterordnung aller Kulturproduktion unter das Diktat zivilisatorischer Rationalität. Diese Grenzziehung betrifft den alten Roman in zentraler Weise, da er in seiner Gestalt als das neuzeitliche Instrument der kognitiven Welterzeugung par excellence eine wesentliche Funktion in den **Mechanismen der logozentrischen Selbstentfremdung des Menschen** einnimmt.

Der Versuch, aus dem Leben mit allen Konsequenzen einen Roman zu machen, ist gescheitert. Dafür steht das Projekt des Surrealismus. Überlebt hat jedoch der tiefgreifende **Zweifel an den Möglichkeiten romanesken Erzählens** im Übergang von der Moderne in die Spätmoderne. Wie kommt die Literatur ans Leben heran, nachdem die vorgeprägten Modelle spiritueller oder auch immanent-realistischer Ganzheit, die sich im Begriff der ›Totalität‹ zentriert haben, zerfallen sind?

Der Zerfall der Modelle lässt das Bedürfnis nach Totalität selbst keineswegs verschwinden. Diese Konstellation steht hinsichtlich des Romans hinter dem Willen, Kunst und Lebenspraxis in eins zu setzen. Sie rückt den Roman in der zweiten Jahrhunderthälfte erneut ins Zentrum der Diskussionen. Nach den Attacken des Anti-Romans scheint die große Zeit des Romaneschreibens erst einzusetzen. Jeder ist jetzt auf seinen eigenen Roman verwiesen, ob er ihn schreibt oder nicht. Die atomisierte Gesellschaft ergreift den Totalitätsappeal des Romans als leere Projektionsfläche ihres uneinlösbaren Ausdruckswillens. Aber ganz so weit sind wir noch nicht im Ablauf der Geschichte, die hier zu schreiben ist. Jedenfalls lehrt der Surrealismus, dass das Imaginationspotential des Romans auch jenseits der Bücherwelten weiterwirkt.

Angesichts der politischen Ereignisse der Jahrhundertmitte hat sich das surrealistische Pathos der Verschmelzung von Kunst und Lebenspraxis bald als überholt erwiesen. Mit allem aus dem Modernismus angesammelten Zweifel und Argwohn kam nun eine neue Generation noch einmal auf den Roman zurück; sie behauptete programmatisch, sie schaffe einen von Grund auf neuen Roman.

2.4.3 Nouveau Roman

Das Problem des Avantgardismus stellte sich beim Roman, anders als in den meisten anderen Künsten, kaum als Gruppenfrage. Eine ›Schule des modernen Romans‹ hat es nie gegeben; dem widerspräche allein schon der individuelle Arbeits- und Weltdeutungsprozess des jeweiligen Autors. Die Architextualität des modernen Romans, deren Kennzeichen unter anderem die Ausdifferenzierung der Schreibweisen und Weltperspektiven darstellt, sperrt sich per se gegenüber einer programmatischen Vereinheitlichung der Poetologie. Umso erstaunlicher, dass sich im Rahmen der Spätmoderne, seit Beginn der fünfziger bis in die Mitte der siebziger Jahre, so etwas wie eine neue Programmatik des Romaneschreibens herausgebildet zu haben scheint und unter dem Etikett des *nouveau roman* Bekanntheit erlangen konnte. Jetzt war es offenbar an der Zeit, das avantgardistische Potential des Romans zu bündeln und kompakt zu exponieren. Plötzlich war der Modernismus des Erzählens als Pro-

blemhorizont erkennbar und sollte neu vermessen werden. In jedem
Falle wusste der literarisch interessierte Zeitgenosse, dass sich in
Frankreich die Diskussion um den Roman eine ganz bestimmte
Richtung gab, hinter die man nicht mehr zurückfallen durfte, wollte
man sich nicht als hoffnungslos anachronistisch dekuvrieren.

Tatsächlich war eine zweite Stufe des Modernismus mit dem
Nouveau Roman erreicht. Der programmatische Titel stiftete allein
schon die öffentliche Aufmerksamkeit, die notwendig war, um ein
Gruppenimage im Sinne einer künstlerischen Bewegung zu konstituieren. Ästhetische Modernität wurde in den fünfziger Jahren zu einem Thema der Allgemeinheit und musste mit neuen medialen
Mitteln präsentiert werden. Man glaubte jetzt weniger an den einzelnen avantgardistischen Künstler oder Autor als vielmehr an die
Zugkraft des Avantgarde-Programms im Ganzen. Avantgarde zu sein
war Pflicht. Ihre Umsetzung fand sie naturgemäß im begrifflichen
Horizont des Neuen. Die Formexperimente der großen Modernis-
ten – Proust, Kafka, Joyce – gehörten der Vergangenheit an, jetzt
galt es für die Gattung ›Roman‹ die Konsequenzen zu ziehen.

Bemerkenswert, dass der *nouveau roman* fast ausnahmslos eine
französische Angelegenheit geblieben ist. Andere Nationalliteraturen
vermochten sich diesem lange Zeit als wegweisend akzeptierten Programm praktisch nicht anzuschließen. Der in Frankreich intensiv ver-
folgte Zug zu einer **formalistischen Autonomisierung des Strukturellen** fand hierin seinen poetischen Niederschlag. Die intellektuelle
Atmosphäre des postexistentialistischen Paris leistete ihren Beitrag
dazu. Der Strukturalismus eroberte die Spitze der Interessenskala und
mit ihm vollzog sich der Aufbruch in die totale Abstraktsetzung des
Phänomens Literatur. Rückblickend kann man den *nouveau roman*
zusammenfassen als das »Abenteuer eines weltlosen, nur noch in sich
selbst zentrierten Diskurses [...], dem die eigene Struktur oder deren
Infragestellung zur höchsten ästhetischen Aussage wird« (Stierle
1997, S. 312). Das trieb die purifikatorischen Tendenzen einer artifiziellen Literaturtheorie auf die Spitze. Es kann als die typische
Konsequenz der fünfziger Jahre betrachtet werden, dass man in dieser Tendenz eine Art Essenz des Modernismus meinte sehen zu können.

Nathalie Sarraute

Die frühesten Anfänge jener Schreibweisen, die sich unter dem Titel
nouveau roman zentrieren werden, sind gewiss bei Nathalie Sarraute
(1902-1999) zu finden. Sie ist neben Alain Robbe-Grillet (geb.

1922) die Hauptvertreterin dieser durchaus diffusen und von ihren Mitgliedern auch als diffus behaupteten Richtung. Ihren für den *nouveau roman* wegweisenden Text *Tropismes* hatte Sarraute bereits 1932 begonnen; erschienen ist das Werk nach einer Odyssee durch die Pariser Verlagswelt im Jahre 1939. Außer von Sartre und wenigen anderen Insidern der Literaturszene wurde das Buch kaum beachtet. Und doch enthält es die Keimzelle eines neuen Sehens und Entdeckens, mithin eines neuen Schreibens. In ihrem Vorwort zu der für den *nouveau roman* bahnbrechenden Essaysammlung *L'ère du soupçon* (1956) skizziert Nathalie Sarraute, was sie unter dem Ausdruck ›Tropismes‹ versteht:

»Ce sont des mouvements indéfinissables, qui glissent très rapidement aux limites de notre conscience; ils sont à l'origine de nos gestes, de nos paroles, des sentiments que nous manifestons, que nous croyons éprouver et qu'il est possible de définir. Ils me paraissaient et paraissent encore constituer la source secrète de notre existence.« (Sarraute: Œuvres complètes, S. 1553f.).

Die *Tropismes* öffnen den Blick für **die kleinsten Einzelheiten des Lebens**, im Verhalten, der Konversation, der Psyche, der gegenständlichen Umwelt. Aus diesen Details, so die Autorin, setze sich unsere Existenz zusammen, Momente, die zumeist gar nicht wahrgenommen werden und in vielen Fällen gar nicht bewusst wahrnehmbar sind. Schon in dieser Skizzierung wird deutlich, dass dies eine Abwendung vom psychologischen Realismus der Tradition bedeutet. Es geht Nathalie Sarraute um einen ›Subrealismus‹, der sich jenseits mimetischer und psychologischer Kausalität abspielt und eine Art Tatsachenbasis des Lebens bildet.

Der Umstand, dass sowohl die *Tropismes* als auch das zweite Buch der Sarraute, *Portrait d'un inconnu* (1948), in der literarischen Öffentlichkeit fast völlig unbeachtet geblieben sind, dass sie offenbar zu ihrer Zeit eine Gegenströmung zur herrschenden Ästhetik darstellten, für die es noch keinen Diskurs gab, führte die Autorin dazu, tiefer in die Historie des Romans hineinzublicken und die Vorgeschichte ihrer eigenen Schreibweise zu rekonstruieren.

In dem ersten der vier unter dem Titel *L'ère du soupçon* zusammengefassten Essays mit dem Titel »De Dostoïevski à Kafka« stellt sie fest, dass von Dostojewski bis zu Kafka eine rasant verlaufende Entwicklung der Erzählverfahren im modernen Roman führe, die dessen Möglichkeiten zu einem gewissen Abschluss gebracht habe. Von der kohärenten Figurenpsychologie in einer nachvollziehbaren sozialen Realität bis zu Kafkas grotesken Gestalten ohne Welt ziehe sich die Spur des *homo absurdus* im Roman. Dabei zeige sich, so

Sarraute, dass nichts geblieben sei vom Menschen als seine Äußerlichkeit und ihre Beschreibung. Mehr als die äußeren Tatsachen und Regungen seien zunächst nicht auszusagen, weswegen der Blick des Romanciers sich ganz auf diese zu richten habe:

»l'homme moderne, corps sans âme balloté par des forces hostiles, n'était rien d'autre en définitive que ce qu'il apparaissait au-dehors. La torpeur inexpressive, l'immobilité qu'un regard superficiel pouvait observer sur son visage, quand il s'abandonnait à lui-même, ne cachait pas de mouvements intérieurs.« (Sarraute: Œuvres complètes, S. 1558).

Im Hinblick auf Kafka bemerkt Sarraute nicht ohne Pathos: »On ne peut ni demeurer à ses côtés, ni essayer d'aller plus loin. Ceux qui vivent sur la terre des hommes ne peuvent que rebrousser chemin.« (ebd., S. 1577). Das aber bedeutet für sie selbst und für ihre Generation: »Pour nous en assurer, il nous faut, surmontant nos répugnances, revenir un instant en arrière et plonger au plus épais du tumulte.« (ebd., S. 1564).

Damit gibt Nathalie Sarraute den Anstoß zu einer gleichsam nachmodernen Weltsicht und Erzählweise, die auf der Einsicht beruht, dass ein Autor wie Kafka in seiner Radikalität nicht mehr zu übertreffen ist. Aber neben Kafka und auf dem Weg zu ihm hin gebe es noch eine Menge zu entdecken, und darauf habe sich der neue Roman zu beziehen. Das **Moment der Weltlosigkeit**, das Kafka bis an sein Ende geführt habe, wird so zu einem avantgardistischen Grundprinzip erhoben. Es dient Sarraute als Ausgangspunkt für ihre weiteren Überlegungen, die sich von der inneren Konsequenz der Romanpoetik wegbewegen und den Blick für die rezeptionsästhetische Seite der von ihr festgestellten nachmodernen Situation öffnen.

Das ›Zeitalter des Argwohns‹ (*l'ère du soupçon*) betrifft unter diesem Gesichtspunkt nicht nur die Autoren und Autorinnen, die sich außer Stande sehen, kompakte Psychologien in kontingente Figuren hineinzukneten. Es betrifft gerade auch die Leser, die mittlerweile einer solchen Konstruktion von Grund auf misstrauen. Es geht also nach wie vor um das authentische Erzählen. Aber als authentisch erscheint nun gerade nicht mehr das Mimesis-Konzept des Realismus. Vielmehr soll Erzählen jetzt eruieren, was **unter der Oberfläche des Realistischen** geschieht; das aber setzt die genaue und ausschließliche Beobachtung der Oberfläche und ihrer Mikrodramen voraus.

Darauf kommt Sarraute in ihrem dritten Essay der Sammlung zu sprechen, der den Titel »Conversation et sous-conversation« (1953) trägt. Das eigentlich Neue an den Modernen wie Joyce und Proust sieht sie nicht in der Fortschreibung der Gesellschaftsbilder, wie sie noch Balzac gemalt hat, sondern in der Herausarbeitung einer untergründigen psychischen Materie, von der die eigentlichen Impulse des Lebens ausgehen. Über den Kern des modernen Romans heißt es:

> »Il ne se trouve plus pour eux dans le dénombrement des situations et des caractères où dans la peinture des mœurs, mais dans la mise au jour d'une matière psychologique nouvelle. C'est la découverte ne serait-ce que de quelques parcelles de cette matière, une matière anonyme qui se trouve chez tous les hommes et dans toutes les sociétés, qui constitue pour eux et pour leurs successeurs le véritable renouvellement.« (ebd., S. 1593).

In dieser Perspektive liegt die Kontinuität, die die Autorin zwischen der Hochmoderne und einer von ihr skizzierten Nachmoderne erblickt. Es handelt sich um die Fortschreibung einer Tendenz, die das anonyme psychische Material des menschlichen Lebens betrifft, das in allen Kulturen und in allen Gesellschaften gleich sein soll. Damit wäre der wesentliche Aspekt des modernen Romans auch für den *nouveau roman* gesichert, der **Anspruch auf Totalität**. Diese bezieht sich nun nicht mehr auf die Welt der äußeren Erscheinungen und prätendiert nicht mehr die Darstellungen des Allgemeinen im Besonderen, sondern basiert auf der Annahme einer psychischen Grundsubstanz des Humanen überhaupt. Die wäre auf der mikroskopischen Beobachtungs- und Beschreibungsebene zu erforschen und im Roman darzustellen.

Die unmittelbare Nachfolge des neuen Romans im Kontinuum der Moderne ist charakteristisch für die Selbstsituierung dieser Ästhetik. Sie will die Moderne fortschreiben, jedoch nicht in ihrer ganzen Breite, sondern eher in einem bestimmten noch ausbaufähigen Weg. Das genuin Neue am neuen Roman basiert also auf einer bewussten Einengung der Möglichkeiten des Romans insgesamt. Die Architextualität des modernen Romans tritt in die Phase der dogmatischen Reduktion ihrer Ansätze, um so eine Fortführung seiner als typisch modern betrachteten Errungenschaften zu gewährleisten. Die Feststellung, man könne nicht weiter gehen, als Kafka gegangen sei, dient auch dazu, die Reduktion des Romans auf die Formalisierung bestimmter erzählerischer Ebenen und bestimmter Blickpunkte zu rechtfertigen.

Diese Disposition charakterisiert eine zweite Stufe der Modernität in der Geschichte des modernen Romans. Es geht nicht mehr um die umgreifenden Entwürfe der Meister Joyce, Kafka oder Proust, die noch ganz eigenständige, unwiederholbare und letztlich uneinholbare Erzählprojekte repräsentierten und sich keiner Modellhaftigkeit des Weltentwurfs unterordnen konnten und wollten. Jetzt, um 1950, scheint eine solche Ordnung notwendig, und zwar nicht zuletzt vor dem Hintergrund der **Ordnungsvorstellungen des Strukturalismus**, der das intellektuelle Klima in Paris mehr und mehr bestimmt.

Nathalie Sarraute, Alain Robbe-Grillet und Michel Butor ziehen, auf jeweils ganz eigene Art, eine **Quintessenz des Modernismus** im Erzählen und meinen, dessen vielgestaltige Momente einer ebenso stringenten wie variablen Praxis zuleiten zu können. Nichts anderes verbindet die *nouveaux romanciers* als diese untergründige Programmatik, die sich im Schlagwort des *Neuen* zentrieren lässt. Zu Recht ist in jüngster Zeit bemerkt worden:

»Die energische Absage an kohärente Handlung, kompakte Figurenpsychologie, lineare Zeit und gedeutete Räume ist [...] fast die einzige Gemeinsamkeit jener aufmüpfigen Autorengruppe der Édition de Minuit, die fortan unter dem (von außen verliehenen) Etikett ›Nouveau Roman‹ der großen realistischen Erzähltradition die Stirn bieten [...].« (Coenen-Mennemeier 1996, S. 1f.).

Der Begriff des Neuen, auf dem vor allem die Kritik so insistierte, entsprang ex negativo der recht homogenen Romantradition, auf die man in Frankreich zurückblicken konnte. Der realistische Gesellschaftsroman war durch Balzac geprägt und durch Flauberts artistischen Intensiv-Roman, der zu großen Teilen auch als realistischer Roman galt, erweitert worden. Das Einfließen der erzählstrategischen Exzentrizität der artistischen Moderne traf in Frankreich nun auf eine intellektuelle Euphorie für die Abstraktionsebene des Strukturellen. In diesen Horizont schreibt sich der Diskurs um den *nouveau roman* ein, dessen einzelne Repräsentanten tatsächlich nur mit größter Mühe unter einen Hut zu bringen sind (B. Coenen Mennemeier hat hierzu 1996 eine in Deutschland lange überfällige wissenschaftliche Darstellung vorgelegt, die als Grundlage für die weitere Beschäftigung mit einzelnen Werken des *nouveau roman* gelten kann. Siehe ferner: Wilhelm 1969, Wehle 1972, Vom Ästhetizismus zum Nouveau Roman 1975, Mecke 1990).

Einerseits kommt es zu einer Engführung des modernistischen Erzählens auf einer Abstraktionsstufe, andererseits werden bei den jeweiligen Autoren und Autorinnen ganz eigenständige Spielarten ganz bestimmter experimenteller Momente präsentiert. Wer sich in das Werk von Nathalie Sarraute vertieft, bekommt es mit einem bis in die **Feinstrukturen der Lebensvorgänge** zielenden mikroskopischen Blick zu tun, der zwischen Menschen, Situationen und Ge-

genständen keine prinzipielle Unterscheidung mehr zulässt und der immer neue erzählerische Formen annimmt.

Liest man die frühen Romane der Autorin wie *Portrait d'un inconnu* (1947), *Martereau* (1953), *Le planétarium* (1959) oder *Les fruit d'or* (1963), so bemerkt man, dass sich hier ein ganz eigenständiges ästhetisches Bewusstsein für den Roman umsetzt, das mit einer Bezeichnung wie ›neuer Roman‹ kaum zu erfassen ist. Bei fortschreitender Lektüre wird die Bezeichnung *nouveau roman* zunehmend bedeutungslos. Zweifellos behindert es die Rezeption eines so eigenständigen Werkes in Deutschland, dass man es stets unter dieser Sammelbezeichnung aufruft (vgl. Allemand 1980, Raffy 1988, Pierrot 1990).

Spielarten des nouveau roman

Ähnliches gilt für **Alain Robbe-Grillet**. Vor allem seine frühen Romane wie *Les Gommes* (1953), *Le voyeur* (1955) und *La jalousie* (1957) sind von einer emotionsfreien Gegenständlichkeit, die eine durchaus angestrengte Künstlichkeit erkennen lässt. Alles dreht sich hier um den *regard*, um den Blick, der sich als kaltes, **wertfrei agierendes Kameraauge** gibt. Nicht zufällig unterhält Robbe-Grillet denn auch rege Verbindungen zum Film und zum Kino. Der gleichsam technifizierte Blick des Erzählens hatte eine gewisse Faszination für eine Kultur, die von Kcamerablicken noch nicht vollständig aufgesogen war. Heute mag man darin eine intelligente Spielerei sehen, die einen beinahe zwanghaften Zug zum Aseptischen präsentiert. Robbe-Grillets keimfreies Erzählen ist denn auch typisch für die Modernismusrezeption der fünfziger Jahre, in denen der Kunstbegriff des Artifiziellen eine Art Heiligenschein verliehen bekam. Im deutschsprachigen Bereich hatte man phasenweise daran anschließen wollen, so im sogenannten *Kölner Realismus* (vgl. Kap. 2.1.2) oder zehn Jahre später mit Peter Handke, in dessen Kurzromanen der frühen siebziger Jahre die am *nouveau roman* orientierte ›Schule des Blicks‹ bereits eine unbestreitbar manieristische Starre und Dogmatik ausstrahlt.

Im Laufe der Zeit befreit sich Robbe-Grillet von der selbstgesetzten Programmatik und spielt mehr und mehr mit dem eigenen Anspruch. Schließlich kommt er zu einem autobiographischen Erzählen, das nur noch Restbestände der einstigen Modernität zurückbehalten hat (*Le Miroir qui revient*, 1984; *Angélique ou l'enchantement*, 1987; *Les derniers jours de Corinthe*, 1994). Dass man hier sogleich von einer *nouvelle autobiographie* gesprochen hat, mag der Schlagwortsucht des Feuilletons mehr zuzurechnen sein als den

Öffentlichkeitsstrategien des Autors. Zumindest war Ende der achtziger Jahre mit dem Begriff des Neuen nicht mehr allzu viel Aufsehen zu erregen (Wellershoff 1980; Knapstein 1984).

Wendet man sich **Michel Butor** zu, so wird man wiederum mit einer etwas anderen Spielart des *nouveau roman* konfrontiert. Der Literaturprofessor Butor arbeitet thematisch im Rahmen kulturgeschichtlicher Themen und Perspektiven und exponiert in diesem Rahmen immer wieder das Erkenntnisproblem des modernen Menschen. Dabei geht es um klar umgrenzte experimentelle Erzählanordnungen, wie etwa in *Passage de Milan* (1954) um das Leben eines Hauses von 7 Uhr abends bis 7 Uhr morgens. Die Dramaturgie der Einheit von Zeit und Raum wird peinlich genau eingehalten. Butor zielt bewusst auf **Totalität im Mikrokosmos** dieses raumzeitlichen Konzepts; es geht um das Ganze des Erzählbaren in der modellhaften Verdichtung von Momenten und Situationen.

Aus diesem Grund wurden Butors frühe Romane, vor allem *L'emploi du temps* (1956), als konsequenteste Modelle des *nouveau roman* apostrophiert. Doch deutet sich in dieser Konsequenz auch eine gewisse Erstarrung an, weil Butor unter keinen Umständen von der experimentellen Vorgabe abweicht und den Text unter einem gleichsam akademischen Beweisführungsdruck stellt, der das Erzählen unter der Last des intellektuellen Anspruchs fast zusammenbrechen lässt.

Vergleichbares lässt sich auch über Butors berühmtestes Werk sagen, *La modification* (1957). Hier benutzt der Autor die Anrede ›vous‹ als fast durchgehende Erzählhaltung. Der Protagonist, der ständig angesprochen und im buchstäblichen Sinne erzählt wird, unternimmt eine Reise von Paris nach Rom, in der Absicht, seine Familie zu verlassen und ein Leben mit seiner Geliebten in Rom zu beginnen. Die erzählende Instanz kann man ohne weiteres als das mit diesem Ich reisende Über-Ich identifizieren, zumal es alle Regungen und Motivationen dieses Ichs genau kennt. Tatsächlich geht es um die Seelenlage dieses Reisenden, um seine Beziehung zu sich selbst und zu den Objekten seiner Umwelt. Der Roman ist bis in die Einzelheiten konstruiert und demonstriert diese Konstruiertheit; aus dem *vous* wird zuletzt ein *nous*. Die Hoffnung auf ein harmonisches Zusammentreffen mit der Geliebten weicht der Realität ihres bewussten herbeigeführten Verfehlens. An die Stelle der erotischen Erfüllung tritt der Plan, einen Bericht über den Vorgang ihrer Verfehlung vor dem Hintergrund der Stadt Rom und ihrer Bedeutung in der modernen Welt zu schreiben. Dass der Roman hierin eine geradewegs kompensatorische Funktion einnimmt, vermag zumindest den Leser nicht unbedingt zu befriedigen. Butor stellt die Frage nach der Beziehung von Eros und Kultur, von Imagination und Zeichenstruktur, indem er die prinzipielle Modellhaftigkeit dieser Reflexionen zusätzlich bewusst macht. So gesehen ist *La modification* sicher eines der interessantesten Romanmodelle im Umfeld des frühen *nouveau roman*; es bleibt jedoch durchgehend Modell, was der Autorintention voll entspricht (vgl. Wolfzettel 1969; Spitzer 1970; Thiele 1975).

Butor zieht sich nach 1960 immer mehr aus den Diskussionen um den *nouveau roman* zurück, zumal diese bald in eine Diskussion um den **nouveau nouveau roman** übergehen. Man ahnt angesichts dieses Begriffsungetüms, dass die Moderne allmählich in eine hochgradig manieristische Phase ihrer Selbstbespiegelung eintritt. Betrachtet man einen Roman wie *La prise de Constantinople* (1965) von Jean Ricardou, dann weiß man, was das konkret bedeutet. Es handelt sich um ein **praktisch undurchdringliches Kombinationsspiel** auf mathematischer und linguistischer Ebene. Gespielt wird mit einem Zeichenmaterial, das nach bestimmten, oft willkürlich erscheinenden Maßstäben ausgewählt und in einer endlosen Kette von Verweisen semantisch aufgeladen wird. In seiner vielschichtigen Codiertheit stellt das Projekt den Leser vor eine unlösbare Aufgabe. Der Roman ist schlicht unlesbar; man kann die Kombinationslust des Autors anerkennen oder nicht, es bleibt die Frage, welche Funktion ein solches Buch haben soll und für wen es geschrieben ist. Wenn Coenen-Mennemeier bemerkt, »Ricardou öffnet eine Werkstatt, die es in sich hat« (Coenen-Mennemeier 1996, S. 136), dann muss man sich fragen, wer sich in diesem von Tricks, Finten und Fallen überfüllten Raum eigentlich zurechtfinden soll. Letztlich kann man darin nur eine Parodie auf die Interpretationsbereitschaft des Lesers sehen, allerdings ist das von Ricardou gewählte Verfahren keineswegs so gemeint. Der Leser wird vielmehr mit einer fundamentalen Aufgabe betraut, die man ›Lektüre‹ nennen mag. Solange eine Modernismusdebatte solche und andere Experimente a priori nobilitierte, mochten sie als *dernier cri* durchgehen; heute nehmen sie sich wie selbstbezogene Kunststücke in einem leeren Zirkus aus. Der im Zeichen des *nouveau roman* in Frankreich Platz greifende Wille, absolut modern zu sein, kreiert einen **Sprachspielmanierismus**, bei dem die revolutionäre Geste zum Selbstzweck wird.

Die Kulturideologie des Neuen stößt an ihre Grenzen, ohne diese bereits akzeptieren zu können. Insgesamt ist die Selbstreferentialität der Literatur das übergreifende Thema all der um den *nouveau roman* herum geführten Diskussionen. Diese spielen nicht zuletzt auch in die literarische Kritik hinein, wo Roland Barthes seit seinem Buch *Le degré zéro de l'écriture* (1953) die Debatte um eine *nouvelle critique* eingeleitet hat. Barthes Literaturbegriff sieht vom Erlebnispostulat und dem Widerspiegelungsaspekt des Schreibens ab und versucht, eine Theorie der Schreibweisen zu postulieren, in der die Selbstbeziehung des Schreibens, die Eigendimension des Stils und nicht mehr die Referentialität des Erzählens im Mittelpunkt steht. Die Ansicht begann sich zu verdichten, dass es **kein Außerhalb des Textes** geben könne, dass die Dynamik der Signifikanten eine autonom in sich kreisende Welt darstelle. Diese Ideen führten geradewegs in eine Richtung, die man in den siebziger Jahren unter dem Begriff der **Dekonstruktion** mit dem Namen des Philosophen Jacques Derrida verbinden sollte. Vorbereitet wurde dies mittelfristig durch die Formexperimente der Romanciers und die neue, struktural orientierte Ausrichtung der Literaturkritik durch Roland Barthes.

Zum letzten Mal wurde Paris zum Zentrum der literarischen Avantgarde. Einen ähnlich dichten Diskussionsraum, wie man ihn in Paris vorfand, gab es sonst in keinem europäischen Land, auch nicht in Amerika. Die Experimente wurden ins Extrem getrieben, wie sich an den Schreibattacken eines **Philippe Sollers** im Umkreis der von ihm 1960 gegründeten Zeitschrift *Tel quel* zeigt. Bei Sollers kulminiert der Glaube, die Sprache kreise ganz in sich selbst, ohne expliziten Bezug zu einer Außenwelt. Exemplarisch mag hier sein Text *H* aus dem Jahr 1973 genannt werden, vor allem hinsichtlich einer endgültig aufgegebenen Lesbarkeit. An Sollers lässt sich wie schon an Ricardou nachweisen, wie der überzogene Avantgardismus des Strukturellen in einen Textautismus hineinführt, der gar nicht mehr an den Leser gerichtet sein kann. Dies, obwohl ›der Leser‹ gerade von der Gruppe *Tel quel* immerzu als letzte Instanz postuliert wurde, die den Text auf jeweils ganz individuelle Art und Weise zu vollenden habe. In Deutschland sind solche Thesen unter der Überschrift ›Rezeptionsästhetik‹ wesentlich konventioneller diskutiert worden als in Frankreich. Man war schon damit zufrieden, den Leser überhaupt als konstitutives Element des Textes entdeckt zu haben. Diesen Leser jedoch den Zumutungen eines Textes auszusetzen, der allererst noch weiterzuschreiben wäre und der in jede beliebige Richtung weiterzuschreiben ist, dazu konnte sich kein deutschsprachiger Autor durchringen.

Für die Radikalisierung dieser Perspektiven sind Sollers und die Zeitschrift *Tel quel* bekannt geworden. Der **Mythos vom Eigenleben der Textualität** und der prinzipiellen Anarchie der Signifikanten führte sich selbst ad absurdum. Sollers' Affekt gegen eine *lecture gra-*

tuite, also eine gewissermaßen wohlfeile Lektüre im Medium der Kontemplation kulminierte in einer *écriture gratuite*, die das Experiment ins Feld der Beliebigkeit hineinführte, wo man sein Anliegen nicht mehr nachvollziehen konnte oder wollte. Sollers betätigte sich selbst als Theoretiker und Kritiker und legte seine poetologischen Ansichten in dem Essay *L'écriture et l'expérience des limites* (1971) zugrunde (vgl. Forest 1992; Grüter 1994).

Die Ausläufer des *nouveau roman* berühren bereits das Gebiet des so genannten postmodernen Romans. Die Grenzen sind hier fließend, vor allem wenn man sich auf die französische Diskussion konzentriert. In Frankreich standen die postmodernen Diskurse ganz im Zeichen des so genannten **Poststrukturalismus**, der spätestens seit Mitte der sechziger Jahre an Profil gewann (vgl. Bossinade 2000). Hinsichtlich des Romans geht es nicht in erster Linie um eine Wiederkehr des Erzählens, sondern zunächst um eine Radikalisierung der Strukturautonomie im Rahmen aller Kulturvollzüge. Das forderte die Lockerung des Strukturbegriffs heraus, der vor allem in der Nachfolge Jacques Derridas und Julia Kristevas als grundsätzlich offen betrachtet wurde.

Für den Roman erwies sich die theoretische Überfrachtung des Poetologischen als nicht besonders fruchtbar. Vielmehr setzte sich unter dem bald zum intellektuellen Standard gehörenden Begriff der ›Dekonstruktion‹ die Ablösung der theoretischen Diskurse in ein Eigenleben mehr und mehr durch. Andererseits wollten die Leser allmählich nichts mehr von der Akrobatik der Formexperimente wissen. Das ästhetische Bewusstsein für die Welt veränderte sich, während die Dekonstruktionisten in akademischer Klausur über die Weltlosigkeit der Schrift nachdachten. Die Romanschriftsteller bemerkten schneller, worum es ging, als die Theoretiker, vor allem wurde ihnen die Fruchtlosigkeit der Theorie für das Romaneschreiben klar. Dass es einen Weg aus dem *nouveau roman* geben musste, leuchtete schon in den achtziger Jahren den meisten ein, aber die Vorstellung, dass dies kein einheitlicher Weg sein könne, dass es sich vielmehr um eine Vielzahl von Wegen handeln müsse, setzte sich nur langsam durch.

Mit dem Verblassen des Begriffs *nouveau roman* wurde erkennbar, dass der Roman kein einheitliches Etikett mehr benötigte, unter dem man seinen vorgeblichen Avantgardismus zusammenfassen könnte. Jetzt kam es darauf an, die Aufgabe des Romans neu zu bestimmen, und zwar vom Standpunkt einer perspektivischen Vielfalt her. Es wurde deutlich, »daß es die Aufgabe des Romans sein muß, unter welchen formalen Bedingungen auch immer, der gelebten Erfahrung in der Sprache eine Ordnung zu geben. [...] In der Perspektive des wiedergewonnenen Weltbezugs muß eine referenzlose Literatur sich als Utopie einer leeren Immanenz erweisen« (Stierle 1997, S. 317).

Das bedeutet keineswegs eine vollständige Abkehr von den ästhetischen Aspekten, die der *nouveau roman* erbracht hat. Immerhin wurde hier die diametral entgegengesetzte Position zum Widerspiegelungsdogma der Realismusdoktrin durchgespielt. Es ging, das kann man aus der historischen Entfernung sagen, in den fünfziger und sechziger Jahren nicht zuletzt um eine **Entideologisierung der Sprache** und ihrer literarischen Anwendung. Dass man dabei vielfach über das Ziel hinausschoss, steht heute außer Frage. Die Sprache ist kein Modell, das man einer fundamentalen Reinigung unterziehen könnte, um es einem endgültig ideologiefreien, nurmehr selbstbezüglichen Funktionieren zuzuführen. Sprache ist stets an den pragmatischen Gebrauch ihrer Formen und Tropen in einer Lebenswelt gebunden. Genau davon aber handelt die dialogische Romantheorie Bachtins, die sich denn auch als eine für die Architextualität des Romans im 20. Jahrhundert übergreifende Theorie zu erkennen gibt. Im Gebrauchsgrund der Sprachspiele, die die Diskursfelder einer Gesellschaft oder einer Epoche formen und permanent modifizieren, liegen die Möglichkeiten des Romans auch nach dem Avantgardismus begründet.

Claude Simon

So sind es gerade die Auflösungserscheinungen eines artifiziellen Programms und seiner strikt befolgten praktischen Umsetzung, die aus dem theoretisch abzusteckenden Feld des *nouveau roman* bereits über diesen hinausweisen. Hierbei rückt insbesondere Claude Simon ins Blickfeld, der 1985 mit dem Literatur-Nobelpreis geehrt worden ist. Schon anlässlich dieser Auszeichnung tat man sich schwer damit, den Preis als eine Anerkennung für den *nouveau roman* insgesamt zu bewerten. Mit Schlagworten und Kollektivbenennungen ist Claude Simon nicht beizukommen.

Bei Simon, der in der fünfziger Jahren gleichwohl im Zeichen des *nouveau roman* bekannt geworden ist (vgl. Wilhelm 1965), zeigt sich deutlich, wie das Erzählen aus jeglichen experimentellen Mustern ausbricht und von seiner eigenen Dynamik fortgerissen wird, ohne seine artistische Differenzierungen aufzugeben. Von *La route des Flandres* (1960) über das grandiose *Histoire* (1967) und *Triptyque* (1973) bis hin zu *Géorgiques* (1981) entwickelt Simons Erzählen eine jeder Programmatik aus dem Ruder laufende Dynamik. Er zeigt, sozusagen aus der Mitte des *nouveau roman* heraus, was der Roman sein kann, ja sein muss, will er eine Zukunft haben. Der Roman als unausmessbares Feld, auf dem bestimmte, in ihrer Anzahl durchaus überschaubar bleibende Obsessionen eine immer wieder anders durchgespielte Realisierung im Erzählen erfahren. Damit weisen Simons Romane mehr als manche unter dem Titel ›postmodernes Erzählen‹ firmierenden Werke auf eine **nachmoderne Dimension des Romans** voraus oder konstituieren diese Dimension selbst durch ihre Existenz.

Simons poetologische Ausrichtung ist schwer zu bestimmen; er selbst hat sich kaum in diese Richtung geäußert. Im Hintergrund steht eine **intensive Beziehung zu Proust** und seiner Erinnerungsarbeit, was sich bis in die periodischen Satzkonstruktionen Simons niederschlägt. Im Gegensatz zu Proust haben die bei Simon ablaufenden Erinnerungsszenarien aber deutlich zersetzende Wirkung. Damit verbunden ist ein Erzählstrom der Mémoire, die an Virginia Woolf oder William Faulkner erinnert; überhöht und unterwandert wird das Ganze durch apokalyptische Visionen, die man bis auf Louis Ferdinand Célines *Voyage au bout de la nuit* (1936) zurückverfolgen kann. All das zeigt, dass Simon mit der Geschichte des modernen Romans eher eklektizistisch und kaum noch präskriptiv umgeht. So fehlt seinem Schaffen jeder normative Appell. Dem Erzählen wird seine ursprüngliche Kraft zurückgegeben, und dies durchaus auf dem Niveau eines vom Modernismus durchdrungenen Spätzeitbewusstseins. Simons Schreiben stellt einen Übergang zur Postmoderne im Roman dar, der, wohl aufgrund der bei Simon fast ganz fehlenden Thesenhaftigkeit, nur selten hervorgehoben wird. Simons Romane muss man lesen, hingegen erscheint es als äußerst schwierig, *über* sie zu sprechen. Das macht ihre Instrumentalisierung für die Postmoderne-Diskussion praktisch unmöglich.

Doch zeigt sich, dass Claude Simon gerade nach dem Abklingen dieser Programmdebatten zu Anfang und Mitte der neunziger Jahre eine ungeahnte Aktualität erlangen konnten, was nicht zuletzt durch seine starke Präsenz auf dem deutschen Buchmarkt unterstrichen wird (Bertrand 1987; Dällenbach 1988; Evans 1988).

3. Die Metaposition des postavantgardistischen Romans

Das modernistische Konzept des Avantgardismus konnte keine genuinen Traditionen ausbilden. Das **Prinzip der Überbietung**, die der Ästhetik des Neuen zugrunde lag, zeigte auch noch dort seine Wirkung, wo man dieses Prinzip bekämpfte und hinter sich lassen wollte. In dem Augenblick, da der Roman eine postavantgardistische Ausrichtung annimmt, übertrifft er das alte Überbietungsgebot durch die Selbstreflexion seiner Erscheinungsformen. Man erkennt, dass der Roman als Architextualität seit dem 16. Jahrhundert ein ganz bestimmtes Inventar an Formen und Erzählverfahren ausgebildet hat und dass diese Bestände in immer anderer Gestalt kombinierbar sein können. Die Innovationsimpulse des hybriden Textes, die die Moderne ausgebildet hatte, werden nun zunehmend zu Spielmaterialien umgewidmet, über die man kombinatorisch-manieristisch verfügen kann. Der postavantgardistische Roman nimmt daher eine Metaposition gegenüber dem modernen Roman ein, nicht zuletzt im Kontext des bestimmenden Faktors aller modernen Romanpoetik, dem Postulat der Totalität.

Die Idee des Ganzen der erzählten Welt ist selbst ein **Produkt romanhafter Fiktion**. So könnte man die neue Grundthese, die den postavantgardistischen Roman prägt, zusammenfassen. Wirklichkeit und Fiktion treffen sich darin, dass Wirklichkeit selbst nie etwas anderes sein kann als eine imaginativ hergestellte Fiktion. Darin stimmen Kognitionsforscher, Philosophen und Romantheoretiker überein (vgl. Der Diskurs des Radikalen Konstruktivismus 1987; Goodman 1984; Federman 1992).

Der Roman wird von Mitte der sechziger Jahre an vor allem in Amerika als Erzeugungsrahmen seiner eigenen Weltentwürfe rekonstruiert. Dies geschieht insbesondere dadurch, dass das Erzählen seine eigene Bedingtheit ironisch durchspielt. Ein Erzählen entsteht, das sich auf der Ebene des Romans und seiner textuell multihybriden Vorgaben in einer ständigen, oft parodistischen Reflexion *über* das Erzählen kommentiert und relativiert. Die Welt der Zeichen ist damit per se eine **hypercodierte Welt**, in der die Zeichen ihre primäre Deutbarkeit verlieren und sich der Totalitätshorizont als potenzierter Perspektivismus oder als undurchdringliche Weltverschwörung entpuppt. Darin aber wird Totalität immer auch zugleich parodiert und als narrative Ordnungsidee ad absurdum geführt. Vor allem bei einem Autor wie Thomas Pynchon zeigt sich, dass die Welt, auf die sich der moderne Roman bezieht, ein Monstrum aus Zeichen geworden ist, auf die der **Roman als monströse Hybride** zu reagieren versucht.

Unter diesen Voraussetzungen kann es nicht verwundern, dass sich in Europa ausgerechnet ein Zeichentheoretiker als Vorreiter des postavantgardistischen Romans ins Spiel bringt. Mit dem Bologneser Semiotikprofessor Umberto Eco und seinem Buch *Il nuome de la rosa* (dt. *Der Name der Rose*, 1980) wird die Gattung in die Sphäre ihrer autorekursiven Bezugnahme auf ihre eigenen Bedingungsgesetze gestellt. Eco vervollständigt diese zunächst als Romanpraxis vorgelegte Dimension durch seine *Nachschrift zum Namen der Rose* (1984) und führt die theoretischen Implikationen in seinem Traktat *Lector in fabula* (1987) weiter aus.

Ecos semiotische Kriminologie und ihr Konzept eines auf mehreren qualitativ divergierenden Ebenen zu lesenden Textes hatte beim Publikum überraschenden und nachhaltigen Erfolg. Es schien, als könne man einen erfolgreichen Roman bis in die Wirkungsmomente hinein planen und entsprechend umsetzen. Wobei Eco die Fabulierlust als wichtigste und vielleicht einzige Voraussetzung bezeichnet. Mit seinem dritten Roman *L'isola del giorno prima* (dt. *Die Insel des vorigen Tages,* 1994) konnte der Autor einen, wenn auch bei der Kritik umstrittenen, so doch für die Weiterführung seines Konzepts konsequenten Beitrag leisten, der bereits über die postavantgardistische Szenerie hinausweist. Spätestens hier zeigt sich, dass Eco den Roman zur Demonstration einer Welt der Zeichen instrumentalisiert, die keine zentrale Bezugsgröße mehr kennt, so dass die Zeichenhaftigkeit der Zeichen ins Leere läuft. Der Roman erzählt nicht mehr von einer Welt, sondern von ihrem ständigen Verfehlen durch die Zeichen, die sich auf die Welt beziehen sollen.

Während sich die italienische Literatur im Horizont des postmodernen Erzählens nicht allein durch Eco in den Vordergrund des Interesses schob – auf der Ebene des historisch-parodistischen Romans wären hier zumindest noch Luigi Malerba und Italo Calvino zu nennen –, fielen in der deutschen Literatur die Versuche einer Umsetzung solcher oder ähnlicher Konzepte zumeist dürftig aus. Von einigen wenigen Ausnahmen abgesehen, hat die Postmoderne im deutschen Roman nicht stattgefunden. Das dürfte nicht zuletzt auf die oft dogmatische Aufnahme nachavantgardistischer Ideen in deutschen Landen zurückzuführen sein. Einen Theoretiker wie Eco, der sich trotz aller Theoriekompetenz seiner Fabulierlust überlässt, gab und gibt es in Deutschland nicht. Die starre Einteilung der Metiers und ihre Überwachung durch den Literatur- und Wissenschaftsbetrieb schob solchen Temperamenten, wo sie sich denn überhaupt zeigten, von vornherein einen Riegel vor. Aufgrund der internen Revierkämpfe im Literaturbetrieb und vielleicht auch aufgrund der Autoritätsverfallenheit hinsichtlich bestimmter Ideenkonzepte – also einer nachhaltigen **Fehldeutung des Avantgardismus** –, versank der deutsche Roman in den achtziger und neunziger Jahren mehr und mehr in der Provinzialität. Erst in den letzten Jahren gibt es so etwas wie eine Wiederentdeckung der jüngeren deutschen Literatur, der man aber durchaus anmerkt, dass sie den Postavantgardismus im Roman fast vollständig verschlafen hat.

Neben der semiotisch vielschichtigen Codierung des Romans und seiner ironischen Selbstreflexion im Erzählen muss man, wohl als Verschärfung dieser Tendenz, auf den Aspekt der performativ-pragmatischen Inszenierung des Romans hinweisen. Das bedeutet Einbeziehung aller narrativ relevanten Momente in das Textspiel, das eine klare Tendenz zum interaktiven Schreiben/Lesen entwickelt. Als Virtuosen auf diesem Gebiet kann man mit seinem Buch *Se una notte d'inverno un viaggiatore* (dt. *Wenn ein Reisender in einer Winternacht...*, 1979) Italo Calvino betrachten; in diesem Buch wird der Leser in ein Spiel der Konstruktionen und Revisionen eines Romans hineingezogen und erlebt sich dabei selbst als Bestandteil des Textverfahrens. Calvino selbst hat in seinen Harvard-Vorlesungen die wesentlichen Momente eines postmodernen Romans dargelegt und sie als Ausgangspunkte für eine Literatur des 21. Jahrhunderts apostrophiert (vgl. Calvino: Sechs Vorschläge...).

Das vielleicht erstaunlichste europäische Romanbuch der letzten dreißig Jahre hat der 1982 verstorbene Franzose Georges Perec 1978 mit *La vie mode d'emploi* (dt. *Das Leben. Gebrauchsanweisung*) vorgelegt. Es trägt die Genrebezeichnung »romans«, also Romane im Plural, und entwickelt ein furioses Spiel mit der Vielzahl möglicher Welten, die in einem Puzzleverfahren auf einen großen Weltentwurf hingeordnet werden, der zuletzt wiederum auseinander fällt. In diesem Buch scheint das Äußerste, was die Gattung ›Roman‹ nach Joyce und Beckett zu leisten in der Lage ist, geleistet. Nicht zuletzt stellt es eine Brücke zwischen den Totalitätskonzepten der Neuzeit und einem möglicherweise aus diesen Konzepten ausbrechenden Roman der Zukunft dar.

Insgesamt lässt sich sagen, dass die meisten dieser Phänomene, deren Wahrnehmung durch ein größeres Publikum in den Anfang der achtziger Jahre fällt, auf einen gattungsimmanenten Zustand des

Romans am Ende der Moderne und auf die Herausforderungen des Avantgardismus reagieren. Seit den neunziger Jahren aber und vor allem in ihrer zweiten Hälfte scheint sich dieser Horizont wieder zu schließen. Die Vielfalt und Unübersichtlichkeit der Erzeugnisse auf dem Gebiet des Romans tituliert man seither gern als ›neues Erzählen‹, ohne zu bedenken, dass das Erzählen als solches im Roman nie wirklich in Frage gestellt war. Man meint aber jetzt damit eine neue Unbekümmertheit hinsichtlich der Beschreibung von Wirklichkeit, die auch Abstand nimmt zur Selbstreferentialität der Formexperimente.

Die Verwässerung des postavantgardistischen Horizonts geht in Deutschland bis zur Debatte über den **Unterhaltungsfaktor der Literatur**, der als letzter und einziger Qualitätsmaßstab behauptet werden soll (vgl. Wittstock 1995). Darin nimmt der Roman wiederum eine zentrale Stellung ein. Denn die Bezeichnung ›Roman‹ ist nun die einzige noch konsensfähige Bezeichnung für Literatur überhaupt. ›Roman‹ wird als Sammelbezeichnung für alles Erzählte, das mehr als einhundertfünfzig Seiten aufweist, verwandt. Damit ist die Auflösung seiner spezifisch modernen Architextualität am Ende des 20. Jahrhunderts vollzogen. Die Postmoderne hat zunächst den Elitarismus des Ästhetischen unterlaufen und dann die qualitativen Distinktionskriterien in den öffentlichen Diskursen über Literatur abgeschafft. Darin kann man auch eine Chance für die Literatur und gerade für den Roman sehen. Der lebte nämlich bis ins 20. Jahrhundert hinein von seiner Faszination im Erlebnisrahmen von **Leselust**. So ist es inzwischen auch ein Bestreben der Literaturwissenschaft, die Aufmerksamkeit auf Literatur und Lektüre als primärer Quelle des Genusses und der Lust zu lenken (vgl. Anz 1998).

Der Zeitraum der unmittelbaren Vergangenheit und Gegenwart ist hinsichtlich des Romans, wenn überhaupt, so nur rudimentär aufgearbeitet; er erscheint in seiner Potentialität aber so interessant, dass hier zumindest ein Ausblick auf neuere Tendenzen gewagt werden soll. Ein solcher Ausblick muss allerdings unter Einschluss der medialen Disposition des Romans in der gegenwärtigen multimedialen Situation geschehen. Das Erzählen im Roman steht jetzt nicht nur in Konkurrenz sondern regelrecht im Bann einer Welt technisch erzeugter Bilder, filmischer Erzählweisen und digital konstruierter Imaginationen, die der Philosoph Vilém Flusser mit der Bezeichnung *Technoimagination* (vgl. Flusser 1998, S. 209ff.) zusammengefasst hat. Diese Lage der Dinge hat nur noch am Rande mit den Fragen modernistisch-avantgardistischer Erzählverfahren zu tun und weist auch der postavantgardistischen Sphäre eine nurmehr margi-

nale Bedeutung zu. Die inzwischen alle Lebensbereiche durchdringende und prägende Welt der ›Technoimagination‹ führt zu einer
Programmierung der Vorstellungskraft, der Phantasie und des Denkens, die konträr zu den alten Mustern des linearen Erzählens steht.
Die Linearität der Schrift einerseits und die flächenhafte Verteilung
der Elemente im Bild andererseits durchdringen einander auf eine
Art und Weise, die keine kritische Abgrenzung des einen vom anderen mehr zulässt. Unter diesen Bedingungen wird der Anspruch an
ein authentisches Erzählen von Wirklichkeit sinnlos und hinfällig.
Wirklichkeit ist von Grund auf die Inszenierung einer vielfach variablen Technoimagination, wie sie sich in allen elektronischen Medi-
en präsentiert. Der Roman als das Medium der Gutenberg-Ära,
durch das die Medialität und die Welterzeugungsformen der Schrift
ihre Ausbreitung fanden, stößt hier zum ersten Mal nicht an eine
gattungspoetologische, sondern an eine **mediengeschichtliche Grenze**. Diese Grenze in den Blick zu nehmen und das Dasein des Romans angesichts ihrer Existenz zu beschreiben, dürfte als eine der
zentralen Aufgaben einer Romanpoetik der Gegenwart und der näheren Zukunft anzusehen sein.

3.1 Hypercodierte und parodierte Totalität

3.1.1 Erzählsubversion und Metafiktion

Seit Mitte der sechziger Jahre beobachtet man zunächst auf dem
amerikanischen Kontinent eine paradigmatische Veränderung innerhalb der kulturellen Standards des Westens. Die elitaristische Kunstdoktrin der Moderne war nicht mehr mit den Lebensformen und
dem Menschentyp einer pluralistischen Konsumgesellschaft zu ver-
einbaren. Eine **nachmoderne Kultur** begann sich zu formieren, und
ihr breitestes Beobachtungsfeld bot sich gewiss der Soziologie. Aber
auch auf dem Gebiet der Kunst und vor allem der Literatur sprach
man nach 1960 immer häufiger von postmodernen Phänomenen.
Zusammenfassend gesagt heißt das: »Postmoderne Phänomene liegen dort vor, wo ein grundsätzlicher Pluralismus von Sprachen, Mo-
dellen und Verfahrensweisen praktiziert wird, und zwar nicht bloß
in verschiedenen Werken nebeneinander, sondern in ein und demselben Werk.« (Welsch 1988, S. 10).
    Der die Fachgebiete überspannende Begriff der Postmoderne
wurde bald zu einem Markenzeichen gerade auch des Romans. Welche literarische Gattung wäre geeigneter, einen solchen Pluralismus

in einem Werkkontext zu inszenieren als der Roman? Die Vielzahl der in ihn eingehenden Stimmen und Diskurse kann als Basisaspekt für die Architextualität des Romans überhaupt angesehen werden. Dieser Aspekt wird in der romantischen Theorie bei Friedrich Schlegel oder Jean Paul ebenso thematisiert wie in Bachtins dialogischer Konzeption. Bei genauerer Kenntnis seiner Geschichte erweist sich der Roman als die literarische Gattung, die seit ihrem Entstehen die Keime des postmodernen Kulturverständnisses in sich getragen hat. Innerhalb der Beschreibungsebene einer Architextualität des modernen Romans erscheint damit der postmoderne Roman als Höhepunkt dieser Kunst überhaupt, ja als die endlich erzielte Einlösung aller in der Erzählpoetik der letzten Jahrhunderte erträumten Freiheiten.

Aus den Fesseln der Realismusdoktrin ebenso befreit wie aus den ästhetisch autoritativen Maximen des Intensiv-Romans vermochten vor allem amerikanische Autoren den Roman in jene Zone der Populärkultur zu überführen, auf die er potentiell immer schon eingestellt war. Der US-Kritiker Leslie A. Fiedler führt diesen Umstand in einem der Schlüsseltexte der Postmoderne-Diskussion, in seinem Artikel »Cross the border, close the gap« von 1970, näher aus, wenn er schreibt: »Wir leben jetzt in einer sehr anderen Zeit – apokalyptisch, antirational, offen romantisch und sentimental; einer Zeit freudvoller Misologie und prophetischer Verantwortungslosigkeit, mißtrauisch gegen Ironie als Selbstschutz und allzu große Bewußtheit von sich selbst.« (Fiedler 1988, S. 58). Und er behauptet im Anschluss an diese Bemerkung: »So sicher wie der alte Gott tot ist, ist es der alte Roman. [...] Das Selbstbewußtsein des Romans muß [...] das Bewußtsein seiner eigenen Absurdität, ja Unmöglichkeit, einschließen.« (ebd., S. 60).

Die **Erneuerung des Romans im Zeichen seiner postmodernen Entgrenzung** sieht Fiedler in der Einbeziehung dreier fundamental antielitärer Momente: Western, Science-fiction und Pornografie. Er kann auch unmittelbar auf den Einsatz dieser Elemente bei den unterschiedlichsten Autoren verweisen: John Barth, Ken Kesey, William Golding, Anthony Burgess, Philip Roth. Es geht Fiedler darum zu zeigen, wie die Pop-Kultur und das für sie zentrale antirationale und antielitäre Element notwendigerweise die Hochebene der modernen Kultur unterwandern und überwinden muss. Im Kontext dieser Diskussion wirkte Fiedlers Essay wie ein Initialmoment. Wobei er den Begriff der Postmoderne in der Literatur bewusst vage hält. Der Graben, der zwischen der modernen Kunst und einem nachmodernen Publikum verläuft, soll geschlossen werden. Es geht

Fiedler nicht um Texttheorie oder Kulturgeschichte. Er tritt für die Aktualisierung der Kritik gegenüber den Phänomenen eines neuen Romans ein, der alles andere darstellt als einen *nouveau roman*, der also keineswegs die autoritativ-reduktionistischen Maximen der Moderne ins Extrem treibt, sondern sich den Möglichkeiten des Genres ohne Vorbehalt und ohne exklusiven Kunstanspruch zuwendet.

Wir haben darin einen **offenen Begriff von postmoderner Literatur** vor Augen, der sich zu einem Zeitpunkt herauskristallisierte, als diese Literatur in ihrer Aufbruchsphase war, also Mitte der sechziger Jahre. Es wäre jedoch falsch, die amerikanische Romanliteratur dieses Zeitraums ganz auf den von Fiedler in die Debatte geworfenen Begriff der Postmoderne zu beziehen. Tatsächlich muss man eine recht unübersichtliche Vielfalt von Schreibweisen und Projektentwürfen unterscheiden, wenn man den amerikanischen Roman der vergangenen dreißig, vierzig Jahre unter die Lupe nimmt. »Charakteristisch für die amerikanische Literatur der Gegenwart ist [...] die Gleichzeitigkeit von realistischer und experimenteller Fiktion.« (Hornung/Kunow 1988, S. 46). Sollte man also diese Gleichzeitigkeit, dieses Geltenlassen aller möglichen Formen des Romans als das zentrale Signum der Postmoderne verstehen?

Allein schon angesichts dieser Fragen macht sich das Dilemma bemerkbar, das den Begriff des postmodernen Romans durchdringt. Es wird nicht klar, was die **Affirmation der Pluralität** eigentlich leistet hinsichtlich der ästhetischen Figurationen eines die Grenzen des Realismus wie der Kunstdoktrin überschreitenden Romanentwurfs. Daher gilt es, wiederum auf einzelne Textphänomene zu blicken, um jene Neuorganisation der Architextualität des Romans unter dem Zeichen des Postavantgardismus genauer zu beleuchten. Postavantgardismus meint in diesem Kontext die Eingrenzung des relativ weit gefassten Begriffs der Postmoderne auf genuin ästhetische Phänomene, die in bewusster Unterscheidung zum modernistischen Konzept des Avantgardismus stehen.

Einen wichtigen Ansatzpunkt in dieser Hinsicht bietet der Essay von John Barth »The Literature of Exhaustion« aus dem Jahr 1967. Barth, zu diesem Zeitpunkt bereits einer der bekannten Vertreter eines postavantgardistischen Romans, gibt darin eine Hommage an die Literatur des Argentiniers Jorge Luis Borges und feiert diesen als den Umkehrpunkt der Moderne, an dem sich das erschöpfte Material des Avantgardismus gegen sich selbst wendet: »But the important thing to observe is that Borges [...] writes a remarkable and original work of literature, the implicit theme of which is the difficulty, perhaps the unnecessity, of writing original works of literature. His artistic victory, if you like, is that he confronts an intellectual dead end and employs it against itself to accomplish new human work.« (Barth 1984, S. 69f.).

Barth spielt direkt auf die von Borges – pikanterweise in immer wieder betonter Abstinenz gegenüber dem Roman – entwickelte Praxis der Metafiktion an, durch die das Fiktionsmoment der erzählenden Prosa wiederum fiktiv potenziert werden kann (vgl. Arlat 1984, Ziegler 1987). Diese **Erweiterung des Fiktionsbegriffs** ereignet sich bei Borges in einem phantastischen Rahmen, der den überkommenen Werkanspruch der modernen Literatur zugleich integriert und hinter sich lässt, indem er diese in ihrer Gesamtheit im Sinne einer imaginären Bibliothek in die Fiktionalität hebt (vgl. Schlaffer 1993; Schärf 1999 b, S. 277ff.). Dass sich Borges stets ablehnend gegen die Spezifik romanhaften Erzählens gewandt hat, ist kein Hinderungsgrund für die Adaption seiner poetischen Haltung in eine Theorie des postavantgardistischen Romans. ›Nach der Avantgarde‹ heißt dann jenseits einer geschichtslogischen Linearität, die das Kontinuum der Texte in einem fundamentalen Konstitutionsverhältnis zur ›Realität‹ prozessiert. Die von der Literatur und vornehmlich vom Roman mit errichtete Distinktionsgrenze zwischen Realem und Fiktivem, die letztlich dazu geführt hat, die Herrschaft des Realitätsprinzips zu festigen, wird durchbrochen. Fiedlers Aufruf »Cross the border« impliziert dies bereits, die Praxis des postavantgardistischen Romans bringt es zur Ausführung.

Metafiktionalität bezeichnet demnach einen Weg zur Durchbrechung eines vom modernen Roman, insbesondere vom realistischen und seiner artistischen Variante, dem Intensiv-Roman, geprägten ontologischen Status von Literatur als Konstitutionsbedingung eines ontisch-faktizitären Begriffs von Realität. Aufgegriffen wird das gesamte Arsenal der Geistes- und Kulturgeschichte in einen entgrenzten Raum der Imaginationen und Fiktionen. Kein Wunder, dass in der Nachfolge des Polyhistors Borges eine akademische geschulte Autorenschaft als Betreiber des metafiktionalen Romans in den Vordergrund tritt. Barth ebenso wie John Barthelme, Raymond Federman oder in Europa Umberto Eco sind die herausragenden Vertreter eines neuen Professorenromans, der den Bildungshorizont der Postmoderne in einen die Grenze von Fiktion und Realität überschreitenden Horizont hineinstellt.

In einem der berühmtesten frühen Dokumente der Umsetzung dieses Konzepte, in John Barths *The Sot-Weed-Faktor* (1960) (dt. *Der Tabakhändler*, 1985), kommt es zu einer weitschweifigen Aufnahme und Umsetzung gleich mehrerer Romanstrukturen in einen

von barocker Überfülle gekennzeichneten Großentwurf. Wer will –
und kann – mag im *Tabakhändler* alle möglichen architextuellen
Ausformungen des Romans finden, vom Schelmenroman über den
Bildungsroman, bis hin zum Abenteuerroman. Das liegt nur zu Teilen im originär-innovativen Zugriff des Autors auf die Gattung begründet. Barth demonstriert vielmehr, dass die Architextualität des
Romans von vornherein die Möglichkeiten der Ebenendivergenz des
Erzählens beinhaltet und geradezu suggeriert. Der nachmoderne Leser muss die Erwartungen an ein bestimmtes Sprachspiel ›Roman‹,
das sich als elitär-avantgardistische Herausforderung präsentiert, aufgeben und den Text, den er gerade vor sich hat, als wechselseitige
Durchdringung aller Sprachspiele begreifen, die das Vorstellungsfeld
von Fiktion und Metafiktion zu bieten hat. Solches hatte sich schon
experimentell bei Joyce vorbereitet, wo sich der Leser des *Ulysses* in
jedem Kapitel auf eine andere sprachliche Dimension einzustellen
hat, deren Regeln und Strukturierung ihm zunächst fremd sind.
Jetzt aber wird diese Tendenz noch einmal zugespitzt, indem Barth
den Spielaspekt durch eine scheinbar ganz traditionelle Erzählme-
thode aus dem experimentellen in einen populären Rahmen ver-
schiebt. Im *Tabakhändler* findet sich ebenso viel von J. F. Cooper
und seinem *Lederstrumpf* wie von Bachtins vielstimmiger Dialogizität und damit einer avancierten Literaturtheorie, die im Roman
selbst durchgespielt wird.

Da es sich beim *Tabakhändler* vordergründig um einen historischen Roman handelt, drängt sich als Grundproblem das Phänomen
›Geschichte‹ unmittelbar auf. Die Frage ist, wie Geschichte konstruiert wird und wie ihr narrativer Status letztlich zu bestimmen ist.
»Indem echte und gefälschte Quellen, Zitate und Scheinzitate un-
terschiedslos nebeneinander gestellt werden, konvergiert das Reali-
tätsprinzip mit dem Modus der Fiktionalität, zeigt sich die Abhängigkeit des Geschichtsbewusstseins von Präsuppositionen, die dem
historischen Handlungsverlauf selbst nicht entnommen werden können.« (Bauer 1993, S. 200). Es geht weniger um Realität in einem
ontologischen Status als um die **Konstitutionsbedingungen von
Weltentwürfen** in einem narrativen Fokus. Diese Unterscheidung ist
konstitutiv für den postmodernen Roman, wie er sich beim frühen
John Barth präsentiert. Der Roman ist ein »pikareskes Universum,
[...] eine Arena konfligierender Weltanschauungen, ein Kampfplatz
platonischer und heraklitischer, idealistischer und zynischer Lebens-
einstellungen.« (ebd., S. 202).

Das Erzählen selbst wird so immer wieder durch Erzählen unterlaufen; es wird ein Weltmodell suggeriert, in dem alle gültigen Maß-

stäbe allein nach den Möglichkeiten ihrer narrativen Setzung und Durchführung in Erscheinung treten. Erzählen ist die unabdingbare Voraussetzung zur Erzeugung von Welten. Der Roman holt den Aspekt der Totalität damit erneut ein, jedoch im Sinne eines perspektivistischen, karnevalesken Symposions und weniger als ontologische Konstante eines realistischen Weltentwurfs. ›Welt‹ und damit die Totalität des Erzählens erscheinen zugleich mit ihrer fiktiven Darstellung als metafiktive Parodie ihrer selbst. Geschichtsschreibung weicht dem Erzählen von konkurrierenden Geschichten, die den Roman als Ganzen ausmachen. Die Codierung des Realen durch die Zeichen der Narration weicht einer Instrumentalisierung eines heuristischen Konzepts ›Realität‹ für eine Vielzahl einer sich aus der Narration permanent ergebenden Codierungen.

Als Vorläufer und Initiator solcher Konzepte kann man mit einigem Recht den russisch-amerikanischen Romancier **Vladimir Nabokov** betrachten, der insbesondere in seiner späteren, amerikanischen Schaffensphase die parodistische Durchbrechung der Grenze zwischen Fiktion und Realität zu einem Zentralmotiv seines Erzählens macht. Romane wie *The real Life of Sebastian Knight* (dt. *Das wahre Leben des Sebatian Knight*, 1941), *Lolita* (1955), *Pale Fire* (1962), *Ada or Ardor* (dt. *Ada oder das Verlangen*, 1969) stehen für diese bei Nabokov in aller Virtuosität eingelöste Tendenz.

Nabokov ist ein Autor der Postmoderne avant la lettre, der sich keiner Richtung zuordnen lässt. Gerade dies ist ein Signum post-avantgardistischer Freiheit und Unabhängigkeit, die bei Nabokov schon sehr weit ausgebaut scheint. Der souveräne Einsatz sowohl traditionell realistischer als auch modernistisch-experimenteller Elemente ins Erzählen gehorcht keiner Doktrin mehr. Dennoch oder gerade deshalb ist Nabokovs spezifischer Ton in all seinen Texten zu identifizieren; dieser Ton des fabulierenden Dichters, des Spielers und Verführers bleibt das große ›Leitmotiv‹ durch das gesamte Werk hindurch. Durch seine unorthodoxe Praxis des Romans hat Vladimir Nabokov der amerikanischen Literatur wie der Weltliteratur entscheidende Anstöße gegeben (vgl. Scheer-Schätzler 1973; Stuart 1978; Grabes 1988).

Das Terrain der Metafiktion ist das ureigenste Feld einer Literaturauffassung, die sich nicht mehr in einer Konstitutionsbeziehung zu einer ontisch bestimmbaren Wirklichkeit sieht. Diesen Aspekt hebt Raymond Federman in seinen Hamburger Poetik-Vorlesungen von 1992 besonders hervor. Dabei spielt es keine Rolle, dass er diese literarische Sphäre statt Metafiktion ›Surfiction‹ nennt. Aus seinen Ausführungen wird klar ersichtlich, dass er diese Metaposition der

Erzählkonzepte im Rahmen eines genuin literarischen Welterzeugungsverfahrens anvisiert:

»Surfiction wird nicht länger als Spiegel fungieren, der den Pfad der Realität entlanggeschleppt wird, sondern wird nun die Bilder des Spiegels reproduzieren, der sich selbst spiegelt. Sie wird nicht länger etwas Außenstehendes darstellen, sondern sich selbst. Sie wird selbstreflexiv sein. Anders ausgedrückt: statt als unveränderliches Abbild des täglichen Lebens zu fungieren, wird Surfiction sich in einem Dauerzustand der eigenen Selbstverdoppelung befinden, um ihr Eigenleben zu offenbaren.« (Federman 1992, S. 69f.).

Die in Federmans Ausführungen der frühen neunziger Jahre schon voll etablierte Sicht auf die Stellung des Fiktiven und des Imaginären im literarischen Horizont bringt nicht zuletzt eine neue Form der Lektüre und des Umgangs mit Texten hervor. Nach Federman »wird sich Surfiction einer kontinuierlichen und totalisierenden Art des Lesens verweigern, da sie keinen Anfang, keine Mitte und kein Ende mehr haben wird. [...] Sie wird stets offener Diskurs bleiben – ein Diskurs offen für vielfältige Interpretationen.« (ebd., S. 74).

Thomas Pynchon

Für die Praxis des Romans zeitigt das damit eröffnete Reflexionsfeld weit reichende Konsequenzen. Nicht nur die **Karnevalisierung der Textualität** und die mit ihr einhergehende **Parodie des Totalitätsfaktors** sind hier angesprochen. In den radikalsten Umsetzungen des postmodernen Romans wie in den Büchern des enigmatischen Thomas Pynchon kommt es zu einer grandios-grotesken Überdehnung der Metafiktion, die sich zu einer die gesamte erzählte Welt durchdringenden paranoiden Struktur auswächst. Pynchon, der so strikt von jeder Öffentlichkeit zurückgezogen lebt, dass man jahrelang sogar an der realen Existenz einer Person dieses Namens gezweifelt hat, vollführt die angesichts der Lektüre seiner Bücher unausweichlich erscheinende Umwandlung der parodierten Totalität in die Paranoia einer Weltverschwörung. Darin ist er einer der ersten der amerikanischen Autoren, die die Totalität von Erzählen auf den Totalismus des amerikanisch-kapitalistischen Imperiums projizieren (vgl. Klepper 1996).

Pynchons Werk zählt zweifellos zum Erstaunlichsten, was die amerikanische Literatur nach dem Zweiten Weltkrieg hervorgebracht hat. Seine drei ersten Romane – *V* (1963), *The Crying Of Lot 49* (1966) (dt. *Die Versteigerung von Nr. 49*) und *Gravity's Rainbow*

(1973) (dt. *Die Enden der Parabel*) – bilden eine Hauptbastion postavantgardistischen Erzählens. Leitendes Moment aller drei Romane ist die Aufdeckung von vermeintlich geheimen oder unentschlüsselten Zusammenhängen, aus denen sich tendenziell ein **Komplottmodell** ableiten lassen soll, das jedoch nie zu einer homogenen Ausformung kommt und ebenso wenig einmal klar in Erscheinung tritt. Allein die Assoziationsvielfalt auf der Basis des Buchstabens *V* lässt im gleichnamigen Roman den Plot gleichsam explodieren und in mehrere einander durchdringende und einander verwirrende Geschichten auslaufen: »Zeichensinn entleert sich immer wieder in bloße Zeichenoberfläche« (Ickstadt/Poenicke 1988, S. 250; vgl. auch Polloczek 1993; Madsen 1991).

In *The Crying of Lot 49* legt Pynchon die konzentrierteste Version seiner gnostischen Weltverschwörungsparanoia vor (vgl. Eddings 1990). Die Protagonistin Oedipa Maas gerät mehr zufällig als absichtlich auf die Spur eines geheimnisvollen Verschwörungsbunds, des Tristero-Systems, das durch seine unübersehbaren und überall stattfindenden Aktivitäten im Begriff steht, die gesamte amerikanische Zivilisation zu unterwandern. Je mehr Oedipa allerdings diesem Netzwerk auf die Spur kommt, desto tiefer gerät sie in eine schizoide Projektion und in ein neurotisches Umkreisen ihrer eigenen Wahnvorstellungen. Das Problem der Wertung und Einstufung der fiktionalen Ebenen, ihrer kodifikativen Ordnung auf einen Bereich des Realen hin, überträgt sich bei der Lektüre auf die Leser und wird unmittelbar zur Verständnisfrage des Romans. Die Romanleser befinden sich tendenziell in demselben Dilemma wie die Protagonistin der Erzählung. Und der Autor schickt sich keineswegs an, dieses Dilemma aufzulösen. Dazu reichen seine Möglichkeiten nicht hin. Das Buch vermittelt den beunruhigenden Eindruck, dass es weder eine Ordnung der Fiktionen noch eine Kraft gibt, die diese Ordnung schaffen könnte. Die Parodie der Totalität wird zu einem **Verfolgungswahn im Labyrinth der Geschichten**, Gerüchte, Vermutungen und Wahnideen überdehnt. Sinn wird nicht mehr als metaphysischer Verlustposten vermisst und deshalb gesucht; vielmehr schlägt die Suche nach Sinn in ein Verfolgtwerden von den Zeichenwucherungen einer bedrohlichen Totalität um, die sich gleichwohl ständig entzieht.

Die Komplexität dieses Erzählens erreicht – übrigens meist bei aller Einfachheit der Sprache und der Darstellung – einen Grad, in dem sich der Versuch einer Nacherzählung selbst zu einer paranoiden Tat auswächst. Dieser Eindruck wird angesichts von *Gravity's Rainbow* zur Gewissheit. Hier hat man es mit einem »multiplot-In-

ferno« (Ickstadt/Poenicke, S. 261) zu tun, das jede Führung durch
einen Erzähler verabschiedet hat. Gegenüber diesem monströsen
Werk, das dennoch kein bloßes Machwerk ist,

»fällt tatsächlich jede ›Inhaltsangabe‹ in schiere Selbstparodie zusammen.
Zu offenkundig desavouiert sich auch der letzte Realismus-Anspruch der
multiplen Plots dieses Romans als erzählerisches *plotting*; zu beunruhigend
wächst auch mit jeder neuen Information die Entropie, d. h. die Gleich-
wahrscheinlichkeit aller denkbaren Sinnzuweisungen. Je verbissener wir hier
noch saubere Handlungs- und Deutungszusammenhänge herzustellen suchen, desto mehr spielen wir einer erzählerischen Grundabsicht des Textes
in die Hand, die übergreifenden Sinn als ›imperialistischen‹ Ordungszwang
nicht nur der erzählten Figuren, sondern auch des ›erzählten‹, d. h. durch
die Textsignale konturierten Lesers offenlegt.« (Ickstadt/Poenicke 1988, S.
262; vgl. Seed 1988; Hume 1987).

Angesichts einer solchen **entropisch-apokalyptischen Parodie** der gesamten Romangeschichte in einem Textkataklysma, dessen Lektüre
ebenso spannend wie amüsant ist, verkommt auch die semiologische
Vorstellung eines *lector in fabula* zu einem Treppenwitz der Erzähl-
theorie. *Gavity's Rainbow* ist ohne Zweifel als **groteske Kulmination
der Gattung ›Roman‹** zu betrachten – eine der ›Enden der Parabel‹
(so der Titel der deutschen Übersetzung), die die Textgeschichte des
neuzeitlichen Romans gezeichnet hat. Das Konzept der Totalität
wird darin so zerspielt und überdehnt, dass es post festum auf der
ganzen Linie unbrauchbar erscheint. Was kann es noch für einen
Sinn haben, die Idee eines Ganzen der erzählten Welt vorzustellen?
Ist ein solches Unternehmen nicht die Sache von Wahnsinnigen?
Musste nicht das europäische Konstrukt einer spirituellen Ganzheit
der Immanenz in einem Verfolgungswahn enden?

Solche Projektionen von Totalität sind heute der Annahme eines
globalen immateriellen Netzwerks gewichen, das die Suche nach
Sinn durch das Angeschlossensein an eine digitale Suchmaschine ersetzt hat. Der Roman hat in dieser Hinsicht ausgespielt. Um das
festzustellen, hätte es eines Thomas Pynchon nicht bedurft. Aber in
der Welt des Kalten Kriegs, in den sechziger und siebziger Jahren,
bezeugen Pynchons Romane die Perversion des Gedankens einer Totalität von Welt als Totalität eines erzählten Werks angesichts der
technologisch-militärischen Hyperrealität der westlichen Zivilisation. Die Reproduzierbarkeit von Realität tritt aus dem Bereich der
Fabel endgültig heraus und wird selbst zu einer neuen Realität, einer
Hyperrealität: »Von nun an verkörpert die ganze alltägliche, politische, soziale, historische und ökonomische Realität die simulierende

Dimension des Hyperrealismus: überall leben wir schon in der ›ästhetischen‹ Halluzination der Realität.« (Baudrillard 1982, S. 116).

Das ist ein zivilisatorischer Zustand, an den man sich inzwischen gewöhnt und der seine ursprüngliche Irritation weitgehend eingebüßt hat. Seine theoretische Aufarbeitung in den vergangenen zwanzig Jahren ist selbst zu einer ausdifferenzierten Hyperrealität geworden, zu einer entropisch wachsenden Informationsfülle ohne Bezug auf ein reales Zentrum. Pynchons frühe Romane bezeichnen relativ genau die Grenze, die in der zweiten Hälfte des 20. Jahrhunderts zwischen dem Konzept der Realität und der Herrschaft der Hyperrealität im Horizont des Vorstellungskonzepts ›Totalität‹ zu ziehen ist.

Dass **Pynchons dekadent-karnevaleske Weltgroteske** in die Sphäre der Spätmoderne an ihrem Übergang zur Postmoderne gehört, zeigt sich nicht nur an der weitaus zurückhaltenderen Aufnahme von Pynchons späteren Werken, die das Thema variieren (*Vineland* 1990; *Mason & Dixon* 1998). Auch Umberto Ecos weitgehend misslungener Versuch, am Ende der achtziger Jahre einen ironischen Weltverschwörungsroman zu schreiben, demonstriert dies. Ecos Buch *Il pendolo di Foucault* (1988) (dt. *Das Foucaultsche Pendel*) ist die aufgeblähte und langatmige Geschichte der Aufdeckung einer gnostisch-kabbalistisch-rosenkreuzerisch-freimaurerischen Verschwörung, die – naturgemäß – im Nichts verläuft und zudem ein ungutes Gefühl im Hinblick auf die Wissenschaft der Semiotik entstehen lässt. Die Frage, ob sich die Wirklichkeit der Zeichen in der Welterzeugungsphantasie eines Autors erschöpft, lässt den konstruktivistischen Hintergrund der postmodernen Theoriedebatte in einem fragwürdigen Licht erscheinen. Vielleicht ist Wirklichkeit doch noch etwas anderes als die kognitive Kombinatorik ihrer Zeichen. Zumindest hat Ecos zweiter Roman zur Vertiefung solcher Zweifel verholfen. Es steht zu vermuten, dass der Autor mit dem *Foucaultschen Pendel* ihr Aufkommen zumindest fördern wollte (vgl. Umberto Eco 1991; Mersch 1993).

Die Grenzen des postavantgardistischen Romans sind an solchen Punkten erreicht. Auch die paranoide Relativierung von Sinnbezügen hat irgendwann ihre Faszination eingebüßt und unterliegt den Abnutzungsmechanismen aller ästhetischen Setzungen der Moderne. Aus diesem Grund muss man die Konzepte hypercodierter und parodierter Totalität, also die Metaposition des postavantgardistischen Romans insgesamt, in den Funktionshorizont der ästhetischen Moderne einfügen. Eco versucht, noch einmal den Mystifikationsgrund des alten Europa in den Roman zu bringen – vergebens. Hinter dem

Weltspiel des sich entziehenden Sinns steht vor allem eine Fleißarbeit. Je mehr man dies als Leser/in spürt, desto weniger fühlt man
sich als konstitutives Element der Fabel, desto mehr wird auch die
Lektüre zu einer Fleißarbeit, und man fragt sich, wer oder was einen
eigentlich dazu verurteilt hat.

Der Roman ist – als Gattung, als Form, als Struktur – letztlich
nicht zu fassen. Auch der noch so sehr beschworenen Gründung seiner Funktion im Unterhaltungswert entzieht er sich. Wo am nachhaltigsten vom Unterhaltungswert des postmodernen Romans gesprochen wird, stellt er sich am seltensten ein. Das Zaubern, auf das
noch Thomas Mann, vielleicht zu Recht, die Kunst des Romans
gründen wollte, ist nicht Sache eines literarisch-akademischen Diskurses, sondern arkanes Geheimnis der Kunst. Das zumindest wissen wir, *nach* der Postmoderne.

3.1.2 Intertextualität und Kriminologie

Zum Zaubern gehört ein Publikum, das sich verzaubern lassen will.
Aber erst die Aktivitäten des Zauberers wecken die Interessenspoten-
tiale des Publikums. Auf die Literatur übertragen heißt das, ein
Buch schafft seinen Leser, ein Autor arbeitet, indem er an einem
Text arbeitet, auch an der Profilierung des dazu passenden Lesers.
Diesen Umstand, den man nicht als empirisch beweisbare Tatsache
betrachten darf, hat Umberto Eco in seiner *Nachschrift zum Namen
der Rose* (1984) hervorgehoben. Eine solche Spekulation klingt
besonders plausibel, wenn sie wie im Falle der Erfolgsgeschichte von
Ecos erstem Roman *Der Name der Rose* (1980) *nach* Eintreten des
Publikumserfolgs geäußert wird. Dennoch haftet ihr eine immanente
Konsequenz an, schildert doch Eco die Entstehung seines Romans
im Horizont einer groß angelegten Schreibstrategie. Zu der gehört
nicht zuletzt die Schaffung des Lesers (vgl. Eco 1986, S. 55ff.).

Eco demonstriert in seiner *Nachschrift* eindrucksvoll, dass es kein
Rezept für die Herstellung eines Erfolgsromans gibt und dass die
unterschiedlichen Arbeitsebenen beim Entstehungsprozess erst nach
und nach eine geschlossene Strategie ergeben haben. Letztlich ist es
eine Sache der Intuition und der Fabulierlust des Autors, wie und
weshalb die verschiedenen Elemente zu einer Geschichte zusammen-
gefügt werden. Zunächst und vor allem ist der Roman, wie ihn Eco
aus der Sicht des Autors darstellt, ein »kosmologischer Akt« (Eco
1986, S. 31). Der Autor muss eine Welt erschaffen, die bis in die
Einzelheiten einen Höchstgrad an Wahrscheinlichkeit und Stimmig-

keit aufzuweisen hat. Diese Welt muss gleichsam vollständig sein, es müssen in ihr mehr Figuren vertreten sein, als später im Text auftreten. Eco beschreibt das Problem des Zeitpunkts, an dem die Geschichte spielen sollte. Er musste sich fragen, ob er das 12. oder 13. Jahrhundert, wie geplant, tatsächlich als Epoche der zu erzählenden Vorgänge wählen konnte, da ein Typus wie William von Baskerville, ausgestattet mit dem Wissen einer ausgefeilten Zeichentheorie auf der Grundlage von Ockhams Nominalismus, eigentlich erst im 14. Jahrhundert auftreten konnte. Also musste sich Eco für das 14. Jahrhundert entscheiden.

Das klingt beinahe so, als habe man es hier mit einem strengen Realisten des 19. Jahrhunderts zu tun. Auch Flaubert recherchierte minutiös die Einzelheiten der Realwelt, über die er sich zu schreiben anschickte. Aber Flaubert glaubte noch an die metaphysische Steigerungsfunktion einer mimetischen Kunst und unterstellte seinen artistischen Intensiv-Roman einer gleichsam religiösen Ausrichtung. Bei Eco ist solche Detailtreue selbst schon wieder Zitat. Der Untergrund seines Erzählens soll *wie* ein realistisch gegebener sein; der Wille, dass alles zu stimmen habe, steht in einem Ableitungsverhältnis zum Wahrscheinlichkeitspostulat der alten, in Europa durchgehend wirksamen aristotelischen Ästhetik. Diese Ableitung aber dient jetzt nicht mehr der Illusion eines Kunstbegriffs auf erster Stufe, sondern rangiert hinsichtlich des dadurch erzielten Effekts auf zweiter Stufe. Eco zitiert einen abendländischen Horizont, der im poetischen Realismus und im Intensiv-Roman noch einmal kulminiert war. Er stellt seinen Roman in aller Bewusstheit in ein **intertextuelles Verhältnis zur gesamten abendländischen Tradition** und leitet die Stellung seines Werks als Summation aller auf diese Tradition bezogenen Strategien und Texturen ab.

Eco spricht denn auch bezogen auf die Entstehungsatmosphäre des *Namen der Rose* von den

»Echos der Intertextualität. Denn nun entdeckte ich, was die Dichter seit jeher wußten (und schon so oft gesagt haben): Alle Bücher sprechen immer von anderen Büchern, und jede Geschichte erzählt eine längst schon erzählte Geschichte. [...] Ergo konnte meine Geschichte nur mit der wiedergefundenen Handschrift beginnen, und auch das wäre dann natürlich nur ein Zitat.« (Eco 1986, S. 28).

Tatsächlich war der Schachzug, den *Namen der Rose* auf eine Rohübersetzung einer vom Autor gefundenen, ihm dann aber wieder abhanden gekommenen Handschrift bzw. ihrer Übersetzung zu gründen, selbst ein Zitat. In der Vorrede seines Romans schreibt

Eco: »Der geneigte Leser möge bedenken: was er vor sich hat, ist die deutsche Übersetzung meiner italienischen Fassung einer obskuren neugotisch-französischen Version einer im 17. Jahrhundert gedruckten Ausgabe eines im 14. Jahrhundert von einem deutschen Mönch auf Lateinisch verfaßten Textes.« (Eco: *Der Name der Rose*, S. 10). Solche Verwirrung ist leicht zurückzuführen auf den Großmeister aller fiktiven Palimpseste dieser Art, auf **Jorge Luis Borges.** »Die Bibliothek zu Babel«, die Borges in seinem für die gesamte postmoderne Literatur wegweisenden Erzählungsband *Ficciones* (1942) eingeführt hat, gewinnt bei Eco eine neue, ironisch-realistische Dimension. Wenn man Borges kennt, ist dieser Zug zum hypertextuellen Spiel nicht gerade überraschend. Aber man sollte bedenken, dass sich eine breitere Rezeption dieses Autors in Europa erst in der Nachfolge jener postmodernen Texte vollzogen hat, deren populärster sicherlich Ecos *Name der Rose* gewesen ist.

Im *Namen der Rose* geht es u. a. um eine geheime labyrinthische Bibliothek, die dem blinden Mönch Jorge von Burgos untersteht und die zuletzt in Flammen aufgeht. Man kann diesen Ausgang des Romans in vielerlei Hinsicht interpretieren (vgl. Lektüren 1985; Zeichen 1987; Stauder 1988). Ohne sich in Spekulationen zu verlieren, lässt sich aber sagen, dass Jorge von Burgos eine fiktive Inkarnation des blinden Dichters Borges darstellt und der Brand der Bibliothek der einzige Ausweg aus einem Labyrinth von Zeichen und Texten ist, die auch William von Baskerville (eine Zitation von Sherlock Holmes) nicht zu entschlüsseln vermag. Ecos Roman selbst ist also nicht nur ein intertextuell entstandenes Konstrukt, es spielt auch bereits mit dem **Phantasma eines Hypertextes,** der den Willen zum Verstehen ins Leere laufen lässt und seinem Untergang, seiner Selbstzerstörung geweiht ist.

Das ist alles andere als die sterile Umsetzung von Texttheorie. Implizit ist darin eine fundamentale Kritik an der neuzeitlichen Rationalität angelegt, die sich in William von Baskerville, dem Detektiv der Geschichte, verkörpert findet. Die schließliche Aufdeckung der Wahrheit führt zur Apokalypse ihres innersten Potentials, ihres Bestands. Eco spielt auf die Grenzen einer Rationalität an, die man die wissenschaftlich-kriminologische nennen könnte und in deren intellektuellem Zentrum die Semiotik, die Lehre von den Zeichen, rangiert (vgl. hierzu v.a. Kamper 1987). Bei alldem versucht er dennoch, die **Offenheit der Interpretation** zu garantieren, und verweigert sich als Autor jeder Präferenz einer exklusiven Deutungsrichtung. Das ändert nichts an der Tatsache, dass der Roman eine bestimmte, im Sinne der kritischen Theorie dialektische Botschaft enthält, die selbst wiederum als

Botschaft zweiten Grades, als Zitat einer Botschaft verstanden werden muss. Es geht nicht um die Reformulierung und Exposition einer zivilisatorischen Fundamentalkritik, sondern um ihre Adaption als Standard der Populärkultur in eine ironische Hypertextualität. Nur so gelingt es Eco, den Anspruch an die Unabschließbarkeit jeder Interpretation zu retten, dass er die bereits zum Standard einer selbstkritischen Moderne gewordenen Deutungsmuster der apokalyptischen Finallage der westlichen Kultur als Zitat seinem Roman zugrunde legt (vgl. Bondanella 1997). Der Leser kann sich selbst und seine intellektuelle Disposition darin wie in einem ironisch in die Ferne gerückten Spiegel erkennen; er kann das Ganze aber einfach auch nur als erfundene Geschichte lesen, als Unterhaltungsroman ohne jeden darüber hinausgehenden Anspruch.

Das **Zeichenlabyrinth** und die kriminalistische Handlung arbeiten einander zu. Eco konfrontiert die intertextuelle Komplexität der Bibliothek mit dem Trivialgenre des Kriminalromans und erzielt damit den eigentlichen Sogeffekt seines Erzählens. Im Kriminalroman erblickt Eco eine »Konjektur-Geschichte im Reinzustand [...]. Eine Geschichte, in der es um das Vermuten geht, um das Abenteuer der Mutmaßung, um das Wagnis der Aufstellung von Hypothesen angesichts eines scheinbar unerklärlichen Tatbestandes, eines dunklen Sachverhaltes oder mysteriösen Befundes« (Eco 1986, S. 63). Dadurch ergibt es sich, »daß sich der Hauptstrang meiner Geschichte (wer ist der Mörder ?) in so viele Nebenstränge verzweigt: in lauter Geschichten von anderen Konjekturen, die alle um die Struktur der Vermutung als solcher kreisen« (ebd., S. 64).

Daraus erwächst ein Labyrinth von Geschichten und Vermutungen, ein **Rhizom**, d. h. ein Labyrinth im Sinne eines Wurzelnetzwerks, in dem sich »jeder Gang [...] unmittelbar mit jedem anderen verbinden kann« (ebd., S. 65). Dieses Rhizom trifft sich wiederum mit dem Labyrinth der Bibliothek, so dass die kriminalistische Dimension auf der Inhaltsebene mit der Intertextualität auf der Strukturebene übereinstimmt. An diesem Punkt offenbart sich das theoretische Konstrukt, das hinter dem *Namen der Rose* steht, das sich jedoch als solches nie in den Vordergrund drängt. Den Text treibt vor allem anderen die Fabulierlust des Autors an, der Wunsch, eine erfundene, konstruierte Geschichte so realistisch wie möglich zu erzählen. Und genau das ist die Ebene, auf der der Leser – der ja nach Ecos Worten vom Text erzeugt wird – den Text unmittelbar genießen kann. In dieser Welt kann man sich lesend verlieren, und der Reiz dabei besteht in dem Eindruck, dass es nur eine zitierte Welt ist, eine intertextuell erzeugte. Das ist kein echter Widerspruch, sondern bleibt nur solange einer, wie man an die Doktrin des Realismus und der Mimesis gebunden bleibt. Es gab und gibt keine Texte, die ohne den intertextuellen Bezug zu anderen, vor oder neben ihnen liegenden Texten verfasst worden wären. Das ist von Homer bis Joyce durchgehend zu beobachten; in der Postmoderne ist es zu einer unumstößlichen Gewissheit und zu einer Selbstverständlichkeit geworden. Das untergründige oder vordergründige Verbundensein aller Texte mit anderen Texten wird nun zu einer bewusst praktizierten poetologischen Technik (vgl. Coletti 1988).

Eco spielt mit dem Intertext, das ist eine qualitativ neue Stufe im Umgang mit dem Phänomen. Er treibt das Spiel des Verweisens der Zeichen auf andere Zeichen und der ständigen Verschiebung und Verschleppung von Zeichensinn durch die Suche nach diesem Sinn in den Horizont des Kriminalromans. Damit macht er aus einem philosophisch-theoretischen Problem, das bei Theoretikern wie Julia Kristeva, Jacques Derrida und anderen permanent in einem postmodernen Horizont diskutiert wird (vgl. Bossinade 2000, S. 94ff.), ein Phänomen der Leselust und des ästhetischen Vergnügens. An die Stelle der Originalitätssucht und der damit einhergehenden Zerstörungswut treten bei Eco die **Ironie** und das **Spiel**: »Die postmoderne Antwort auf die Moderne besteht in der Einsicht und Anerkennung, daß die Vergangenheit, nachdem sie nun einmal nicht zerstört werden kann, da ihre Zerstörung zum Schweigen führt, auf neue Weise ins Auge gefaßt werden muß: mit Ironie, ohne Unschuld.« (Eco 1986, S. 78). Deshalb plädiert Eco für die Grundmomente der postavantgardistischen Poetik: »Ironie, metasprachliches Spiel; Maskerade hoch zwei. [...] Der ideale postmoderne Roman müßte den Streit zwischen Realismus und Irrealismus, Formalismus und ›Inhaltismus‹, reiner und engagierter Literatur, Eliten- und Massenprosa überwinden...« (Eco 1986, S. 79/81).

Das ist Umberto Eco im *Namen der Rose* zweifellos gelungen. Deshalb kann man diesen Roman tatsächlich als den idealen postmodernen Roman bezeichnen.

»Eco hat sich ein großes Vergnügen daraus gemacht, erfolgreich fünf Strukturen oder Gattungen des Romans ineinander zu verschränken: den Krimi, den Schauerroman, den historischen, den philosophischen und den allegorischen oder ›Schlüsselroman‹. Er hat seine Quellen der hohen und der niederen Literatur so benutzt, daß sie einander wechselseitig kontaminieren und verlagern; wie der Autor von Trivialromanen das Repertoire der klassischen Situationen und der Archetypen benutzt, die der Leser erwartet, hat Eco die Inhalte der hohen Kultur in die Formen der niederen eingefüllt.« (Giuliani 1987, S. 18).

Die Arbeit mit der Architextualität des Romans, die Eco ausführt, gleicht einem Recycling literarischer Formen, Tropen und Topics, das auf zwei kulturell signifikative Phänomene verweist. *Der Name der Rose* und die diesen Roman begründende intertextuelle Technik basieren auf dem **Kollaps der westlichen Zeichenwelt in der Hypercodierung des Realen** und damit auf der Tatsache, dass alle Zeichen gleichbedeutend geworden und in austauschbarer und einander überlagernder Weise kombinierbar sind. Zum Zweiten verweist das Buch auf eine Exklusivwelt postmoderner Literatur, die zwar die Verbindung von hoher und niederer Kulturebene vornimmt, dies jedoch wiederum als Ausweis einer intellektuellen Hochkultur begreift. Das Potential des Romans erschöpft sich in intellektueller Spekulation über die Sprachspiele, aus denen man einen Roman machen kann. Darin offenbart sich die **Selbstbezüglichkeit einer parodierten Totalität**, die sich selbst nurmehr zitiert – als Roman. Auch der Roman ist bei Eco bereits im Stadium der totalen Zitation angekommen. Damit hat er zweifellos eine neue Stufe seiner Architextualität erreicht, eine Stufe, von der sich nur schwerlich sagen lässt, ob es die letzte oder der Auftakt zu einer neuen Dimension des Romans überhaupt ist.

3.1.3 Postmoderne im deutschen Roman

Die im Jahr 1994 von Uwe Wittstock herausgegebene Sammlung *Roman oder Leben. Postmoderne in der deutschen Literatur* präsentiert ein eigentümliches Sammelsurium von Anspielungen, Deutungen und Absichtserklärungen zu einer postmodernen deutschen Literatur, in deren Zentrum unbestreitbar der Roman steht. Allein schon der Titel spitzt die Problematik eigenartig zu. Was soll diese Alternative bedeuten, Roman *oder* Leben? Hat man sich etwa zwischen beiden zu entscheiden? Oder schließen die beiden Pole einander aus? Kann es also den Roman nur unter Ausblendung des Lebens geben und umgekehrt nur Leben jenseits des Romans?

Dass der Roman nichts mehr mit dem Leben, also mit der Realität und der Lebenspraxis zu tun habe, kann man als banale Quintessenz der Diskussion um eine literarische Postmoderne in Deutschland betrachten. Wie nicht anders zu erwarten, versuchten gerade die Deutschen, den Begriff *Postmoderne* mit besonderer Gründlichkeit zu durchdringen. Die in den achtziger Jahren kulminierende Debatte um das Für und Wider der Postmoderne wurde mit einiger Heftigkeit geführt, so als gelte es, neue Kulturwerte zu setzen oder alte zu verteidigen. Tatsächlich wurde über diese Diskussion der deutsche Literaturbetrieb reorganisiert. Jetzt übernahmen die Kritiker die Leitfunktionen des produktiven Parts, indem sie die Autoren einer auf einige wenige Wertungsaspekte reduzierten, strikt gehandhabten Qualitätskontrolle unterwarfen. Viele Autoren und Autorinnen passten sich unter der Vorgabe dieser Kriterien einem Vermarktungsdruck an, der seit den achtziger Jahren praktisch alle Momente des Literarischen durchdringt. Der Begriff *Postmoderne in der deutschen Literatur* kann somit als Versuch der **Etablierung der Literatur im populistischen Rahmen der Marktkriterien** begriffen werden, die den als elitär abqualifizierten Horizont autonomer Ästhetik ersetzen sollte.

Bei alldem vermochte man dennoch nicht zu erkennen, wo eine deutsche postmoderne Literatur zu suchen wäre. Die Diskussion war da, ihre Gegenstände jedoch fehlten. Auch die von Wittstock post festum zusammengetragenen Texte sind nicht viel mehr als schwache Bekenntnisse zu einer Sache, über deren Existenz man sich nicht ganz im Klaren ist. Charakteristisch für die gesamte Diskussion ist die bis zur Ununterscheidbarkeit geführte Vermischung der Diskursebenen des Poetologischen und des Marktstrategischen. Die Postmoderne-Diskussion in Deutschland ist gekennzeichnet vom Zurückdrängen der auf diese Differenz ausgerichteten kritischen Potentiale. Vom artistischen Blickpunkt aus betrachtet, schien es nur noch eins zu geben: *Weiterschreiben!* – Ein Imperativ, der Ermutigung und Trotz ausstrahlen soll, der aber, wie bereits in der Literaturgeschichte formuliert, vor allem eine Frage aufgeworfen hat: »Wie populistisch, wie vorverkauft an das Publikum muß eine Literatur werden, bis sie die Mechanik der Welt nicht mehr stört?« (Briegleb 1992, S. 381).

Hat es eine Postmoderne in der deutschen Literatur und damit einen postmodernen deutschen Roman überhaupt gegeben? Ist *postmodern* ein poetologischer oder ästhetischer Begriff oder bezeichnet er nicht vor allem eine fundamentale Entdifferenzierung des Ästhetischen und seine Einpassung in die Konsumbedingungen des Spätkapitalismus und seiner digitalen Fortsetzung? Ganz gleich, wie man diese Fragen beantwortet, festzustellen ist, dass bestimmte Werke als genuin postmodern gehandelt worden sind. Zu nennen wären hier *Commedia* (1980) von Gerold Späth (vgl. Kap. 3.2.2), *Der junge Mann* (1984) von Botho Strauß oder *Die letzte Welt* (1988) von Christoph Ransmayr oder – *Das Parfum* (1985) von Patrick Süskind.

Am letztgenannten Buch schieden sich die Geister, und zwar vornehmlich aufgrund seines Verkaufserfolgs. Faktische Bestseller

wollte man nun wiederum als Ausweis postmoderner Literatur nicht
wirklich akzeptieren: »Im *Merkur* hat ein jugendlicher Witzbold
Postmodernes in ... man darf raten ... in Süskinds *Parfum* entdeckt.
Süskind! Ausgerechnet. Ich verliere kein Wort darüber«, schreibt
Hanns-Josef Ortheil in einem seiner Versuche, die Existenz der Postmoderne in der deutschen Literatur zu beschwören (Ortheil 1994,
S. 125). Man war in der Literatenszene nicht sonderlich amüsiert
über Süskinds Erfolg. Man wollte postmodern erfolgreich sein und
gleichzeitig hochkulturell exklusiv – also modern. Das ging nicht
zusammen und musste folglich theoretisch umrissen und permanent
projektiert werden. Die tatsächlich erschienenen Romanprodukte
fielen dagegen meist ab.

Die Diskussion, wie sie etwa von einem Autor wie Hanns-Josef
Ortheil beeinflusst worden ist, offenbart einen paradoxen Kampf
zwischen den ästhetisch-poetologischen Prinzipien der Moderne
und ihrer postmodernen Entdifferenzierung vor dem Hintergrund
der Leselust und der Konsumfreundlichkeit, der kennzeichnend für
die gesamte in Deutschland um die Postmoderne geführte Debatte
steht (vgl. Ortheil 1990). Die Literatur tritt unter der Führung des
Romans aus dem autonomen Status des Ästhetischen heraus – oder
soll es zumindest. Die Angriffe und Reflexionen beziehen sich meist
auf Adornos *Ästhetische Theorie*, die als Repräsentantin einer ins Extrem getriebenen modernistischen Kunstauffassung angeführt wurde. An ihr wurde der Übergang von der Moderne in die Postmoderne immer wieder durchexerziert (vgl. Wellmer 1985). Doch blieb
die theoretische Diskussion in eigentümlicher Weise von der literarischen Produktion abgekoppelt. Die Kriterien konnten von Roman
zu Roman wechseln, so dass der **Fundus postmoderner Merkmale**
stetig wachsen musste. Dennoch kann man feststellen: Wenn es *einen* postmodernen Roman in der deutschen Literatur gibt, dann ist
es eben Süskinds *Parfum*. Und fast möchte man etwas frivol anschließen: Der Erfolg gibt ihm recht.

In jedem Fall hat Süskind die intertextuelle Dimension postmodernen Schreibens auf äußerst originelle Art und Weise zur Umsetzung gebracht. Thomas Anz fasst das treffend zusammen, wenn er
bemerkt:

»Das Geruchsgenie Grenouille, der aus den Düften von fünfundzwanzig er-
mordeten Jungfrauen ein vollendetes Kunstwerk komponiert, gleicht dem
Autor, der aus den Ingredienzien von mindestens ebenso vielen kanoni-
schen Texten der (vorwiegend deutschen) Literatur seinen Text zusammen-
gefügt hat. Der Roman ist ein Spiel mit den Gattungstraditionen von Kri-
minal-, Schauer- und Bildungsroman sowie mit Topoi der Genieästhetik,

ein Nachahmungsspiel und zugleich ein Spiel jener Art, das vorgefundene
Bestandteile der Umwelt, hier der literarischen, zu einer neuen Welt zusam-
mensetzt. Und wer das kennt, bezieht aus der Lektüre einen zusätzlichen
Lustgewinn.« (Anz 1998, S. 43; vgl. auch Ryan 1991; Fritzen 1996).

Lustgewinn – das ist das Zauberwort der Postmoderne, das so
schwer zu treffen war. Eine Ästhetik der Lust, wie sie Anz skizziert
hat, ist Inbegriff all dessen, was man von postmoderner Literatur erwarten kann – und was man in der deutschen Literatur so selten
findet. Dass man bei Süskinds *Parfum* mehr Leselust empfindet als
bei manch anderem postmodernen Machwerk, ist kein Zufall. Süskind hat sich aller im exklusiven Sinne literarischen Ambitionen
entschlagen und versteht es besser als die sich mit diesen Ansprü-
chen noch herumplagenden Dichter, den Publikumsgeschmack zu
treffen und zu befriedigen. Darin ist er ebenso ein Phänomen wie
eine Provokation. Es scheint, als wollte Süskind mit seinem Buch
dem Betrieb zeigen, was postmoderne Literatur ist, um sich danach
aus allen Diskussionen herauszuhalten. Jedenfalls hat er kein vergleichbares Folgeprodukt hervorgebracht, obwohl gerade die Seriali-
tät solcher Montagen nahe liegt. Auch die fast flächendeckende Abstinenz der Literaturwissenschaft diesem Roman gegenüber, kann als
Indiz dafür gelten, dass man dort, wo ein genuin postavantgardisti-
scher Text auftaucht, sich darauf einigt, ihn als trivial zu ignorieren.
Das Parfum ist rundherum ein **Medienprodukt** – ein Roman, erzählerisch angelegt wie ein Hollywoodfilm und vermarktet mit dem
gesamten Potential der Medienmaschine. Ein typisches Artekfakt einer Epoche, in der der Roman ins **Stadium der Selbstzitation** einge-
treten ist: Die Textualität des Romans wird durch das Klischeebild
des Romans überdeckt. Ein Konsumprodukt – eingängig, unterhaltsam und folgenlos –, das sich als Luxusgegenstand versteht und dem
der Titel Programm ist – *Das Parfum*.
Auch jenseits dieses Phänomens ist das Postmoderne in der deutschen Literatur und hier speziell auf dem Gebiet des Romans
durchaus heftig umstritten. Angesichts eines Werkes wie *Der junge
Mann* von **Botho Strauß** (1984) hat das deutsche Feuilleton sogar
einen **Neuen Deutschen Literaturstreit** ausgerufen (vgl. Drews 1984;
Lüdke 1986). Man versuchte, die alte Streitkultur auf die neue postmoderne Situation zu übertragen, allerdings mit wenig Erfolg. *Der
junge Mann* ist sicherlich der auf prominenter Ebene misslungenste
Versuch, bestimmte Theoriepotentiale poststrukturalistischen Denkens in den Roman einzubringen und dabei eine neue Offenheit des
Erzählens umzusetzen. Im Hintergrund steht das alte Phantasma des

multihybriden Erzähltextes, das seit der Romantik virulent ist. So bezieht sich der Autor/Erzähler denn auch gleich zu Beginn explizit auf den romantischen Roman: »Vielleicht gelingt es, zu jenen lautlosen und ruhenden Ereignissen zurückzufinden, die lange darauf warten müssen, daß jemand zu ihnen stößt und sie zum Leben erweckt. Allegorien. Initiationsgeschichten. RomantischerReflexionsRoman. Ein wenig hergebracht, ein wenig fortgetragen.« (Strauß 1984, S. 15).

In der »Einleitung« umkreist der Erzähler seinen eigenen, im Grunde anachronistischen Standpunkt. Es gibt niemanden mehr, dem man noch etwas erzählen könnte. Die Wirklichkeit der Medien hat sich der Wahrnehmung bemächtigt, »ein unablässiges Aufleuchten und Abschießen von Menschen, Meinungen und Mentalitäten. Es ist genau das Spiel, das unser weiteres Bewusstsein beherrscht: die Wahnzeit wird nun bald zur Normalzeit werden« (ebd., S. 9). Dem Erzähler wird das Wort abgeschnitten, keiner kann mehr zuhören. Strauß konstruiert seinen Roman von dieser Gesellschaftskritik aus, der Roman als Gegenphänomen zur alles vereinnahmenden Wahnmaschine einer Mediengesellschaft, die als **posthistorische Finallage** auf Dauer gestellt zu sein scheint.

Strauß will dem eine andere Form des Wahns, angesiedelt zwischen Psychopathologie und Märchen, entgegensetzen, doch man hat das Gefühl, dass seine Geschichten vor allem durch *ein* Merkmal geprägt sind: Beliebigkeit. Wenn man den *Jungen Mann* als letzte Bastion gegen die Totalvereinnahmung des Imaginären durch die Wahrnehmungsperversion der Medienindustrie akzeptieren will, dann offenbart sich am Scheitern des Textes, dass jenseits dieser Maschinerie kein authentischer Ort des Imaginären mehr verfügbar bleibt. In dieser Misere nutzt die Berufung auf den romantischen Reflexionsroman nicht mehr viel, auch wenn man ihn in der Forschung bereitwillig aufgegriffen und durchbuchstabiert hat (vgl. Herwig 1987).

Interessant ist, wie Botho Strauß die Situation vierzehn Jahre nach dem Erscheinen des *Jungen Manns* sieht, gerade mit Blick auf das Paradigma der Postmoderne, in dem man den Roman diskutiert hat. In seinem Text *Zeit ohne Vorboten* (1998) schreibt der vom Kultur- und Medienbetrieb zurückgezogen lebende Autor: »Die Moderne geht keineswegs mit Parodie oder Postmoderne zu Ende, sondern sie verschwindet im Bruch mit der Poesie unseres Denkens insgesamt.« (Strauß 1999, S. 100). Das ist sicherlich eine exakte **Diagnose des Kulturrahmens** *nach* **der Postmoderne**. Im Bruch mit der »Poesie unseres Denkens« insgesamt wird die Distanz deutlich, die

uns nunmehr von der Postmoderne und ihrem Literaturbegriff
trennt.

Die gedankliche Analyse des gesellschaftlichen Zustands, die der
Essayist Strauß meisterhaft beherrscht, und die Stofflichkeit der Er-
zählpassagen kontrastieren im *Jungen Mann* in krasser Form. Der
Anspruch, postmodern – das heißt hier: im vollen Bewusstsein der
posthistorischen Lage des Romans – zu erzählen und die Umsetzung
dieses Anspruchs gehen nicht zusammen. Die architextuelle Sphäre
des Romans war die Authentizität des geschichtlichen Raums, der
seinen fiktiv-imaginären Räumen ständig korrespondiert. Nur in
diesem Medium gibt es so etwas wie eine selbständige und wirksame
Textualität des Romans; jenseits davon ist der Roman ein Medienprodukt unter anderen Medienprodukten, als **Konsumgegenstand**
ohne Bezug zur Realität, da diese vollständig mit der Konsumwelt
identisch geworden ist. So kann man den *Jungen Mann* als Dokument der Schwelle betrachten: Der Übergang vom geschichtlichen
Erzählen in ein nachgeschichtliches, vom Roman als ständig sich
verändernde Textualität zum Roman als reduktionistisches Abbild
dieser Textualität vollzieht sich über dieses letztlich monströse, bei
der Lektüre in seine Bestandteile zerfallende Buch. Vielleicht ist es
bezeichnend, dass Strauß sein Werk im Untertitel nicht »Roman«
nennt (obgleich diese Benennung sicherlich im Sinne des Verlags gewesen wäre).

In einem nachgeschichtlichen Raum ist der Roman all seiner
Funktionen beraubt, die ihn zu einem Leitmedium der Gutenberg-
Ära gemacht haben. Jeder kann jedem alles erzählen; was erzählt
wird, ist jenseits aller Relevanz, weil die Präsentationsformen der
Medienindustrie mit ihrem Leitmedium Fernsehen das Kriterium
der Relevanz selbst ad absurdum führen; Qualitätsfelder des Erlebens werden vom Medium selbst permanent inszeniert und verlieren
so ihre Anschließbarkeit an die subjektiv authentische Biographie.
Das letzte **Refugium des Romans** ist unter diesem Bedingungen das
selbstbezügliche Spiel, jenseits aller Referenz auf eine gesellschaftliche Wirklichkeit (vgl. Kap. 3.2.1 und 3.2.2). Die Gattung erscheint
somit in ihrer posthistorischen Ausprägung vollständig auf ihre Be-
dingungsmomente als **kalkulierbares Artefakt** zurückgeworfen.

Ein Merkmal dieser nachhistorischen Situation, in der der Roman seine Relevanz als wirklichkeitskonstitutives Medium eingebüßt hat, ist die Selbstläufigkeit des Betriebs und die in ihr als
Hauptparole kursierende gegenseitige Aufforderung zum Weiterschreiben. Das hat Klaus Briegleb in seinem literaturgeschichtlichen
Artikel zur Postmoderne klar herausgearbeitet: »So wird es auch

künftig immer wieder denselben ›realistischen‹ Weitererzähl-(Förder-) Betrieb geben.« Die Literaturwissenschaft komme, so Briegleb, dieser Entwicklung nicht hinterher, weil von ihr »kein Beitrag zur kritischen Sondierung der Unterschiede zwischen ›politisch-diskursiver‹ und ›literarischer‹ Sprache zu erwarten« sei. »So überläßt sie den Werbetextern das Feld, die unsere Wahrnehmungen auf die Käuflichkeit des Wahrgenommenen zurückphilosophieren.« (Briegleb 1992, S. 377f.).

Im Nachhinein betrachtet, treffen diese Sätze den Kern der deutschen Postmoderne-Diskussion in der Literatur. Die Entdifferenzierung der Diskursebenen kann als das bleibende Resultat dieser Debatten angesehen werden. Das führte dazu, dass man vom Roman gleichzeitig alles und nichts erwarten wollte: Den neuen Mythos sollte er bringen, und zugleich wurde er zur zeitgeschichtlich-medialen Marginalie erklärt (vgl. Wilke 1992).

Entsprechend wurden auf literaturwissenschaftlicher Ebene an Romanen wie *Der junge Mann* Mythostheorien aller Art erprobt, und zwar zumeist unter Ausblendung des medientheoretischen Kontextes, in dem der Roman solche Mythen nurmehr fingieren kann. Das bei Strauß wie bei einigen anderen Autoren der Postmoderne durchaus vorhandene Raunen und Beschwören bestimmter Gedanken und Bilder sollte aber nicht unmittelbar als Präsentation eines neuen Mythos missverstanden werden. Vielmehr gilt, was eine neuere Arbeit zum jungen Botho Strauß thesenhaft feststellt: »Strauß' literarische Sprache erwächst aus der historischen Reflexion politischer und ästhetischer Lebensformen innerhalb der ›Medienzivilisation‹ (Eckhoff 1999, S. 2; zur kritischen Auseinandersetzung mit diesem Problemfeld vgl. Renner 1988; Berka 1991; Rügert 1991; Funke 1996). In diesem Zusammenhang hat Strauß selbst die Fortsetzung seines Schaffens nach dem *Jungen Mann* hineingestellt, ohne sich noch einmal explizit auf das Genre ›Roman‹ zu beziehen.

Weniger diffus als bei Strauß tritt das Motiv des neuen Mythos in **Christoph Ransmayrs** *Die letzte Welt* (1988) auf. Mit einem Schlag schien sich der deutschsprachige Roman in neuer schillernder Ausführung zu präsentieren. Ransmayr treibt ein **intertextuell-phantastisches Spiel** mit Ovids *Metamorphosen* und der – historisch belegten – fiktiven Erzählung von der Verbannung des Dichters an einen wüsten Ort am Schwarzen Meer (vgl. Bartsch 1990; Glei 1995).

Dieser Roman ist in einem ebenso deutlichen Sinne als postmodern zu bezeichnen wie *Das Parfum* von Süskind. Das betrifft insbesondere seine **Selbstgenügsamkeit als Artefakt**. Die Autonomi-

sierung des intertextuellen Bezugs auf die *Metamorphosen* lässt diesen Bezug rasch zu einer **Zauberkiste der Motivzitate** werden, die
immer nur wieder auf sich selbst zurückverweisen. Zwar legt der
Text eine allegorische Lesart nahe, indem er die geografische Verbannung des Dichters und die traumatische Konfrontation mit seiner eigenen Figurenwelt – die überdies die mythische Figurenwelt
der Antike ist – verknüpft und damit die (Ver)bannung des Dichters
in seine selbst erzeugten und zugleich außer ihm existierenden Bil-
derräume suggeriert. Doch scheint auch dieser Abstraktionsgrad auf
merkwürdige Art und Weise selbstbezüglich und selbstgenügsam.
Die letzte Welt bietet eine perfekt aufpolierte Oberfläche aus faszi-
nierenden Versatzstücken, – der Mythos als jederzeit auf- und abruf-
bares Bilderarsenal.

Der viel beschworene neue Mythos liegt einerseits in Ransmayrs
dunkel raunendem Ton und andererseits im Spiel mit dem mythischen Potential der Antike begründet, die sich in Ovids *Metamorphosen* niedergeschlagen hat (vgl. Anz 1997). Ein Mythos ist aber etwas anderes als ein Spiel mit Motiven, ebenso wie die ›Arbeit am
Mythos‹ einen anderen Charakter hat, als Ransmayrs obskure Allegorik nahe legt (vgl. Blumenberg 1989). Ransmayrs zweiter Roman
hat zwar, wie sein erster und sicherlich bemerkenswertester (*Die
Schrecken des Eises und der Finsternis*, 1983) viel Diskussionsstoff ge-
liefert. An der Feuilleton-Auseinandersetzung über seinen dritten
Roman mit dem Titel *Morbus Kitahara* (1995) erwies es sich jedoch
als Gewissheit, dass diese Form des pseudomythischen Schreibens
bald aus der Mode kommen musste. Die geschlossenen Bildräume
der *Letzten Welt* und von *Morbus Kitahara* mussten nach einiger
Zeit als steril und hyperallegorisch empfunden werden. Damit ist
zugleich das Ende einer für den deutschen Sprachraum typischen
Ausformung der postmodernen Literatur und ihrer von vielfältigen
theoretischen Momenten bestimmten Diskussion angezeigt (zu
Ransmayrs Romanen insgesamt vgl. *Die Erfindung der Welt*, 1997).

Die Geschichte der postmodernen Literatur und insbesondere
des postmodernen Romans ist in ausführlicher Form noch nicht geschrieben (Ansätze hinsichtlich der deutschen Literatur finden sich
bei Lützeler 1991; Schnell 1993, S. 446ff.; die ausführlichste Darstellung zum Thema in internationaler Sicht bietet bislang Bertens
1995). Im Hinblick auf den Roman kann man in dieser Phase
nochmals eine fundamentale Hochschätzung der Gattung sehen.
Dies vor allem, da die Grenzen zwischen Fiktion und Realität, deren
Errichtung zu wesentlichen Teilen dem realistischen Roman zu verdanken war, im Rahmen der Metafiktion zum Einsturz gebracht

werden sollten. Denn dieselben fiktionalen Mittel, mit denen Realität suggeriert werden sollte, konnten jetzt als Spielpotential zur Relativierung des Realitätsbegriffs und seiner konstruktiven Bedingungen herangezogen werden. Gerade der Roman demonstrierte in den siebziger, achtziger und frühen neunziger Jahren, dass es in ihm um unterschiedliche **Arten und Weisen der kognitiven Welterzeugung** ging, deren Grundlage immer das Spiel mit fiktivem Material ist. So wurde die eminente Rolle des Romans für die diskursiven Ordnungen der Neuzeit nicht zuletzt durch die Romanpraxis noch einmal unterstrichen, mithin seine Architextualität als historisch wirksames Phänomen der Neuzeit. Zugleich aber sah man das **Ende der Fiktionen** gekommen, setzte sich die Vermutung durch, die Neuentdeckung der Spielpotentiale des Erzählens bedeute zugleich den Ausverkauf der Fiktionen und ihrer Wirksamkeit.

3.2 Kombinatorik, Performativität und das Ende der Fiktionen

Das Thema ›Roman‹ stellt sich in und nach der Postmoderne als weitaus komplizierter dar, als man gemeinhin annimmt. Gilt für eine breite Masse der Roman als ein Werk, in dem eine im weitesten Sinne realistische und kontinuierliche Erzählweise geübt wird, die Vorgänge aus der äußeren und inneren Wirklichkeit abbildet, so scheint für die meist akademisch vorgeprägten Spezialisten der Metafiktion der Roman im selbstreferentiellen Spiel der Fiktionen angekommen. Auf beiden Ebenen tritt er als in sich abgeschlossenes Produkt auf, als stereotypes Marktsegment, als Wiederholungsphänomen des immer Gleichen, das von Autor zu Autor und von Buchmesse zu Buchmesse mehr oder weniger starken Variationen unterliegt.

Während aber die scheinbare Fortführung oder Wiederentdeckung des Realismus im Roman wohl eine Art historische Sinnestäuschung darstellt, die weniger auf das Realismus-Phänomen der Vergangenheit als auf eine von den Medien zugerichtete Hyperrealität Bezug nimmt, wirkt der Experimentalismus im Erzählen inzwischen angestrengt und erschöpft. **Die Artistik einer performativen Erzählpraxis hat sich totgelaufen**, das Spiel mit den Fiktionen, das Borges in der Mitte des Jahrhunderts erstmals in voller Breite exponiert hatte, verliert zum Ende des Jahrhunderts bereits wieder an Faszination.

Eine Zeit lang hatte dieses Moment Hochkonjunktur, das **Spiel mit Schein und Wirklichkeit als Spiel mit dem Leser**, und sein wirkungsvollster Exponent im Roman war in den frühen achtziger Jahren zweifellos Italo Calvino. Der Spielstatus des Erzählens zeigte einen letzten Begriff von Avantgardismus an. Zugleich meldeten sich Stimmen, die von einem Ende der Fiktionen gesprochen haben; am deutlichsten und nachhaltigsten Wolfgang Hildesheimer (vgl. Kap. 3.2.1). Zwischen Kombinatorik, Performativität und Abgesang schwankte der Roman der Postmoderne hin und her und zeichnete das Bild einer langgezogenen Agonie seiner Potentiale.

Dennoch vermochte gerade diese zwischen Fiktion, Metafiktion und Absage an alles Fiktive oszillierende Textsituation einen wirklichen **Jahrhundertroman** hervorzubringen: im Jahre 1978 *La vie mode d'emploi* (*Das Leben. Gebrauchsanweisung*) von Georges Perec. Ein Roman, der die gesamte Geschichte des Romans, die Architextualität seiner narrativen Schichtungen, die Potenzierung seines Fiktionalitätsstatus mitsamt seiner Zerstörung enthält. Ein Kompendium der Geschichten und ihrer Kombinatorik, ein Lexikon, aufgrund dessen diese Kombinatorik immer wieder neu organisiert werden kann, eine erzählerische Kraft, die bei aller Experimentalität ursprünglich zu sein scheint und die das Experiment um seiner selbst willen längst verabschiedet hat. Angesichts dieses Buches wird der Gedanke zur Gewissheit, dass das wahre Kunstwerk, wo es denn einmal erscheint, alle Diskussionen hinter sich lässt, indem es alle zugleich in sich aufnimmt und zum Verstummen bringt. Perecs früher Tod, 1982 im Alter von 46 Jahren, war zugleich der Abbruch einer ingeniösen Erneuerungstendenz des Romans durch einen Autor, der pikanterweise durch den extremen Experimentalismus der Gruppe OULIPO (Ouvroir de la littérature potentielle) vorgeprägt war (vgl. Kap. 3.2.2).

3.2.1 Spielstatus

Das Spiel nimmt unbestreitbar eine Schlüsselrolle im Kulturationsprozess des Menschen ein. Vom *Homo ludens* (Huizinga) bis zu den »Simulationen des [...] unendlichen ludibriums« (Strauß 1999, S. 47) erstreckt sich jedoch die Spannbreite der Wertzuschreibungen des Spiels, die keineswegs interkulturell konstant oder auch nur vergleichbar wären. Ist der Mensch einerseits grundsätzlich ein ›spielendes Wesen‹, so verliert er sich andererseits bei der Absolutsetzung des Spielstatus als äußerste Kennmarke seiner Kultursituation in der

Beliebigkeit. Die Frage, wann Literatur Spaß mache, beantwortet sich also keineswegs im Verweis auf den intelligenten Spielstatus ihrer Manifestationen. Ein rein spielerischer Literaturbegriff kann sich rasch ins Jenseits aller Relevanz manövrieren. Zudem ist das Spielerische oder der Spieltrieb in der Literatur permanenten Modifikationen unterworfen, betrachtet man nur die historische Strecke zwischen Schillers Spieltriebbegriff und der Postmoderne (zum Spiel, anthropologisch und literarisch vgl. Marx 1966, Callois 1982, Marino 1985; Anz 1998).

Der Erfolg des Romans von Italo Calvino *Wenn ein Reisender in einer Winternacht* (1979) ist nicht zuletzt auf die historische und literarhistorische Situation seines Erscheinens zurückzuführen. Hundert Jahre der Diskussion um die ästhetische Moderne liegen hinter dem Autor und gipfeln in der Erkenntnis, dass weder der Roman noch das Erzählen in den Strukturen dieser Diskussion aufgehen können. Der verbissene und nicht selten ideologische Ernst, mit dem der Kampf um den Roman zwischen Realismus und Experimentalismus geführt worden ist, hat keinen Sinn mehr. In diesem historischen Augenblick wirkt das Spiel mit dem Erzählen und mit dem Leser wie eine Befreiung. Das geht so weit, dass der Leser selbst zum Helden des Romans wird: »Du schickst dich an, den neuen Roman von Italo Calvino *Wenn ein Reisender in einer Winternacht* zu lesen. Sammle dich. Entspanne dich. Schieb jeden anderen Gedanken beiseite. Laß deine Umwelt im Ungewissen verschwimmen. Mach lieber die Tür zu, drüben läuft immer das Fernsehen. [...] Such dir die bequemste Stellung: sitzend, langgestreckt, zusammengekauert, liegend.« (Calvino 1983, S. 7).

So beginnt Calvinos Roman, der sich in der Folge zu einer **Parodie auf die Lese- und Erzählsituation** auswächst, um abrupt abzubrechen, als der Leser merkt, dass sich der Text wiederholt, weil das Exemplar, das er gekauft hat, falsch gebunden ist, und dass er sich eigentlich in einem polnischen Roman eines ganz anderen Autors verirrt hat, der sich später als kimmerischer Roman herausstellen sollte. Der Text setzt sich aus zehn Romananfängen zusammen, die von Zwischenkapiteln unterbrochen sind und die allesamt unterschiedliche Spielarten des Romans parodieren, vom phantastischen über den realistischen, den erotischen bis zum Trivialroman. Auf seiner Suche nach dem Roman *Wenn ein Reisender in einer Winternacht* verliebt sich der Leser in eine Leserin namens Ludmilla, die er während dieser Suche kennenlernt und die sich als die ideale, leidenschaftliche Leserin entpuppt. Am Ende heiratet der Leser Ludmilla, und der Autor bekennt gegenüber dem Leser: »Du bist selber nur noch der Komplize der allumfassenden Mystifizierung.« (Calvino: *Wenn ein Reisender ...*, S. 262).

Man bemerkt sofort den **rezeptionsästhetischen Impuls** hinter dem Werk, der nun aber zu einem Spiel von Permutationen der Rezeption und des Rezipienten schlechthin geworden ist. Literatur geht als Phänomen ganz in ihrer performativen Potenzierung auf; der Roman ist im Prinzip dazu da, eine oder mehrere Thesen über den Roman kombinatorisch umzusetzen. Die permanent vorherrschende Sprachhandlung ist nicht mehr die des Erzählens, sondern die **eines Erzählens über das Erzählen und über das Lesen.** Das Spielfeld des Erzählerischen scheint voll ausgeleuchtet, das gilt für den Autor ebenso wie für den Leser und seine ihm angetraute Leserin. Calvinos Text wird dabei selbst zu einem phantastischen Roman, der in sich scheinbar alle Romanarten aufgenommen und parodistisch durchgearbeitet hat; eine Art **posthumes Märchen des Romans und seines Lesers**, eine Mystifikation des Kombinatorischen eben und keine pseudowissenschaftliche Vermittlung rezeptionsästhetischer Thesen. All das gelingt, nicht weil die Kombinatorik des Spiels so beeindruckend wäre, nicht weil der Erkenntniswert der Struktur ins Auge stechen würde, nicht weil irgendeine Art von hochkulturellem Anspruch umgesetzt würde: sondern weil es der Autor mit einer Leichtigkeit vorträgt, die unmittelbar jede tiefschürfende Interpretationslust unterläuft, die das Lesen als Akt der Unterhaltung gelten lässt und dem Erzählen etwas von seinem ursprünglichen Zauber zurückgibt. Dass dies ausgerechnet aufgrund einer hybrid-parodistischen Totalmontage geschieht, spricht schließlich doch für den künstlerischen Wert des Textes.

Wie kein anderer Autor der Postmoderne hat sich Italo Calvino für eine Rehabilitierung des Märchenhaften und Phantastischen in der Literatur eingesetzt. In seiner Romantrilogie *Der geteilte Visconte*, *Der Baron in den Bäumen* und *Der Ritter, den es nicht gab*, zusammengefasst unter dem Titel *Unsere Vorfahren*, hatte Calvino schon in den fünfziger und sechziger Jahren eine neue Spielart des phantastischen Romans vorgelegt, die eng an Märchensituationen angelehnt war und die die **Abkehr vom Neorealismus** bei Calvino nachhaltig bezeugt. Der Einfluss von Borges dürfte auch hier schon entscheidend gewesen sein. Erst im Kontext dieser Abwendung vom *neorealismo* der Nachkriegszeit, die einhergeht mit der Abwendung Calvinos von der italienischen Kommunistischen Partei und damit von jeder Art marxistischer Literaturauffassung, wird klar, in welchem ideengeschichtlichen Kontext seine permutative und performative Spielpraxis erwachsen konnte. Dass man sie letzten Endes als prototypisch postmodern identifiziert hat, ist so gesehen durchaus konsequent (vgl. Hume 1992).

In seinen viel beachteten *Sechs Vorschläge(n) für das nächste Jahrtausend* plädiert Calvino für die Erneuerung der Erzählliteratur unter Bezugnahme auf fünf zentrale Prinzipien: **Leichtigkeit, Schnelligkeit, Genauigkeit, Anschaulichkeit und Vielschichtigkeit.** Der sechste Vorschlag *Haltbarkeit* konnte von Calvino nicht mehr ausgeführt werden; er starb über der Niederschrift dieser für Harvard konzipierten Vorlesungen. Sofort fällt auf, dass die dargelegten fünf Prinzipien nicht mehr auf bestimmte Gattungsebenen bezogen werden, sondern dass sie für sich stehen und auf eine bestimmte zukünftige Tendenz der Literatur abzielen. Sie stehen für eine **intelligente Unterhaltungsliteratur**, fern von aller philosophischen oder sozialkritischen Schwere. Hinsichtlich des Romans spricht Calvino vom ›Hyperroman‹ und verweist auf sein Werk *Wenn ein Reisender in einer Winternacht*: »Meine Absicht war, die Essenz des Romanhaften auszudrücken, indem ich sie in zehn Romananfängen kondensierte, die sich auf ganz verschiedene Weise aus einem gemeinsamen Kern entwickeln und sich in einem Rahmen bewegen, der sie bestimmt und von ihnen bestimmt wird.« (Calvino 1991, S. 161).

Calvinos Vertrauen in die ursprüngliche Kraft und die elementare Funktion der Phantasie ist ungebrochen; für ihn ist Borges der Initiator einer »ins Quadrat erhobenen Literatur und zugleich einer Literatur als Ziehung der Quadratwurzel ihrer selbst« (Calvino 1991, S. 74). Damit beginne, so Calvino, eine neue Epoche des Literarischen, die **Epoche der *potentiellen Literatur.*** Das ist Calvinos Element, er selbst war Gründungsmitglied jener Gruppe OULIPO, die die potentielle Literatur zur Literatur der Zukunft erklärte. Dieser Haltung liegt der Glaube zugrunde, dass erst eine sich ihrer unendlichen Potentialität bewusste Phantasie zur Freisetzung aller literarisch überhaupt denkbaren und vor allem undenkbaren Möglichkeiten in der Lage ist: »Die Phantasie ist eine Art elektronische Maschine, die alle irgend möglichen Kombinationen durchprüft und diejenigen auswählt, die einem bestimmten Zweck entsprechen oder einfach die interessantesten, schönsten, amüsantesten sind.« (Calvino 1991, S. 127).

In Calvinos Ansatz liegen für den Roman scheinbar ungeahnte Möglichkeiten und **ins Unendliche weisende Permutationen**. Seine Vorschläge wurden wohl deshalb so begeistert diskutiert, weil hier ein Autor jenseits allen Kulturpessimismus auf ebenso überzeugende wie entspannte Art und Weise die Überzeitlichkeit des Literarischen hervorgehoben hat. Die Welt der Fiktionen bricht jetzt erst auf, nachdem sie unter der Glocke der Religion und der Ideologien stets eingeengt war und unter permanentem Rechtfertigungsdruck stand. Das sind Calvinos Thesen kurz vor seinem Tod Mitte der achtziger Jahre.

Zur gleichen Zeit zieht mit Wolfgang Hildesheimer in Deutschland ein Autor ganz andere, geradezu entgegengesetzte Schlüsse aus dem nachmodernen Spielstatus des Erzählens. Hildesheimer spricht, indem er seine Aufsehen erregende Romanbiographie *Marbot* 1981 vorlegt, offen und mit Nachdruck vom **Ende der Fiktionen**, das für ihn ein Ende des Schreibens mit einschließt. *Marbot* ist eine Biografie über einen Kunsthistoriker im ersten Drittel des 19. Jahrhunderts, der nie existiert hat. Eine Biographie, deren Fiktionalität sich dem Leser erst nach und nach, wenn überhaupt, erschließt. Hildesheimer geht es um die Durchbrechung der Grenzziehung zwischen fiktiv und real. Das Fiktive wird zu einem fundamentalen Problem, da es sich als Bedingungsmoment der kognitiven Konstruktivität schlechthin erweist und damit sowohl die Kategorie des Wirklichen als auch die des Erfundenen zur Disposition stellt. An die Stelle der Dichotomie von wirklich und fiktiv tritt die monokausale Dimension der kognitiven Konstruktion, die für beide Ebenen gleichermaßen gilt.

Hildesheimer will jedoch alles andere als ein unterhaltsames und geschickt aufgezogenes Spiel vorführen. Sein Anliegen bezieht sich auf den **Wert des Kunstwerks**, der sich unter diesen Bedingungen grundlegend relativiert. Der fiktiv vollkommen konstruierbare Mensch kann nicht mehr die reale Quelle eines metaphysischen Grundes sein, auf dem die Substanz des Kunstwerks wurzelt. Damit hat Hildesheimer auf verblüffende Weise den Kunstanspruch aller fiktiv verfahrenden Erzählkunst als Falsifikat dekuvriert. Das betrifft natürlich in erster Linie den Kunstanspruch des Romans. Mit dem Ende der Fiktionen hat sich die historische Dynamik des Romans endgültig erschöpft: »Die Funktion der Literatur ist ja, nicht Wahrheit zu Fiktion, sondern Fiktion zu Wahrheit zu machen: Wahrheit aus Fiktion zu kondensieren.« (Hildesheimer 1984, S. 238).

Das Ende der Fiktionen markiert also nicht in erster Linie das Ende des künstlerisch Fiktiven, sondern den Zusammenbruch der dichotomischen Konstruktion von *wirklich* und *fiktiv* als Ganzer, und zwar im Horizont eines substantialistischen Kunstbegriffs. Eine Konstruktion, in der das Bild des Menschen eingefügt war, wie es Kunst und Literatur, und hier seit dem 18. Jahrhundert vor allem der Roman, entworfen haben. Denn auf dem Fiktiven lastete der Anspruch, das Reale widerzuspiegeln, und wichtigster Agent dieses

Verfahrens war der Roman. Die Kohabitation von äußerstem Kunstanspruch und der Poetologie des Realismus, wie sie bei Flaubert
kulminiert war, wurzelt eben in dieser Disposition. Hildesheimers
Feststellungen, die er in *Marbot* dichterisch umsetzt, betreffen also
die Architextualität des modernen Romans in zentraler Art und
Weise. Der Anbruch der Postmoderne und die damit vollzogene
Projektion eines umfassenden Spielstatus auf den Roman ist für Hildesheimer gleichbedeutend mit dem Ende des Romans, was
wiederum das Ende des durch den Roman wesentlich mitgeprägten
Kunst- und Realitätsbegriffs einschließt. Anstatt zu spielen und zu
kombinieren, sollte, so Hildesheimer, der Schriftsteller von heute
lieber vom Schreiben ablassen: »Es ist mir unverständlich, wie sich
jemand heute noch hinsetzen und eine fiktive Geschichte schreiben
kann, die unsere Gesellschaft oder Symptome unserer Gesellschaft
wiedergibt. Der Schriftsteller unserer Zeit hat von unserer Realität
keine Ahnung mehr«, so Hildesheimer in einem Interview mit der
Zeitschrift *Stern* im April 1984 (vgl. Neumann 1986, Jehle 1990;
Hillebrand 1993, S. 439 – 446; Hirsch 1997).

An diesem Punkt also scheiden sich die Geister, die spielfreudi-
gen postmodernen und die kulturpessimistischen spätmodernen.
Hildesheimer sieht nicht, dass die so genannten Postmodernen, und
hier am konsequentesten Calvino, längst auf den von ihm noch als
unverzichtbar postulierten substantialistischen Kunstbegriff verzich-
tet haben. Wenn der Realitätsverlust total ist, dann bleibt nur noch
das unverbindliche, selbstbezügliche Spiel. Dahinter steht ein vollkommen **umfunktionierter Kunstbegriff**. Zwischen Calvinos *Sechs
Vorschlägen* und Hildesheimers *Ende der Fiktionen* bleibt eine grundsätzliche Frage zunächst offen, nämlich die nach dem Romankunst-
werk jenseits dieser bipolaren Situation. Das wiederum impliziert
die Frage, ob aus der Architextualität des Romans, aus seiner hybriden Bezugnahme auf die Totalität, noch etwas zu machen ist, ob
sich daraus neue Wege ergeben.

Während Calvino diese Frage ohne Umschweife bejaht, geht es
für Hildesheimer an diesem Punkt nicht weiter. Ein Problembe-
wusstsein für die Lage des Romans am Ende des 20. Jahrhunderts
hätte sich aber genau auf diesen Punkt zu konzentrieren. Die gesamte Architextualität des Romans seit der Romantik steht dabei zur
Disposition. Epische Breite erscheint genauso anachronistisch wie
das experimentelle Spiel redundant. Im komplexen Bezugsrahmen
von Kunstanspruch, Erzählparodie und Lesevergnügen konstellieren
sich die Kräfte immer neu und im Rückgriff auf bekannte Muster.
Die Phase des Innovatismus ist damit unwiderruflich vorbei; gerade

der Roman war als scheinbar uneingrenzbares artistisches Terrain durchgehend Schauplatz solcher Neuerungen gewesen.

Interessant ist die Tatsache, dass der Roman, dort, wo er noch einmal in Angriff genommen wird, noch immer ein Koordinatensystem der Totalität aufbaut, das sich nun aber grundlegend von dem in der Romantik wie im Realismus begründeten Horizont der Totalität unterscheidet. Unter diesem Aspekt soll im Folgenden der schon erwähnte Roman *La vie mode d'emploi* von Georges Perec betrachtet und durch einen Blick auf den seinerzeit Aufsehen erregenden Text *Commedia* (1980) des Schweizers Gerold Späth kontrastiert werden.

3.2.2 Weltspiel. Totalität als kognitive Konstruktion

In seinen *Sechs Vorschlägen* bezeichnet Italo Calvino Perecs Roman als

»das bislang letzte wirkliche Ereignis in der Geschichte des Romans. Und dies aus vielerlei Gründen, als da wären: der grenzenlose und dennoch solide zu Ende geführte Plan, die Neuheit der literarischen Durchführung, das Kompendium der erzählerischen Tradition und die enzyklopädische Summe von Wissensinhalten, die ein Bild der Welt entstehen lassen, der Sinn für ein Heute, das auch aus akkumulierten Vergangenheiten und aus dem Schwindel vor der Leere besteht, das ständige Mitschwingen von Ironie und Angst – kurzum, die ganze Art und Weise, wie hier die Verfolgung eines strukturellen Projekts und das Unwägbare der Poesie ineinsfallen.« (Calvino 1991, S. 161f.).

Diese Aussage Calvinos ist deshalb bedeutungsvoll, weil sie die Lektüre von *La vie mode d'emploi* nicht auf eine eindimensionale Rekonstruktion begründet, sondern ihr all die rationalen, affektiven und emotionalen Werte zuerkennt, die der Roman seit alters her transportiert hatte. Zu behaupten, man habe es hier mit einem *Lexikonroman* zu tun oder mit einem rein regelgeleiteten Experiment, also mit einem Modell in der Spätfolge der experimentellen Literatur, führt direkt an der universellen und **enzyklopädischen Fülle von unzähligen Lektüreräumen** vorbei, die sich dem Leser spontan öffnen. Zwar »gehen Welterzeugung und Selbsterfahrung im Spiel der Lesarten Hand in Hand« (Bauer 1989, S. 124), doch geschieht dies keineswegs auf der **kognitiv-technischen Konstruktionsebene**, die die Rezeptionsästhetik und in ihrer Erweiterung die Kognitionstheorie nahe legen. Perec demonstriert nämlich vor allem, dass die

Sprach- und Motivspiele des Erzählens sich stets zu Erlebniszonen verdichten, in denen *das Leben* als Inbegriff der vom Roman inszenierten und reflektierten immanenten Bezugsgröße als Gesamtphänomen in Erscheinung tritt. **Welterzeugung** ist damit immer zugleich auch **Selbstzeugung** im Sinne der Herstellung kognitiver Räume und damit Erlebnis, Erfahrung und Erkenntnis in einer Einheit, einem Prozess. Der Leser bleibt nicht als amüsierter, jedoch interesseloser Spieler mit seinem Roman im luftleeren Raum der kognitiven Konstruktionen zurück, sondern erlebt ›Welt‹ als Ganzheitsphänomen aus den konstruktiven und kombinatorischen Teilen des Textes. Totalität wird als Anspruch in der ständigen Verschiebung seiner Einlösung erlebt; alles zielt darauf ab, aber nie wird es im Reinzustand der Vollständigkeit erreicht.

Perec spielt dieses Szenario des Lesespiels im Roman auch theoretisch durch, und zwar indem er seinen Text, der, wie der Untertitel anzeigt, aus Roman*en* besteht, auf das Phänomen des *Puzzles* bezieht. Das Spiel zwischen Autor und Leser entspricht dem zwischen dem Hersteller und dem Spieler eines Puzzles, so dass es zu einer Prästrukturierung durch den Autor kommt; doch stehen schließlich Autor und Leser in gleichem Maße vor dem nur im Schreib- oder Leseakt erfahrbaren unauflöslichen Bezugssystem zwischen den Teilen und dem Ganzen: »L'élément ne préexiste pas à l'ensemble, il n'est ni plus immédiat ni plus ancien, ce ne sont pas les éléments qui déterminent l'ensemble: la connaissance du tout et de ses lois, de l'ensemble et de sa structure, ne saurait être détruite de la connaissance séparée des parties qui le composent« (Perec: *La vie ...*, S. 248).

Der Roman besteht aus unzähligen Geschichten, die sich auf die Menschen eines Pariser Mietshauses in einem Zeitraum von etwa hundert Jahren bis zur Mitte der siebziger Jahre des 20. Jahrhunderts beziehen. Diese Geschichten sind im Anhang noch einmal zum größten Teil aufgeführt, so dass es möglich ist, unterschiedliche Kombinationen vorzunehmen und mehrere kombinatorische Wege einzuschlagen. Die Geschichten selbst gehen wiederum zumeist auf bestimmte Zitate aus der Weltliteratur zurück, wobei manche von ihnen ohne sprachliche Veränderungen in den Text montiert worden sind. Somit wäre der Roman nicht nur ein Puzzle von Romanen, sondern auch ein **Puzzle der Weltliteratur** und einer Vielzahl ihrer Stoffe.

Die fragmentierte Pluralität der narrativen Stile und der erzählten Stoffe entspricht dann aber auch exakt dem Aufbau der zentralen Geschichte des Buches, dem Puzzle-Projekt des Millionärs Bartlebooth. Dieses Projekt besteht darin, zuerst zehn Jahre lang die Kunst des Aquarellmalens zu erlernen, danach zehn Jahre lang durch die Welt zu reisen und insgesamt fünfhundert Seestücke anzufertigen, Hafenansichten allesamt, die in einem Rhythmus von vierzehn Tagen nach Paris an Gaspard Winkler geschickt werden, einem Handwerker, der damit beauftragt ist, die Aquarelle in Puzzles mit je 750 Teilen zu zerschneiden. Diese Teile will der von seiner Weltreise zurückgekehrte Bartlebooth zwischen 1955 und 1975 wieder zusammenfügen, um sie daraufhin in einem speziellen Lösungsmittel restlos und spurlos zu vernichten.

Dieses weltumspannende Lebensprojekt ist also darauf angelegt, vollständig im Nichts zu verschwinden; das Nichts ist Bartlebooths Ziel. Bei diesem Projekt geht es, wie es im Text heißt, um nichts weniger als um ein Äquivalent zur Totalität des Lebens:

»Imaginons un homme [...] dont le désir serait, [...] de saisir, de décrire, d'épuiser, non la totalité du monde – projet que son seul énoncé suffit à ruiner – mais un fragment constitué de celui-ci: face à l'inextricable incohérence du monde, il s'agira alors d'accomplir jusqu'au bout un programme, restreint sans doute, mais entier, intact, irréductible.« (Perec: La vie..., S. 156).

Totalität wird **als Fragmentarismus** wieder aufgerufen, und zwar keineswegs nur ironisch, sondern systemimmanent konstitutiv, das bedeutet: unabdingbar für den **Roman, der aus Romanen besteht.** Das Ziel wäre das Nichts, die andere Seite der Totalität, aber dieses Nichts muss hergestellt, erarbeitet werden. Das Spiel ist zweck- und sinnlos, betrachtet man es von außen, es hat seinen Zweck und seinen Sinn jedoch im inneren Ablauf seiner selbst gesetzt, indem es die Sinnlosigkeit und das Nichts bewusst anvisiert. So weist Bartlebooths Plan alle grundlegenden Aspekte eines Totalitätsprojekts der alten Romanschule auf: moralische, logische und ästhetische. Insbesondere letzteres Moment beinhaltet die Dimensionierung im Spannungsfeld einer Totalität des Nichts: »le projet se détruira lui-même au fur et à mésure qu'il s'accomplirait; sa perfection serait circulaire: une succession d'événements qui, en s'enchaînant, s'annuleraient: parti de rien, Bartlebooth reviendrait au rien, à travers des transformations précises d'objets finis.« (Perec: La vie ..., S. 157).

Damit greift Perec in erstaunlicher Weise noch einmal auf die gesamte Architextualität des modernen Romans aus. Dieser Aspekt interessiert uns hier am meisten, verweist er doch auf eine Verbindung der Zukunft mit der Vergangenheit des Romans in einem genuinen poetologischen Medium. Nur haben sich jetzt die Voraussetzungen umfassend geändert. An die Stelle eines organisch gesetzten und stilistisch bis in die kleinsten Einzelheiten ausgefeilten Intensiv-Romans ist der **Fragmentarismus eines Weltspiels aus Teilen** getreten, das seine Relevanz ironischerweise aus dem systematischen Abbau jeder Relevanz im Romanverlauf bezieht. Indem der Roman das Nichts, das er angesichts der Gesamtheit der kontingenten, inkohärenten und sublogischen Tatsache ›Welt‹ darstellt, selbst inszeniert, konstituiert er eine neue Qualität von Totalität, die in der Konstruktion, im Puzzle-Spiel, in der Leseraktivität des Zusammenbaus der Teile lagert. Genau diese Aktivität stand aber immer schon hinter dem Phantasma des Romans, das Ganze zu präsentieren, widerzuspiegeln oder abzubilden. Perec holt den Roman in seinen kognitiven und stofflichen Konstruktionsbedingungen gewissermaßen ein und betreibt so seine **Ressurektion aus dem Grab der Moderne.**

Der Roman, so könnte man folgern, ist eine Sache der Konstruktivität zwischen Autor, Leser und Text; diese Konstruktivität aber ist gleichbedeutend mit dem Erlebnispotential des Menschen angesichts seiner Lebensumwelt insgesamt. So wäre das Spiel des Textes mit der Welt und ihren Fragmenten eine gesteigerte Form des Spiels, das das Gehirn mit dem Fragmentarium ›Welt‹ aufzieht, aufziehen muss. Der vom Roman exponierte Begriff der Totalität wäre dann nicht anders denn als Komplementäraspekt der kognitiven Aktivität angesichts einer kontingenten Welt und ihrer fragmentarischen Erscheinungsweise für die Wahrnehmung zu verstehen (vgl. zum theoretischen Hintergrund dieser Überlegungen: *Der Diskurs des Radikalen Konstruktivismus* 1987)

Aber Perec ist als Künstler auch wiederum zu raffiniert, um die so aufgestellte Rechnung tatsächlich ganz aufgehen zu lassen. Bartlebooths Projekt scheitert am letzten Puzzlestein. Als der Millionär am 23. Juni 1975 über seinem letzten Puzzle stirbt, findet man noch eine einzige Lücke auf dem Tableau in Form eines X. Bartlebooth selbst aber hält ein Puzzleteil in Form eines W zwischen den Fingern. Das Puzzle geht nicht auf, das Projekt ist gescheitert und doch auch nicht gescheitert, denn zu scheitern war ja sein ureigenstes Ziel. Am Scheitern zu scheitern kann wiederum als der ironische Schlüssel zum Weltspiel ›Roman‹ begriffen werden, das sich keinem Projekt, so perfekt es auch ausgedacht sein mag, unterordnet und das sich auch noch seiner systemintern angelegten Nichtung verweigert. Der Roman ist kein kaltes Konstruktionsmuster, sondern konstituiert sich als die Kognition selbst übersteigende Faktizität in der Differenz zwischen X und W.

Dass Perecs Erzählen und Bartlebooths Projekt nicht in eins fallen, dass also der Autor des Romans mit seinem Romanprojekt nicht mit dem Lebensprojekt der Figur identisch ist, wurde von manchen Kommentatoren kritisch angemerkt, deckt sich aber vollkommen mit dem auf Unendlich gestellten Bauprinzip des Sprachspiels ›Roman‹ (vgl. Bellos 1994, S. 635 ff.). **Der Roman geht weiter als seine Projektierung und seine Konstruktion**, das Ganze der Teile durchstößt den Fragmentarismus der Struktur; der Roman also ist auf der Ebene der Wahrnehmung gleichbedeutend mit dem Leben, und zwar mit eingebauter Gebrauchsanweisung. Was aber wäre eine Gebrauchsanweisung wert, würde der Gebrauch sie nicht überflüssig machen?

Mit Perecs Meisterwerk hat sich der Roman eine Zone erobert, in der die zentralen Probleme gegenwärtiger Ästhetik zusammenfließen und erörtert werden. Die seit dem Poststrukturalismus auch theoretisch aufgeworfenen Fragen, welchen Wert Struktur und System für die Praxis haben, wie weit das Konstruktionskapazität der Kognition sich auf das Phänomen Sprache ausdehnen kann und wo seine Grenzen liegen, welche Beziehung Sprachspiel und literarische Produktion zueinander aufweisen, diese und andere Probleme nimmt Perec in seinen Bauplan mit auf. Damit führt er den extrem regelgeleiteten Experimentalismus der Gruppe *Oulipo* mittels der – angesichts des in ihr kultivierten und ausgebauten offenen Textbegriffs – eher konservativen Textualität des Romans in eine Zone, wo die Regeln im Horizont ihres Gebrauchs obsolet werden, ohne jedoch ihre Gültigkeit zu verlieren. Perec selbst hat **das poetologische Prinzip der** *contrainte*, einer den Schaffensprozess extrem einengenden Konstruktionsregel, schon vorher in die Erzählliteratur überführt. Mit seinen lipogrammatischen (Lipogramm = Text, in dem absichtlich ein Buchstabe vermieden wird) Romanen *La Disparition* (1969), einem Roman ohne den Buchstaben e, und *Les Revenentes* (1972), einem Roman ohne die Buchstaben a, o, u, begann bereits das Aufbrechen des Regelsystems gegenüber dem Phänomen der Wahrnehmung, wenngleich in diesen Versuchen das Regelhafte im Sinne des Lipogramms noch überwiegt. Perec fühlt sich den Aktivitäten der Gruppe *Oulipo*, insbesondere dem Gründer der Gruppe, Raymond Queneau, derart eng verbunden, dass man zu keinem Zeitpunkt von einer Abwendung Perecs von den Prinzipien und von der experimentellen Grundausrichtung der Gruppe sprechen kann (vgl. zu Oulipo: Oulipo 1973; Atlas... 1981; Oulipo 1998; Oulipo poétique 1999).

Dennoch steht sein Werk einzigartig in deren Horizont: Indem es bis an die Grenzen des experimentell Machbaren geht, durchstößt es diese Grenzen und kommt auf eine Grundsubstanz des Ästhetischen zurück, auf jenes Phantasma des Romans, das zugleich die Basis seiner architextuellen Dimensionierung bedeutet: Totalität. Totalität ist jetzt ein Spiel, aber ein Spiel auf dem Feld der für den Menschen biologisch konstitutiven Vorgänge der Kognition. Dadurch erscheint die Kognition selbst im Medium des Spiels, das Spiel jedoch ebenso im Medium existentieller Grundfragen. Spiel und Ernst, Ästhetisches und Existentielles verschwimmen, werden eins, der ästhetische Typus ist der Phänotyp der Stunde – mehr hatte der Roman nie gewollt, mit weniger hat er sich in seinen Hochphasen nie zufrieden gegeben.

Perec unterlegt seinem Roman ein zwar willkürlich gesetztes, in seiner Regelhaftigkeit aber strikt befolgtes Netz von Regeln und Bestimmungen auf linguistischer, mathematischer und kybernetischer Ebene. In einem fast hundert Seiten langen Anhang bietet sich die Möglichkeit, den Roman als Lexikon oder Enzyklopädie zu benutzen und immer neue Lesewege zu finden, die immer auch Wege der Entschlüsselung sind. *La vie mode d'emploi* ist somit auf all diesen Ebenen lesbar und birgt das Potential zu einem **unabschließbaren Multiperspektivismus** (vgl. Burgelin 1988).

Gerold Späth: Commedia

Kombinatorik des Spiels, Fragmentarismus und Metafiktionalität sind nicht nur bei Autoren wie Calvino oder Perec zu finden. Als eines der frühesten Romanwerke, die einem Spielplan folgen und den Leser zum Co-Konstrukteur erklären, gilt *Rayuela* von Julio Cortázar aus dem Jahr 1963. Herausragend im Sinne eines Spiels mit mathematischen Regeln in einem narrativen Kontext steht der so genannte Hortense-Zyklus von Jacques Roubaud, der ebenfalls aus dem Kreis von *Oulipo* hervorgegangen ist (*La belle Hortense*, 1985; *L'exile d'Hortense*, 1987; *L'enlèvement d'Hortense*, 1990). Als – ganz anders geartetes – Beispiel aus der deutschsprachigen Literatur soll hier der Roman *Commedia* von Gerold Späth angeführt werden.

Späth kann nicht mit den Versuchsanordnungen der potentiellen Literatur von *Oulipo* in Verbindung gebracht werden. Ihm fehlt der Bezug zur *Contrainte*, zur vorausgesetzten Regel. Dennoch bietet *Commedia* ein schier unerschöpfliches Kombinationsfeld von Erzählphasen, die sich in zwei Hauptteile aufspalten. Im ersten Teil mit dem Titel »Die Menschen« treten zweihundertdrei Ich-Erzähler auf, die nach- und durcheinander aus ihrem Leben erzählen. Der zweite Teil des Buches ist überschrieben mit »Das Museum« und hat scheinbar nichts mit dem ersten Teil zu tun. Das Problem der Lektüre besteht darin, im ersten Teil die Monologe der Figuren aufeinander zu beziehen, was scheitern muss, da sich kein einheitlicher Verständnisrahmen herstellen lässt. Ebenso wenig gelingt es, die im zweiten Teil dargebotene Welt der Gegenstände mit der Welt der Menschen in Beziehung zu setzen. Da das Buch selbst keine Strukturbildung für das Verstehen bietet, muss der Leser selbst Pläne zu einer solchen Strukturierung herstellen. Dadurch ist er zu einer kombinatorischen Lektüre gezwungen; leistet er sie nicht, zerfällt das Werk in seine einzelnen Passagen.

Die so herausgeforderte **Mitarbeit des Lesers an der Konstruktion des Textkonvoluts zu einem Romans** lässt jede Möglichkeit zu einer solchen Konstruktion offen, da von Seiten des Autors jegliche Hilfestellung verweigert wird. Damit legt Späth die **wohl offenste Form des Kunstwerks Roman** vor. Auch hier schwingt das Thema der Totalität noch mit, ja es ist zentral im Hintergrund des Textes situiert und kann als die eigentliche Bedürfnislage des Lesers begriffen werden, durch die er, angeregt und vermittelt durch die Textteile selbst, diese zu einem Labyrinth oder einem *Rhizom* verknüpft. Das Rhizom als komplexes Netz, als hybrides Wurzelwerk von Wegen und Abzweigungen ohne Anfang und Ende ist hier erneut die Evokation des architextuellen Horizonts der Totalität, in den der moderne Roman eingeschrieben ist. Schließlich liegt es ganz am Leser, dies herzustellen; Totalität ist also keine Sache der durch den Autor bewirkten Darstellung, sondern ein von Lektüre zu Lektüre variierender und differierender Interpretationsakt.

Der Leser als der eigentliche Autor des Romans, das scheint Späths Ziel zu sein. Damit inszeniert er das Verhältnis des Lesers zum Autor in Umkehrung aller traditionellen Erzählsituationen. Der Autor nimmt den Leser nicht mehr an die Hand, vielmehr macht sich der Leser auf, selbst zum Autor des Romans zu werden, den er gerade liest. Das Ende der Fiktionen verkehrt sich also in ein neues Beginnen, das entschieden vom Leser ausgehen muss. Der Leser vollendet nicht nur erst den Roman, er macht ihn überhaupt zu einem solchen, indem er die kombinatorischen Partikel einer Textvorgabe in die ihm gemäße und das heißt: Seiner Konstruktionskompetenz von Totalität gemäße Ordnung bringt und diese Ordnung beim nächsten Einstieg in den Text wieder anders herstellen wird. In einer Zeit, in der sich niemand mehr etwas erzählen lassen will, erzählt sich der Leser seinen Roman selbst, und zwar bei jeder Lektüre anders und neu. Totalität liegt jetzt in der Kognition, nicht mehr in einer äußeren Realität, die im Text abgebildet werden soll. Der Text bildet nichts mehr ab, sondern bietet ein Spielmaterial für die potentiell unendlichen Kombinationsmöglichkeiten des Denkens und des Kombinierens (zu Gerold Späth vgl. Bauer 1989, *Gerold Späth,* 1993).

Das klingt zwar originell, beinhaltet aber einen fatalen Zug zum Monologismus des Lesers angesichts einer Überfülle von Kombinationsmöglichkeiten, mit der man ihn allein gelassen hat. Überhaupt steht hinter solchen Experimenten, wie sie Späth vornimmt und wie sie die Rezeptionstheorie dankend begleitet, eine eigentümlich glatte und einsinnige Konstruktion vom Leser bzw. der Leserin. Es handelt sich immer um einen implizit vom Autor geschaffenen Leser, den es so in der Realität der Menschen und Bücher nicht gibt. Das ist ein Problem, um das man sich noch recht wenig gekümmert hat. Man liebt eben seine eigenen Fiktionen und Konstrukte mehr als ihre kritische Hinterfragung, auch in der Literaturwissenschaft.

Mithin erscheint es konsequent, dass sich nach so viel rezeptionsästhetischem Zauber, in dem man mit Recht die endgültige Überwindung der experimentellen Moderne im Roman erblicken mag, **der Wunsch nach der alten Erzählordnung** wieder einstellen musste. Während die Kritik diesen Zug zunächst vielfach als trägen Rückfall in die Vormoderne abgekanzelt hat, ist man inzwischen dahin gelangt, in dieser Entwicklung das hervorstechende Kennzeichen des Romans in der zweiten Hälfte der neunziger Jahre zu sehen.

3.2.3 Ausblick: Nach der Postmoderne

Zu Beginn des 21. Jahrhunderts spricht alles von der Wirklichkeit und Wirksamkeit der Medien, und so erscheint es opportun, daran zu erinnern, dass der Roman in den vergangenen vierhundert Jahren nichts weniger als ein Zentralmedium der abendländischen Bewusstseinsbildung gewesen war. Ob dies immer noch so ist, dürfte als eine entscheidende Frage betrachtet werden, die man heute an die Gattung Roman herantragen kann. Trotz der Relativierung des Gattungsbegriffs, die sich durch die Praxis des Romans im 20. Jahrhundert in allen Facetten vollzogen hat, kann man zu Recht behaupten, dass der Roman das vergangene Jahrhundert in herausragender Weise literarisch dominiert hat.

Auf einem artistischen Niveau hat der Roman dabei die Visionen in die Tat umgesetzt, die seit der Frühphase seiner modernen Poetik – in den ersten Zügen der Romantik – entwickelt worden waren. Dabei aber hat er die ihm im 19. Jahrhundert zugekommene Zentralität in der Darstellung von Wirklichkeit, ja in der Konstituie-

rung eines bestimmten positivistisch untermauerten Wirklichkeits-
begriffs im Laufe der Zeit restlos eingebüßt. Die Dezentrierung des
Romans aus dem großen Horizont empirischer und ästhetischer Totalität führte zu seiner Agonie und Auflösung im Spiel mit seinen
poetologischen Bestandteilen.

Das Projekt des modernen Romans kann rückblickend als **Aufsprengung aller ästhetischen Grenzen** in einem Textbegriff, der potentiell auf Totalität ausgerichtet war, beschrieben werden. Dass sich
diese Disposition zuletzt im Kreuzpunkt von spielerischer Kombinatorik und den tatsächlichen Vorgängen der menschlichen Kognition
wiederum auf der Ebene des Romans getroffen hat (vgl. Cortázar,
Perec, Roubaud), demonstriert die Unverwüstlichkeit der ihm
zugrunde liegenden Textualität. Der Roman könnte darin als eine
Art Metamedium erscheinen, das sich über die wechselseitige Relativierung der Medien künstlerisch erhebt (zum Medienbegriff im
Kontext der Gegenwartsliteratur vgl. Medien und Maschinen 1991;
Hörisch 1995; Inszenierte Imagination 1996; Hepp 1999).

Davon kann man jedoch gegenwärtig kaum sprechen. Der spie-
lerisch-ironische Experimentalismus der Postmoderne ist versiegt,
Pluralismus, Performativität und Kombinatorik haben ihren basalen
Reiz verloren. Die Vorstellung fiktiver Welten ist zu einem zweifel-
haften Unternehmen geworden, während die Idee ästhetischer Totalität von einer technologisch-medialen Idee eines Weltnetzes abgelöst wird. Die Welt, wie sie sich unserer Vorstellung heute darbietet,
hat keinen Platz mehr für Fiktionen: »Nous faisons partie
aujourd'hui d'un monde différencié, si entièrement discursif et si
parfaitement référé aux images qu'il produit qu'on n'image plus
guère ce que pourrait être un univers fictif.« (Grivel 1997, S. 65f).

An dieser Feststellung ändert auch die Tatsache nichts, dass die
Literaturwissenschaft in letzter Zeit eine fundamentale Aufarbeitung
des Zusammenhangs von Fiktion und Imagination mit den Grundbedingungen menschlicher Existenz geleistet hat (vgl. Iser 1991).
Vielleicht ist diese Aufarbeitung, die sich auf breiter Front in der Literaturwissenschaft vollzieht und praktisch alle auf das Erzählen ge-
richteten Forschungsaktivitäten umfasst, als eine Art Epilog auf eine
kulturgeschichtliche Epoche zu verstehen, die nun endgültig hinter
uns liegt. Bekanntlich beginnt die Eule der Minerva erst nach Ein-
setzen der Dunkelheit ihren Flug.

Angesichts dieser Bewusstseinslage werden allerdings mehr Romane geschrieben und verlegt als jemals zuvor. Dabei gilt ein Roman immer noch als fiktiver Text von einem gewissen Umfang – das
ist bereits auch schon die gegenwärtige **Minimaldefinition der Gat-**

tung. In diesem Rahmen ist kaum noch abzuschätzen, inwieweit die Medien und in ihrem Verbund die diversen Vertriebsstrategien der größeren Verlage auf die Formierung gewisser Themengebiete und Autorengruppen Einfluss nehmen und ob bestimmte Themen von einer ästhetischen und mithin existentiellen oder von einer rein zielgruppenstrategischen Bedeutung sind. Die Strategien einer pluralistischen Öffentlichkeit sind nicht mehr abzutrennen von den ästhetischen Ausrichtungen der Romanpoetik. Ein autonomer Begriff des Ästhetischen ist nicht mehr wie noch zu Zeiten der Postmoderne-Diskussion in den sechziger und siebziger Jahren ein Kontrapunkt zu bestimmten populären Tendenzen, die mit den Interessen der Konsumindustrie konvergieren. Das Ästhetische – und damit die gesamte Dimension der Poetologie – ist zumindest in der Literatur identisch geworden mit der generellen Diskursfähigkeit seiner Elemente. Nichts ist dem Betrieb heute so fremd wie das noch von Adorno beschworene Nicht-Identische (vgl. Adorno 1973).

Das Imaginäre wird gegenwärtig weniger ingeniös gesetzt als permanent reproduziert und variiert. In einer Welt jenseits der Fiktionen kann in einem beliebigen Sinne jederzeit und durch jedermann alles zur Fiktion werden. Entsprechend kann ein Roman als Buch zu einem Kultgegenstand in einem neuen Sinne werden, zu einer Ware, die ihren materiellen Warencharakter dahingehend übersteigt, dass ihr Konsum oder auch nur ihr Besitz zum Selbstzweck erhoben wird. Inhalte werden prinzipiell austauschbar, was zählt, ist **das mediale Design der Gesamterscheinung Autor/Buch**. Das ist naturgemäß kein poetologisches Kriterienfeld mehr, und genau genommen verlassen wir damit das Gebiet des Romans als zentrales Medium neuzeitlichen Bewusstseins.

Vielleicht ist das der kritische Punkt, an dem der Literatur und nicht zuletzt dem Roman eine neue Aufgabe zuwächst. Im Ghetto der Datendandys und Hypertexte entsteht ein grundlegendes **Bedürfnis nach Orientierung und Identifizierung** über das anthropologische Faktum Sprache (vgl. Hyperkultur 1996). Insgesamt kann man feststellen, »daß die postmoderne Pluralisierung von Wirklichkeit inzwischen in einem nächsten Schritt zur Formierung pluraler Welten geführt hat und das postmoderne Experiment mittlerweile durch eine neue Literatur kultureller Selbstdefinition und Selbsttherapeutisierung abgelöst worden ist« (Fluck 1997, S. 59).

Dass man in diesen insbesondere in der nordamerikanischen Literatur zu beobachtenden Tendenzen einen neuen Realismus erkennen wollte, mag daran liegen, dass man noch keine Kriterien für die Beschreibung der erzählenden Literatur in einer restlos durch tele-

imaginäre, nachrichtentechnische und insgesamt mediale Selbstauf-
bereitung bestimmten Welt gefunden hat; in dieser Sphäre scheint
ein **imaginärer Begriff von Wirklichkeit** jenseits aller Erzählbarkeit
angesiedelt zu sein. Wo sich die subjektive Imagination immer
schon von ihrem medialen Simulakrum eingeholt findet, wird jede
Form authentischer Phantasie unmittelbar annulliert. Wie es ist, in
einer solchen ›Wirklichkeit‹ zu leben, davon handelt der ›neue Realismus‹, – weil er nur davon handeln kann. Dass daraus noch keine
neue Ästhetik des Romans erfolgt, liegt auf der Hand.

So erfährt der Roman in seiner architextuellen Funktion seit der
Romantik – und in einem engeren Sinne seit seiner Überführung in
die Moderne durch Flaubert – ziemlich genau zur Jahrtausendwen-
de eine radikale Reformulierung seiner Funktion. Die kann nur abseits einer rasenden Öffentlichkeit, zu der nicht zuletzt der Literaturbetrieb zählt, durchgeführt werden. So anachronistisch der
Begriff ›Roman‹ heute auch erscheinen mag, so liegt doch an seinem
Grund das gesamte Potential zur Aktivierung aller nur denkbaren
und in den vergangenen Jahrhunderten realisierten narrativen
Sprachspiele. Von diesem Standpunkt aus betrachtet, könnte das
Studium des Romans im 20. Jahrhundert gerade für jüngere, unter
dem Einfluss der Cyberrealität aufgewachsene Leser zu einer Schlüs-
selerfahrung werden. Denn der moderne Roman ist das größte vorstellbare Arsenal an Gestalten, Motiven und imaginären Strukturen,
das das Abendland bereithält, und somit Ausgangspunkt zu einem
offenen und produktiven Umgang mit den fundamentalen Gesten
der Literatur.

Literaturverzeichnis

Primärtexte

Aragon, Louis: Le paysan de Paris. Paris 1926

Atlas de la littérature potentielle. Paris 1981

Benn, Gottfried: Prosa und Autobiographie. (= Gesammelte Werke in der Fassung der Erstdrucke. Vier Bände. Textkritisch durchgesehen und herausgegeben von Bruno Hillebrand). Frankfurt/M. 1984

Brecht, Bertolt: Schriften zur Literatur und Kunst I. 1920-1932. Frankfurt/M. 1967

Breton, André: Œuvres complètes I. Édition établie par Marguerite Bonnet. Paris 1988

Broch, Hermann: Hofmannsthal und seine Zeit. In: Ders.: Schriften zur Literatur I. Kritik. (= Kommentierte Werkausgabe. Bd. 9.1. Hg. von Paul Michael Lützeler) Frankfurt/M. 1975, S. 111-284

Broch, Hermann: James Joyce und die Gegenwart. In: Ders.: Geist und Zeitgeist. Essays zur Kultur der Moderne. Hg. von Paul Michael Lützeler. Frankfurt/M. 1997, S. 66-93

Calvino, Italo: Wenn ein Reisender in einer Winternacht. Aus dem Italienischen von Burkhart Kroeber. Roman. München 1983

Calvino, Italo: Sechs Vorschläge für das nächste Jahrtausend. Harvard-Vorlesungen. München, Wien 1991

Carl Einstein. Materialien Bd. 1. Zwischen Bebuquin und Negerplastik. Hg. von Rolf-Peter Baacke, Berlin 1990

Döblin, Alfred: An Romanautoren und ihre Kritiker. Berliner Programm. In: Ders.: Schriften zur Ästhetik, Poetik und Literatur. Olten, Freiburg/Brsg., S. 119-123

Döblin, Alfred: Schriften zur Ästhetik, Poetik und Literatur. Hg. von Erich Kleinschmidt. Olten, Freiburg i. B. 1989

Eco, Umberto: Der Name der Rose. Aus dem Italienischen von Burkhart Kroeber. München, Wien 1982

Eco, Umberto: Nachschrift zum Namen der Rose. Deutsch von Burkhart Kroeber. München 1986

Einstein, Carl: Über den Roman. Anmerkungen. In: Ders.: Werke. Band 1. 1908-1918. Hg. von Rolf-Peter Baacke. Berlin 1980, S. 127-129

Einstein, Carl: Bebuquin. Hg. von Erich Kleinschmidt. Stuttgart 1985

Grass, Günter: Über meinen Lehrer Döblin. Rede zum 10. Todestag Döblins. In: Ders.: Essays, Reden, Briefe, Kommentare. Hg. von Daniela Hermes. (= Werkausgabe in zehn Bänden. Hg. von Volker Neuhaus. Bd. IX). Darmstadt, Neuwied 1987, S. 236-255

Hildesheimer, Wolfgang: Das Ende der Fiktionen. In: Ders.: Warum weinte Mozart. Reden aus zwanzig Jahren. Frankfurt/M. 1984, S. 229-250

Joyce, James: Finnegans Wake. London 1975

Kafka, Franz: Briefe an Felice und andere Korrespondenz aus der Verlobungszeit. Hg. von Erich Heller und Jürgen Born. Frankfurt/M. 1976

Mann, Heinrich: Geist und Tat. Franzosen von 1780 bis 1930. Essays. Frankfurt/M. 1997

Mann, Thomas: Bilse und ich. In: Ders.: Essays. Bd. 1: Frühlingssturm. 1893 – 1918. Hg. von Hermann Kurzke und Stephan Stachorski. Frankfurt/M. 1993, S. 36-50

Musil, Robert: Der Mann ohne Eigenschaften. Hg. von Adolf Frisé. Reinbek b. Hamburg 1978

Oulipo. La littérature potentielle. (Créations, re-créations, récréations). Paris 1973

Perec, Georges: La vie mode d'emploi. Romans. Paris 1978

Proust, Marcel: À la recherche du temps perdu. Du côté de chez Swann. Paris 1987

Rainer Maria Rilke – André Gide. Briefwechsel. 1909 – 1926. Hg. von W. A. Peters. Stuttgart, Wiesbaden 1957

Rilke, Rainer Maria: Briefe. Hg. vom Rilke-Archiv in Weimar in Verbindung mit Ruth Sieber-Rilke, besorgt durch Karl Altheim. Erster Band. Frankfurt/M. 1987

Sarraute, Nathalie: Œuvres complètes. Ed. par Jean-Yves Tadié. Paris 1996

Strauß, Botho: Der Aufstand gegen die sekundäre Welt. Bemerkungen zu einer Ästhetik der Anwesenheit. (1991) In: Ders.: Der Aufstand gegen die sekundäre Welt. Bemerkungen zu einer Ästhetik der Anwesenheit. München, Wien 1999, S. 37-53

Strauß, Botho: Zeit ohne Vorboten. In: Ders.: Der Aufstand gegen die sekundäre Welt. Bemerkungen zu einer Ästhetik der Anwesenheit. München, Wien 1999, S. 93-105

Strauß, Botho: Der junge Mann. München, Wien 1984

Walser, Robert: Jakob von Gunten. Ein Tagebuch. Frankfurt/M. 1985.

Walser, Robert: Der Räuber. Frankfurt/M. 1986

Wittgenstein, Ludwig: Philosophische Untersuchungen. In: Ders.: Werkausgabe Bd. 1. Frankfurt/M. 1989

Standardwerke

Adorno, Theodor W.: Ästhetische Theorie. Hg. von Rolf Tiedemann und Gretel Adorno. Frankfurt/M. 1973

Auerbach, Erich: Mimesis. Dargestellte Wirklichkeit in der abendländischen Literatur. Bern 1946

Deutsche Romantheorien. Beiträge zu einer historischen Poetik des Romans in Deutschland. Hg. und eingeleitet von Reinhold Grimm. Frankfurt/M., Bonn 1968

Eco, Umberto: Das offene Kunstwerk. Frankfurt/M. 1973

Eisele, Ulf: Die Struktur des modernen Romans. Tübingen 1984

Genette, Gérard: Introduction à l'architextualité. Paris 1979

Genette, Gérard: Palimpseste. Die Literatur auf zweiter Stufe. Frankfurt/M. 1993

Goldmann, Lucien: Pour une sociologie du roman. Paris 1964 (dt. Soziologie des Romans. Darmstadt, Neuwied 1970)

Hegel, Georg Wilhelm Friedrich: Vorlesungen über die Ästhetik. In: Ders.: Sämtliche Werke. Hg. von H. Glöckner. Bd. 14. Stuttgart 1954

Hillebrand, Bruno: Theorie des Romans. Erzählstrategien der Neuzeit. 3., erweiterte Auflage. Stuttgart, Weimar 1993

Horkheimer, Max/Adorno, Theodor W.: Dialektik der Aufklärung. Frankfurt/M. 1969

Iser, Wolfgang: Das Fiktive und das Imaginäre. Perspektiven literarischer Anthropologie. Frankfurt/M. 1991

Kayser, Wolfgang: Entstehung und Krise des modernen Romans. Stuttgart 1955

Lukács, Georg: Die Theorie des Romans. Ein geschichtsphilosophischer Versuch über die großen Formen der Epik. München 1994

Petersen, Jürgen H.: Der deutsche Roman der Moderne. Grundlegung – Typologie – Entwicklung. Stuttgart 1991

Romantheorie. Dokumentation ihrer Geschichte in Deutschland. Hg. von Eberhard Lämmert u. a. Köln 1975

Schnell, Ralf: Geschichte der deutschsprachigen Literatur seit 1945. Stuttgart, Weimar 1993

Žmegač, Victor: Der europäische Roman. Geschichte seiner Poetik. Tübingen 1990

Forschungsliteratur

Adorno, Theodor W.: Standort des Erzählers im zeitgenössischen Roman. In: Ders.: Noten zur Literatur I. Frankfurt/M. 1958, S. 61-72

Albrecht, Wolfgang: Arno Schmidt. Stuttgart, Weimar 1998

Allemand, André: L'œuvre romanesque de Nathalie Sarraute. Neuchâtel 1980

Altenhofer, Norbert: Wolfgang Koeppen, »Tauben im Gras«. In: Deutsche Romane des 20. Jahrhunderts. Neue Interpretationen. Hg. von Paul Michael Lützeler. Königstein/Ts. 1983, S. 284-295

Améry, Jean: Leiden und Größe Heinrich Manns. In: Neue Rundschau 82 H. 3 (1971), S. 435-449

Antonowicz, Katja: Rainer Maria Rilke et *Les Cahiers de Malte Laurids Brigge*. Écriture romanesque et modernité. Paris 1996

Anz, Thomas: Literatur und Lust. Glück und Unglück beim Lesen. München 1998

Anz, Thomas: Spiel mit der Überlieferung. Aspekte der Postmoderne in Ransmayrs *Die letzte Welt*. In: Die Erfindung der Welt. Zum Werk von Christoph Ransmayr. Hg. von Uwe Wittstock. Frankfurt/M. 1997, S. 120-132

Arlat, Ursula: ›Exhaustion‹ and ›Replenishment‹. Die Fiktion in der Fiktion bei John Barth. Heidelberg 1984

Armaturen der Sinne. Literarische und technische Medien 1870 bis 1920. Hg. von Jochen Hörisch und Michael Wetzel. München 1990.

Arnold, Bruce: The Scandal of *Ulysses*. London 1991

Bachtin, Michail M.: Das Wort im Roman. In: Ders.: Die Ästhetik des Wortes. Hg. von Rainer Grübel. Frankfurt/M. 1979, S. 154-300

Bachtin, Michail M.: Rabelais und seine Welt. Volkskultur als Gegenkultur. Frankfurt/M. 1987

Bachtin, Michail M.: Epos und Roman. Zur Methodologie der Romanforschung. In: Ders.: Formen der Zeit im Roman. Untersuchungen zur historischen Poetik. Frankfurt/M. 1989, S. 210-251

Bachtin, Michail: Literatur und Karneval. Zur Romantheorie und Lachkultur. Frankfurt/M. 1990

Ball, Hugo: Tenderenda der Phantast. Roman. In: Ders.: Der Künstler und die Zeitkrankheit. Ausgewählte Schriften. Hg. von Burkhard Schlichting. Frankfurt/M. 1988, S. 377-417

Barth, John: The Literature Of Exhaustion. In: Ders.: The Friday Book – Essays and other Nonfiction. New York 1984

Barthes, Roland: Le degré zéro de l'écriture. Paris 1953

Barthes, Roland: L'effet de réel. In: Communications 11 (1968), S. 84-89

Bartsch, Kurt: Dialog mit Antike und Mythos. Christoph Ransmayrs Ovid-Roman Die letzte Welt. In: Modern Austrian Literature 23 (1990), S. 121-133

Baudrillard, Jean: Der symbolische Tausch und der Tod. München 1982

Bauer, Matthias: Lesen als spielerische Welterzeugung. Anmerkungen zu Gerold Späths »Commedia« und anderen Lexikon-Romanen. In: Wirkendes Wort 39 (1989), S. 123-135

Bauer, Matthias: Im Fuchsbau der Geschichten. Anatomie des Schelmenromans. Stuttgart, Weimar 1993

Bauer, Matthias: Romantheorie. Stuttgart, Weimar 1997

Baumann, Gerhart: Robert Musil. Ein Entwurf. Freiburg i.B. 1997

Becker, Sabina: Urbanität und Moderne. Studien zur Großstadtwahrnehmung in der deutschen Literatur 1900-1930. St. Ingbert 1993

Beckett, Samuel: Dante...Bruno.Vico..Joyce. In: Our Examination Round His Factification For Incamination of Work in Progress. Paris 1929

Begriffsbestimmung des literarischen Realismus. Hg. von Richard Brinkmann. Darmstadt 1969

Bellos, David: Georges Perec. Une vie dans les mots. Biographie. Version française. Paris 1994 (engl. Original: Georges Perec. A life in words. 1993)

Belting, Hans: Das unsichtbare Meisterwerk. Die modernen Mythen der Kunst. München 1998.

Benjamin, Walter: Der Autor als Produzent. In: Versuche über Brecht. Hg. von Walter Benjamin. Frankfurt/M. 1966, S. 95-116

Benjamin, Walter: Der Erzähler. Betrachtungen zum Werk Nicolai Leskovs. In: Ders.: Illuminationen. Ausgewählte Schriften. Frankfurt/M. 1977, S. 385-410

Benjamin, Walter: Zum Bilde Prousts. In: Ders.: Illuminationen. Ausgewählte Schriften. Frankfurt/M. 1977, S. 335-348

Benjamin, Walter: Der Sürrealismus. Die letzte Momentaufnahme der europäischen Intelligenz. In: Ders.: Angelus Novus. Ausgewählte Schriften 2. Frankfurt/M. 1988, S. 200-215

Benjamin, Walter: Krisis des Romans. Zu Döblins »Berlin Alexanderplatz«. In: Ders.: Angelus Novus. Ausgewählte Schriften 2. Frankfurt/M. 1988, S. 437-443

Berghahn, Wilfried: Robert Musil. Mit Selbstzeugnissen und Bilddokumenten. Reinbek 1963

Berka, Sigrid: Mythos-Theorie und Allegorik bei Botho Strauß. Wien 1991

Bertens, Hans: The Idea of the Postmodern. A History. London, New York 1995

Bertrand, Michel: Langue romanesque et parole scripturale. Essai sur Claude Simon. Paris 1987

Bienek, Horst: Werkstattgespräche mit Schriftstellern. München 1962

Binder, Hartmut: Franz Kafka. Der Schaffensprozeß. Frankfurt/M. 1983

Bleinagel, Bodo: Absolute Prosa. Ihre Konzeption und Realisierung bei Gottfried Benn. Bonn 1966

Blumenberg, Hans: Arbeit am Mythos. Frankfurt/M. 1989

Boie-Grotz, Kirsten: Brecht – der unbekannte Erzähler. Die Prosa 1913-1934. Stuttgart 1978

Bondanella, Peter: Umberto Eco and the open text. Semiotics, fiction, popular culture. Cambridge 1997

Böschenstein, Bernhard: Günter Grass als Nachfolger Jean Pauls und Döblins. In: Jahrbuch der Jean Paul Gesellschaft 6 (1971), S. 86-101

Borchmeyer, Dieter: Dienst und Herrschaft. Ein Versuch über Robert Walser. Tübingen 1980

Bossinade, Johanna: Poststrukturalistische Literaturtheorie. Stuttgart, Weimar 2000

Braun, Christoph: Carl Einstein. Zwischen Ästhetik und Anarchismus: zu Leben und Werk eines expressionistischen Schriftstellers. München 1987

Briegleb, Klaus: Weiterschreiben! Wege zu einer deutschen literarischen Postmoderne? In: Hansers Sozialgeschichte der deutschen Literatur vom 16. Jahrhundert bis zur Gegenwart. Hg. von Rolf Grimminger. Bd. 12: Gegenwartsliteratur seit 1968. Hg. von Klaus Briegleb und Sigrid Weigel. München, Wien 1992, S. 340-381

Buddenbrooks-Handbuch. Hg. von Ken Moulden und Gero von Wilpert. Stuttgart 1988

Burgelin, Claude: Georges Perec. Paris 1988

Bürger, Peter: Theorie der Avantgarde. Frankfurt/M. 1974

Bürger, Peter: Der französische Surrealismus. Studien zur avantgardistischen Literatur. Frankfurt/M. 1996

Callois, Roger: Die Spiele und der Mensch. Maske und Rausch. Frankfurt/M., Wien, Berlin 1982

Carl Einstein. Prophet der Avantgarde. Hg. von Klaus Siebenhaar in Verbindung mit Hermann Harmann und Hansgeorg Schmidt-Bergmann. Berlin 1991

Coenen-Mennemeier, Brigitta: Nouveau Roman. Stuttgart, Weimar 1996

Cohen, Robert: Peter Weiss in seiner Zeit. Leben und Werk. Stuttgart, Weimar 1992

Coletti, Theresa: Naming the Rose. Eco, medieval signs and modern theory. Ithaca 1988

Corino, Karl: Robert Musil. Leben und Werk in Bildern und Texten. Reinbek 1988

Crohmalniceanu, Ovid S.: Proust. À la recherche du temps perdu. In: Der französische Roman. Vom Mittelalter bis zur Gegenwart. Hg. von Klaus Heitmann. Düsseldorf 1975, S. 81-114

Dällenbach, Lucien: Claude Simon. Paris 1988

Deleuze, Gilles/Guattari, Félix: Kafka. Für eine kleine Literatur. Frankfurt/M. 1976

Der Diskurs des Radikalen Konstruktivismus. Hg. von Siegfried J. Schmidt. Frankfurt/M. 1987

Descombes, Vincent: Proust. Philosophie du roman. Paris 1987

Dethloff, Uwe: Französischer Realismus. Stuttgart, Weimar 1997

Dichter über ihre Dichtung, Bd. 14/1. Thomas Mann. Teil I.: 1889 – 1917. Hg. von Hans Wysling. München, Frankfurt/M. 1975

Dichtung ist ein Akt der Revolte. Literaturpsychologische Essays über Heine, Ibsen, Shaw, Brecht und Camus. Hg. von Gerhard Danzer. Würzburg 1996

»Die Blechtrommel«. Attraktion und Ärgernis. Ein Kapitel deutscher Literaturkritik. Hg. von Franz Josef Görtz. Darmstadt, Neuwied 1984

»Die Ästhetik des Widerstands«. Hg. von Alexander Stephan. Frankfurt/M. 1983

Die Erfindung der Welt. Zum Werk von Christoph Ransmayr. Hg. von Uwe Wittstock. Frankfurt/M. 1997

Die Gegenwart des Absurden. Studien zu Albert Camus. Hg. von Annemarie Pieper. Tübingen 1994

Die Welt des Lesens. Von der Schriftrolle zum Bildschirm. Hg. von Guglielmo Cavallo. Frankfurt/M., New York 1999

Dill, Hans Otto: Gabriel García Márquez. Die Erfindung von Macondo. Hamburg 1993

Doderer, Heimito von: Grundlagen und Funktion des Romans. Nürnberg 1959

Donovan, Josephine: Gnosticism in modern literature. A study of the selected works of Camus, Sartre, Hesse and Kafka. New York 1990

Drews, Jörg: Über einen neuerdings in der deutschen Literatur erhobenen vornehmen Ton (P. Handke, B. Strauß). In: Merkur 427 (1984), S. 949-954

Ebel, Uwe: Welthaftigkeit als Welthaltigkeit. Zum Verhältnis von mimetischem und poetischem Anspruch in Thomas Manns *Buddenbrooks*. In: Rolf Wiecker (Hg.): Gedenkschrift für Thomas Mann 1875 – 1975. Kopenhagen 1975. S. 9-51

Echte, Bernhard: »Ich verdanke dem Bleistiftsystem wahre Qualen.« Bemerkungen zur Edition von Robert Walsers Mikrogrammen. In: Text: kritische Beiträge H.3, Entzifferung I, 1997, S. 1-21

Eckhoff, Jan: Der junge Botho Strauß. Literarische Sprache im Zeitalter der Medien. Tübingen 1999

Eco, Umberto: Im Labyrinth der Vernunft. Texte über Zeichen und Kunst. Leipzig 1990.

Eddings, Dwight: The gnostic Pynchon. Bloomington 1990

Erzgräber, Willi: Der englische Roman von Joseph Conrad bis Graham Greene. Studien zur Wirklichkeitsauffassung und Wirklichkeitsdarstellung in der englischen Erzählkunst der ersten Hälfte des 20. Jahrhunderts. Tübingen, Basel 1999

Erzgräber, Willi: James Joyce. Mündlichkeit und Schriftlichkeit im Spiegel experimenteller Erzählkunst. Tübingen 1998

Erzgräber, Willi: James Joyce: Quintessenz der Moderne – Basis der Postmoderne. In: Ders.: Von Thomas Hardy bis Ted Hughes: Studien zur modernen englischen und anglo-irischen Literatur. Freiburg/Brsg. 1995, S. 175-194

Evans, Michael: Claude Simon and the transgression of modern art. Basingstoke 1988

Expressionismus. Manifeste und Dokumente zur deutschen Literatur 1910-1920. Hg. von Thomas Anz und Michael Stark. Stuttgart 1982

Eyckeler, Franz: Reflexionspoesie. Sprachskepsis, Rhetorik und Poetik in der Prosa Thomas Bernhards. Berlin 1995

Federman, Raymond: Surfiction. Der Weg der Literatur. Hamburger Poetik-Lektionen. Frankfurt/M. 1992

Fiedler, Leslie A.: Überquert die Grenze, schließt den Graben! In: Wege aus der Moderne. Schlüsseltexte der Postmoderne-Diskussion. Hg. von Wolfgang Welsch. Weinheim 1988, S. 57-74

Fischetti, Renate: Bertolt Brecht. Die Gestaltung des Dreigroschen-Stoffes in Stück, Roman und Film. Diss. University of Maryland 1971

Fluck, Winfried: ›Nach der Postmoderne‹. Erscheinungsformen des amerikanischen Gegenwartsromans. In: Projekte des Romans nach der Moderne. Hg. von Ulrich Schulz-Buschhaus und Karlheinz Stierle. München 1997, S. 39-64

Flusser, Vilém: Kommunikologie. Frankfurt/M. 1998

Forest, Philippe: Philippe Sollers. Paris 1992

Forte, Luigi: »Die verspielte Totalität«. Anmerkungen zum Problem der Prosa der historischen Avantgarde. In: Erzählung und Erzählforschung im 20. Jahrhundert. Stuttgart, Berlin, Köln, Mainz 1981, S. 385-395

Fraisse, Luc: Le processus de la création chez Marcel Proust, le fragment experimental. Paris 1988

Frank, Manfred: Auf der Suche nach einem Grund – über den Umschlag von Erkenntniskritik in Mythologie bei Robert Musil. In: Mythos und Moderne. Hg. von Karl Heinz Bohrer. Frankfurt/M. 1983, S. 318-362

Freier, Hans: Odyssee eines Pariser Bauern: Aragons »mythologie moderne« und der Deutsche Idealismus. In: Mythos und Moderne. Begriff und Bild einer Rekonstruktion. Hg. von Karl Heinz Bohrer. Frankfurt/M. 1983, S. 157-216

French, Marylin: The Book as World: James Joyce's *Ulysses*. London 1982

Fries, Ulrich/Helbig, Holger/Kohl, Klaus/Müller, Irmgard/Spaeth, Dietrich (Hg.): Johnsons »Jahrestage«. Der Kommentar. Göttingen 1999

Fritzen, Werner: Patrick Süskind, Das Parfum. Interpretation. München 1996

Frisé, Adolf: Roman und Essay. Gedanken u.a. zu Hermann Broch, Thomas Mann und Robert Musil. In: Ders.: Plädoyer für Robert Musil. Reinbek 1980, S. 77-97

Fuegi, John: Brecht & Co. Biographie. Hamburg 1997

Füger, Wilhelm: James Joyce. Epoche – Werk – Wirkung. München 1994

Fülleborn, Ulrich: Form und Sinn der Aufzeichnungen des Malte Laurids Brigge. In: Hartmut Engelhardt (Hg.): Materialien zu Rainer Maria Rilke, Die Aufzeichnungen des Malte Laurids Brigge. Frankfurt/M. 1974, S. 175-198

Funke, Pia-Maria: Über das Höhere in der Literatur. Ein Versuch zur Ästhetik von Botho Strauß. Würzburg 1996

Futurismus. Geschichte, Ästhetik, Dokumente. Hg. von Hansgeorg Schmidt-Bergmann. Reinbek 1993

Gebauer, Gunter/Wulf, Christoph: Mimesis. Kultur – Kunst – Gesellschaft. Reinbek 1992

Gerold Späth. Hg. von Klaus Isele. Eggingen 1993

Gessner, Nikolaus: Die Unzulänglichkeit der Sprache. Eine Untersuchung über Formzerfall und Beziehungslosigkeit bei Samuel Beckett. Zürich 1957

Giuliani, Alfredo: Die Rose von Babel. In: Zeichen in Umberto Ecos »Der Name der Rose«. Hg. von Burkhart Kroeber. München, Wien 1987, S. 15-20

Glei, Reinhold F.: Ovid in den Zeiten der Postmoderne. Bemerkungen zu Christoph Ransmayrs Roman *Die letzte Welt*. In: Poetica 26 (1995), S. 409-427

Goodman, Nelson: Weisen der Welterzeugung. Frankfurt/M. 1984

Gottfried Benn. Der Dichter über sein Werk. Hg. von Edgar Lohner. München 1969

Grabes, Herbert: Die parodistische Aufhebung der Grenze zwischen Fiktion und Realität in den Romanen von Vladimir Nabokov. In: Der zeitgenössische amerikanische Roman. Hg. von Gerhard Hoffmann. Bd. 3: Autoren. München 1988, S. 230-245

Greven, Jochen: Robert Walser. Figur am Rande in wechselndem Licht. Frankfurt/M. 1992

Grivel, Charles: Le roman sans fiction. In: Projekte des Romans nach der Moderne. Hg. von Ulrich Schulz-Buschhaus und Karlheinz Stierle. München 1997, S. 65-88

Grossmann, Evelyne: L'esthetique de Beckett. Paris 1998

Grüter, Doris: Philippe Sollers: Portrait d'un Joueur. In: Dies.: Autobiographie und Nouveau Roman. Ein Beitrag zur französischen Diskussion der Postmoderne. Hamburg 1994

Hakkarainen, Marja-Leena: Das Turnier der Texte. Stellenwert und Funktion der Intertextualität im Werk Bertolt Brechts. Frankfurt/M. 1994

Hanenberg, Peter: Peter Weiss. Vom Nutzen und Nachteil der Historie für das Schreiben. Berlin 1993

Hartmann, Frank: Medienphilosophie. Wien 2000

Haupt, Jürgen: »Französischer Geist« und der Mythos des »Volkes«. Über Emotionalität und Politikverständnis des frühen Heinrich Mann. In: Heinrich Mann-Jahrbuch 7 (1989), S. 3-19

Heißenbüttel, Helmut: Carl-Einstein-Porträt. In: Ders.: Zur Tradition der Moderne. Aufsätze und Anmerkungen 1964-1971. Neuwied, Berlin 1972, S. 262-290

Heißerer, Dirk: Negative Dichtung. Zum Verfahren der literarischen Dekomposition bei Carl Einstein. München 1992

Hepp, Andreas: Cultural Studies und Medienanalyse. Eine Einführung. Opladen 1999

Herman, L.: Concepts of Realism. Columbia 1996

Herwig, Henriette: »RomantischerReflexionsRoman« oder erzählerisches Labyrinth. Botho Strauß ›Der junge Mann‹. In: Strauß lesen. Hg. von Michael Radix. München, Wien 1987, S. 267-282

Hiebel, Hans H.: Robert Walsers ›Jakob von Gunten‹. Die Zerstörung der Signifikanz im modernen Roman. In: Über Robert Walser. Hg. von Katharina Kerr. Frankfurt/M. 1978, Bd. 2, S. 308-345

Hielscher, Martin: Wolfgang Koeppen. München 1988

Hillebrand, Bruno: Beckett und die Konsequenzen. In: Literaturwissenschaftliches Jahrbuch 11 (1970), S. 387-397

Hillebrand, Bruno: Mensch und Raum im Roman. Studien zu Keller, Stifter, Fontane. München 1971

Hillebrand, Bruno: Benn. Frankfurt/M. 1986

Hirsch, Wolfgang: Zwischen Wirklichkeit und erfundener Biographie. Zum Künstlerbild bei Wolfgang Hildesheimer. Hamburg 1997

Hoesterey, Ingeborg: Verschlungene Schriftzeichen. Intertextualität von Literatur und Kunst in der Moderne/Postmoderne. Frankfurt/M. 1988

Hörisch, Jochen: Die Wirklichkeit der Medien und die medialisierte Wirklichkeit. Optionender Gegenwartsliteratur. In: Literarische Moderne. Hg. von Rolf Grimminger u.a. Reinbek 1995, S. 770-799

Hood, Edward W.: La ficcion de Gabriel García Márquez. Repeticion y intertextualidad. New York 1993

Hornung, Alfred/Kunow, Rüdiger: Der amerikanische Gegenwartsroman und seine kulturelle Matrix. In: Der zeitgenössische amerikanische Roman: Von der Moderne zur Postmoderne. Bd. 1: Elemente und Perspektiven. Hg. von Gerhard Hoffmann. München 1988, S. 45-80

Howald, Stefan: Peter Weiss zur Einführung. Hamburg 1994

Hume, Kathryn: Calvinos fictions. Cogito and Cosmos. Oxford 1992

Hume, Kathryn: Pynchon's mythography. An approach to »Gravity's Rainbow«. Carbondale (Southern Illinois Univ. Press) 1987

Hyperkultur. Zur Fiktion des Computerzeitalters. Hg. von Martin Klepper, Ruth Mayer und Ernst Peter Schneck. Berlin 1996

Ickstadt, Heinz/Poenicke, Klaus: Zum Romanwerk Thomas Pynchons. In: Der zeitgenössische amerikanische Roman: Von der Moderne zur Postmoderne. Bd. 3: Autoren. München 1988, S. 246-276

Inszenierte Imagination. Beiträge zu einer historischen Anthropologie der Medien. Hg. von Wolfgang Müller-Funk und Hans Ulrich Reck. Wien, New York 1996

Iser, Wolfgang: Der Archetyp als Leerform. In: Ders.: Der implizite Leser. Kommunikationsformen des Romans von Bunyan bis Beckett. München 1972, S. 300-358

Iser, Wolfgang: Samuel Beckett: Ist das Ende hintergehbar? Bemerkungen zum Fiktionsproblem. In: Englische Dichter der Moderne: Ihr Leben und Werk. Hg. von Rudolf Sühnel und Dieter Riesner. Berlin 1971, S. 560-577

Jakobson, Roman: Über den Realismus in der Kunst. In: Texte der russischen Formalisten. Hg. von Juri Striedter. München 1969, S. 373-391

Janik, Dieter: Gabriel García Márquez: »Cien años de solidad«. In: Der hispano-amerikanische Roman. Bd. II. Von Cortázar bis zur Gegenwart. Hg. von Volker Roloff und Harald Wentzlaff-Eggebert. Darmstadt 1992, S. 132-145

Jauß, Hans Robert: Zeit und Erinnerung in Marcel Prousts »À la recherche du temps perdu«. Ein Beitrag zur Theorie des Romans. Heidelberg 1955

Jauß, Hans Robert: Literarische Tradition und gegenwärtiges Bewußtsein der Modernität. In: Ders.: Literaturgeschichte als Provokation. Frankfurt/M. 1970, S. 11-66.

Jehle, Volker: Wolfgang Hildesheimer. Werkgeschichte. Frankfurt/M. 1990

Jeske, Wolfgang: Bertolt Brechts Poetik des Romans. Frankfurt/M. 1984

Kaemmerling, Ekkehard: Die filmische Schreibweise. In: Materialien zu Alfred Döblins »Berlin Alexanderplatz«. Hg. von Matthias Prangel. Frankfurt/M. 1975, S. 185-198

Kafka-Handbuch, Bd. 2: Das Werk und seine Wirkung. Hg. von Hartmut Binder. Stuttgart 1979

Kahler, Erich: Untergang und Übergang der epischen Kunstform. In: Die Neue Rundschau 64 (1953), S. 1-44

Kamper, Dietmar: Das Ende der Unbescheidenheit. Umberto Ecos Siebentagewerk einer Geschichte, die sich selbst erzählt. In: Zeichen in Umberto Ecos »Der Name der Rose«. Hg. von Burkhart Kroeber. München, Wien 1987, S. 176-185

Karthaus, Ulrich: Der Zauberberg – ein Zeitroman (Zeit, Geschichte, Mythos). In: DVjs 44 (1970), S. 269-305

Keller, Otto: Döblins Montageroman als Epos der Moderne. Die Struktur der Romane »Der schwarze Vorhang«, »Die drei Sprünge des Wang-lun« und »Berlin Alexanderplatz«. München 1980

Kenner, Hugh: Samuel Beckett. Eine kritische Studie. München 1965

Kerckhove, Derrick de: Schriftgeburten. Vom Alphabet zum Computer. München 1995

Kiefer, Klaus H.: Diskurswandel im Werk Carl Einsteins. Ein Beitrag zur Theorie und Geschichte der europäischen Avantgarde. Tübingen 1994

Kiesel, Helmuth: Döblin und das Kino. Überlegungen zur ›Alexanderplatz‹-Verfilmung. In: Jahrbuch für Internationale Germanistik, Reihe A, Bd. 33: Internationale Alfred-Döblin-Kolloquien Münster 1989, Marbach a.N. 1991. Hg. von Werner Stauffacher. Bern, Berlin u. a. 1993, S. 284-297

Killy, Walter: Wirklichkeit und Kunstcharakter. Neun Romane des 19. Jahrhunderts. München 1963

Kimpel, Dieter: »Beiträge zur geistigen Bewältigung der Welt ...« Über den Romanbegriff Robert Musils. In: Deutsche Romantheorien 1968, S. 374-395

Kittler, Friedrich A.: Aufschreibesysteme 1800/1900. München 1985

Kisro-Völker, Sibylle: Die unverantwortete Sprache: esoterische Literatur und atheoretische Philosophie als Grenzfälle medialer Selbstreflexion; eine Konfrontation von James Joyces *Finnegans Wake* und Ludwig Wittgensteins *Philosophischen Untersuchungen*. München 1981

Kleinschmidt, Erich: Nachwort. In: Carl Einstein, *Bebuquin oder die Dilettanten des Wunders*. Hg. von E. Kleinschmidt. Stuttgart 1985, S. 69-86

Klepper, Martin: Pynchon, Auster, De Lillo. Die amerikanische Postmoderne zwischen Spiel und Rekonstruktion. Frankfurt/M. 1996

Kluge, Rolf-Dieter. Vom kritischen zum sozialistischen Realismus. Die literarische Tradition in Rußland 1880-1925. München 1973

Knapstein, Franz-Josef: Nouveau Roman und Ideologie. Die Methodologisierung der Kunst durch Alain Robbe-Grillet. Frankfurt/M., Bern u. a. 1984

Knopf, Jan: Brecht-Handbuch, Bd. 2: Lyrik, Prosa, Schriften. Eine Ästhetik der Widersprüche. Stuttgart 1984

Knopf, Jan: Bertolt Brecht. Stuttgart 2000

Knüfermann, Volker: Hugo Ball. Tenderenda der Phantast. In: Zeitschrift für deutsche Philologie 94 (1975), S. 520-534

Kohl, Stefan: Realismus. Theorie und Geschichte. München 1977

Köhler, Erich/Corbineau-Hoffmann, Angelika: Marcel Proust. 3., aktualisierte und erweiterte Auflage. Berlin 1994

Koopmann, Helmut: Thomas Mann. Theorie und Praxis der epischen Ironie. In: Deutsche Romantheorien, 1968, S. 274-296

Koopmann, Helmut: Die Entwicklung des »intellektuellen Romans« bei Thomas Mann. Untersuchungen zur Struktur von »Buddenbrooks«, »Königliche Hoheit« und »Der Zauberberg«. Bonn 1980

Krämer, Thomas: Carl Einsteins »Bebuquin«. Romantheorie und Textkonstitution. Würzburg 1991

Kremer, Detlef: Die Identität der Schrift. Flaubert und Kafka. In: DVjs. 63 (1989), S. 547-573

Kremer, Detlef: Prosa der Romantik. Stuttgart, Weimar 1997

Kremp, Klaus: Der Roman von Proust. Ein Überblick. Basel, Frankfurt/M. 1988

Kreutzer, Eberhard: Sprache und Spiel im *Ulysses* von James Joyce. Bonn 1969

Kristiansen, Børge: Das Problem des Realismus bei Thomas Mann. In: Thomas-Mann-Handbuch, 1990, S. 823-835.

Kristiansen, Børge: Thomas Manns Zauberberg und Schopenhauers Metaphysik. Bonn 1986

Kurzke, Hermann: Thomas Mann. Epoche – Werk – Wirkung. München 1985

Lehnert, Herbert: Thomas Mann: »Buddenbrooks« (1901). In: Deutsche Romane des 20. Jahrhunderts. Neue Interpretationen. Hg. von Paul Michael Lützeler. Königstein/Ts. 1983, S. 31-49

Lektüren. Aufsätze zu Umberto Ecos »Der Name der Rose«. Hg. von Hans-Jürgen Bachorski. Göppingen 1985

Literatur intermedial. Musik – Malerei – Fotografie – Film. Hg. von Peter V. Zima, Darmstadt 1995

Lüdke, Martin: Der neudeutsche Literaturstreit. Beschreibung einer Misere. In: Literaturmagazin 17 (1986), S. 28-45

Lukács, Georg: Der alte Fontane. In: Ders.: Die Grablegung des alten Deutschland. Essays zur deutschen Literatur des 19. Jahrhunderts. Ausgewählte Schriften I. Hamburg 1967, S. 120-159

Lukács, Georg: Thomas Mann. In: Ders.: Werke, Bd. 7. Deutsche Literatur in zwei Jahrhunderten. Neuwied, Berlin 1964, S. 505-618

Luserke, Matthias: Robert Musil. Stuttgart, Weimar 1995

Lützeler, Paul Michael: Einleitung: Von der Spätmoderne zur Postmoderne. In: Ders. (Hg.): Spätmoderne und Postmoderne. Beiträge zur deutschsprachigen Gegenwartsliteratur. Frankfurt/M. 1991, S. 11-22

Madsen, Deborah: The postmodernist allegories of Thomas Pynchon. Leicester 1991

Magical Realism. Theory, History, Community. Hg. von L. P. Zamora und W. B. Faris. Durham 1995

Marino, James A.: An Annotated Bibliography of Play and Literature. In: Canadian Review of Comparative Literature 12 (1985), S. 306-358

Martin, Ariane: Erotische Politik. Heinrich Manns erzählerisches Frühwerk. Würzburg 1993

Martini, Fritz: Zur Theorie des Romans im deutschen »Realismus«. In: Deutsche Romantheorien. Beiträge zu einer historischen Poetik des Romans in Deutschland. Hg. von Reinhold Grimm. Frankfurt/M., Bonn 1968, S. 142-164

Materialien zu Samuel Becketts Romanen »Molloy«, »Malone stirbt«, »Der Namenlose«. Hg. von Hartmut Engelhardt und Dieter Mettler. Frankfurt/M. 1976

Mecke, Jochen: Roman-Zeit. Zeitform und Dekonstruktion des französischen Romans der Gegenwart. Tübingen 1990

Mecklenburg, Norbert: Die Erzählkunst Uwe Johnsons. Frankfurt/M. 1997

Medien und Maschinen. Literatur im technischen Zeitalter. Hg. von Theo Elm und Hans H. Hiebel. Freiburg 1991

Mersch, Dieter: Umberto Eco zur Einführung. Hamburg 1993

Mittenzwei, Ingrid: Theorie und Roman bei Theodor Fontane. In: Deutsche Romantheorien 1968. Beiträge zu einer historischen Poetik. Hg. von Reinhold Grimm. Bonn 1968, S. 233-250

Mittermayer, Manfred: Thomas Bernhard. Stuttgart, Weimar 1995

Mixner, Manfred: Vom Leben zum Tode. Die Einleitung des Negationsprozesses im Frühwerk von Thomas Bernhard. In: Bernhard. Annäherungen. Hg. von Manfred Jurgensen. Bern 1981, S. 65-97

Mohr, Daniela: Das nomadische Subjekt. Ich-Entgrenzung in der Prosa Robert Walsers. Frankfurt/M., Bern 1994

Moog-Grünewald, Maria: Absolute Prosa? Anmerkungen zu Carl Einstein und André Gide. In: André Gide in Deutschland/André Gide en Allemagne. Hg. von Hans T. Siepe und Raimund Theis. Düsseldorf 1992, S. 73-82

Möser, Kurt: Literatur und ›Große Abstraktion‹. Kunsttheorie und ›abstrakte Dichtung‹ im ›Sturm‹. Erlangen 1983

Mozejko, Edward: Der sozialistische Realismus. Theorie, Entwicklung und Versagen einer Literaturmethode. Bonn 1977

Mundt, Hannelore: »Doktor Faustus« und die Folgen. Kunstkritik als Gesellschaftskritik im deutschen Roman seit 1947. Bonn 1989.

Müller, Klaus-Detlef: Brecht-Kommentar zur erzählenden Prosa. München 1980

Müller, Kurt: Ernest Hemingway: der Mensch – der Schriftsteller – das Werk. Darmstadt 1999

Müller, Michael: »Das Schloß«. In: Franz Kafka. Sonderband Text und Kritik. Hg. von Heinz Ludwig Arnold. München 1994, S. 218-237

Müller-Funk, Wolfgang: Erfahrung und Experiment. Studien zu Theorie und Geschichte des Essayismus. Berlin 1995

Neuhaus, Volker: Günter Grass. 2., überarbeitete und erweiterte Auflage. Stuttgart, Weimar 1992

Neumann, Bernd: Utopie und Mimesis. Zum Verhältnis von Ästhetik, Gesellschaftsphilosophie und Politik in den Romanen Uwe Johnsons. Kronberg/Ts. 1978

Neumann, Peter Horst: Hildesheimers Ziel und Ende. Über *Marbot* und die Folgerichtigkeit des Gesamtwerks. In: Text und Kritik *Wolfgang Hildesheimer*. H. 89/90 (1986), S. 20-32

Oehm, Heidemarie: Die Kunsttheorie Carl Einsteins. München 1976

Ortheil, Hanns-Josef: Schauprozesse. Beiträge zur Kultur der achtziger Jahre. München 1990

Ortheil, Hanns-Josef: Was ist postmoderne Literatur? In: Roman oder Leben. Postmoderne in der deutschen Literatur. Hg. von Uwe Wittstock. Leipzig 1994, S. 125-134

Oulipo poétique. Études réunis par Peter Kuon. (= études littéraires françaises 69). Tübingen 1999

Oulipo. Affensprache, Spielmaschinen und allgemeine Regelwerke. Berlin 1998

Pasley, Malcolm: Der Schreibakt und das Geschriebene. Zur Frage der Entstehung von Kafkas Texten. In: Franz Kafka. Themen und Probleme. Hg. von Claude David. Göttingen 1980, S. 9-25

Pauler, Thomas: Schönheit und Abstraktion. Über Gottfried Benns ›Absolute Prosa‹. Würzburg 1992

Pierrot, Jean: Nathalie Sarraute. Paris 1990

Polloczek, Dieter: Vernetzungsstrukturen: Faulkner, Pynchon, Barthelme. München 1993

Pütz, Peter: Die Stufen des Bewußtseins bei Schopenhauer und den Buddenbrooks. In: Teilnahme und Spiegelung. Festschrift für Horst Rüdiger. Hg. von Beda Allemann und Erwin Koppen. Berlin, New York 1975, S. 443-452

Quenezer, Gert: Absolute Prosa. Carl Einsteins *Bebuquin oder die Dilettanten des Wunders.* In: Der Deutschunterricht 17 (1965), H. 5, S. 53-65

Raffy, Sabine: Sarraute romancière. Espaces intimes. New York, Bern, Frankfurt/M., Paris 1988

Rechner-Zimmermann, Claudia: Die Flucht in die Sprache. Hugo Balls »Phantastenroman« im kulturgeschichtlichen Kontext zwischen 1914 und 1920. Marburg 1992. (= Marburger Studien zur Literatur Bd. 6)

Reed, Terence J.: »Der Zauberberg«. Zeitenwandel und Bedeutungswandel. 1912-1924. In: Besichtigung des Zauberbergs. Hg. von H. Saueressig. Biberach 1974, S. 81-139

Reichert, Klaus/Senn, Fritz (Hg.): James Joyce: Finnegans Wake. Deutsch. Gesammelte Annäherungen. Frankfurt/M. 1989

Reichert, Klaus: Vielfacher Schriftsinn. Zu *Finnegans Wake.* Frankfurt/M. 1989

Reiter, Andrea: Thomas Bernhards musikalisches Kompositionsprinzip. In: Literaturmagazin 23 (1989), S. 149-169

Renner, Rolf Günter: Lebens-Werk. Zum inneren Zusammenhang der Texte von Thomas Mann. München 1985.

Renner, Rolf Günter: Die postmoderne Konstellation. Theorie, Text und Kunst im Ausgang der Moderne. Freiburg i. B. 1988

Richter, Toni: Die Gruppe 47. Köln 1997

Riesz, Janos.: Der Untergang als ›spectacle‹ und die Erprobung einer ›écriture fasciste‹ in F.T. Marinettis »Mafarka le Futuriste« (1909). In: Aspekte des Erzählens in der modernen italienischen Literatur. Hg. von Ulrich Schulz-Buschhaus und Helmut Meter. Tübingen 1983, S. 85-99

Robert Musil. Dichter, Essayist, Wissenschaftler. Hg. von Hans-Georg Pott. München 1993

Robert Musil. Essayismus und Ironie. Hg. von Gudrun Brokoph-Mauch. Tübingen 1992

Robert Walser und die moderne Poetik. Hg. von Rudolf Borchmeyer. Frankfurt/M. 1999

Rodewald, Dierk: Robert Walsers Prosa. Versuch einer Strukturanalyse. Bad Homburg 1970

Roloff, Volker: Werk und Lektüre. Zur Literaturästhetik von Marcel Proust. Frankfurt/M. 1984

Roman oder Leben. Postmoderne in der deutschen Literatur. Hg. von Uwe Wittstock. Leipzig 1994

Rose, Danis/O' Hanlon, John: Understanding *Finnegans Wake*: A Guide to the Narrative of James Joyce's Masterpiece. New York 1982

Roser, Dieter: Fingierte Mündlichkeit und reine Schrift. Zur Sprachproblematik in Robert Walsers späten Texten. Würzburg 1994

Rothenberg, Klaus-Jürgen: Das Problem des Realismus bei Thomas Mann. Zur Behandlung von Wirklichkeit in den *Buddenbrooks*. Köln, Wien 1969

Rügert, Walter: Die Vermessung des Innenraums. Zur Prosa von Botho Strauß. Würzburg 1991

Ryan, Judith: Pastiche und Postmoderne. Patrick Süskinds Roman *Das Parfum*. In: Spätmoderne und Postmoderne. Beiträge zur deutschsprachigen Gegenwartsliteratur. Hg. von Paul Michael Lützeler. Frankfurt/M. 1991, S. 91-103

Schärf, Christian: Goethes Ästhetik. Eine Genealogie der Schrift. Stuttgart, Weimar 1994

Schärf, Christian: Geschichte des Essays. Von Montaigne bis Adorno. Göttingen 1999 (a)

Schärf, Christian: Werkbau und Weltspiel. Die Idee der Kunst in der modernen Prosa. Würzburg 1999 (b)

Schärf, Christian: Franz Kafka. Poetischer Text und heilige Schrift. Göttingen 2000

Scheer-Schätzler, Brigitte: Vladimir Nabokov. In: Amerikanische Literatur der Gegenwart in Einzeldarstellungen. Hg. von Martin Christadler. Stuttgart 1973, S. 211-232

Scheffel, Michael: Magischer Realismus. Die Geschichte eines Begriffs und ein Versuch seiner Bestimmung. Tübingen 1990

Scheunemann, Dietrich: Romankrise. Die Entstehungsgeschichte der modernen Romanpoetik in Deutschland. Heidelberg 1978

Siegrist, Christoph: Robert Walsers Verweigerung der Kunst als Kunst der Verweigerung. In: Schweizer Monatshefte 66 (1986), S. 629-640

Schlaffer, Heinz: Borges. Frankfurt/M. 1993

Schmidt-Bergmann, Hansgeorg: Die Anfänge der literarischen Avantgarde in Deutschland. Über Anverwandlung und Abwehr des italienischen Futurismus. Ein literarhistorischer Beitrag zum expressionistischen Jahrzehnt. Stuttgart 1991

Schmitz-Emans, Monika: Die Sprache der modernen Dichtung. München 1997

Schnell, Ralf: Medienästhetik. Zur Geschichte und Theorie audiovisueller Wahrnehmungsformen. Stuttgart, Weimar 2000

Schulz, Georg-Michael: Rainer Maria Rilke. *Die Aufzeichnungen des Malte Laurids Brigge.* In: Erzählungen des 20. Jahrhunderts. Interpretationen. Bd. 1. Stuttgart 1996, S. 120-138

Schwarz, Daniel R.: Reading Joyce's *Ulysses.* New York 1987

Seed, David: The fictional labyrinth of Thomas Pynchon. Basingstoke 1988

Senn, Fritz: Nichts gegen Joyce/Joyce versus Nothing: Gesammelte Aufsätze 1959-1983. Hg. von Franz Cavigelli. Zürich 1983

Simon, Alfred: Beckett. Frankfurt/M. 1988

Sokel, Walter H.: Zwischen Existenz und Weltinnenraum: zum Prozeß der Ent-Ichung im Malte Laurids Brigge. In: Zu Rainer Maria Rilke. Hg. von Egon Schwarz. Stuttgart 1983, S. 90-108

Sorg, Bernhard: Thomas Bernhard. 2. Auflage. München 1992

Sorg, Reto: Aus den »Gärten der Zeichen«. Zu Carl Einsteins *Bebuquin.* München 1998

Spitzer, Leo: Quelques aspects de la technique des romans de Michel Butor. In: Ders.: Études de style. Paris 1970, S. 482-531

Stauder, Thomas: Umberto Ecos »Der Name der Rose«. Forschungsbericht und Interpretation. Mit einer kommentierenden Bibliographie der ersten sechs Jahre internationaler Kritik. Erlangen 1988

Stierle, Karlheinz: Wege aus dem nouveau roman. In: Projekte des Romans nach der Moderne. Hg. von Ulrich Schulze-Buschhaus und Karlheinz Stierle. München 1997, S. 311-329

Stuart, Dabney: Nabokov. The Dimensions Of Parodie. Baton Rouge, London 1978

Süllwold, Erika: Das gezeichnete und das ausgezeichnete Subjekt. Kritik der Moderne bei Emmy Hennings und Hugo Ball. Stuttgart, Weimar 1999

Tadié, Jean-Yves: Marcel Proust. Frankfurt/M. 1987

Theile, Wolfgang: André Gide, Les Faux-Monnayeurs. In: Der französische Roman. Vom Mittelalter bis zur Gegenwart. Hg. von Klaus Heitmann. Düsseldorf 1975, S. 136-154

Thiele, Gisela: Die Romane Michel Butors. Untersuchungen zur Struktur von Passage de Milan, L'emploi du temps, La modification, Degrés. Heidelberg 1975

Thomas-Mann-Handbuch. Hg. von Helmut Koopmann. Stuttgart 1990

Todd, Oliver: Albert Camus. Ein Leben. Reinbek 1999

Treichel, Hans-Ulrich: Fragment ohne Ende. Eine Studie zum Werk Wolfgang Koeppens. Heidelberg 1984

Trommler, Frank: Der ›sozialistische Realismus‹ im historischen Kontext. In: Realismustheorien in Literatur, Malerei, Musik und Politik. Hg. von Reinhold Grimm und Jost Hermand. Stuttgart, Berlin, Köln, Mainz 1975, S. 68-86

Trommler, Frank: Auf dem Wege zu einer kleineren Literatur. Ästhetische Perioden und Probleme seit 1945. In: Ders.: Zeitgenössische Prosa I: Aspekte des Realismus. In: Tendenzen der deutschen Gegenwartsliteratur. Hg. von Thomas Koebner. 2., neuverfaßte Auflage. Stuttgart 1984, S. 1-106 und S. 178-214

Über Uwe Johnson. Hg. von Raimund Fellinger. Frankfurt/M. 1992

Ullmann, Anthony: Beckett and poststructuralism. Cambridge 1999

Umberto Eco: zwischen Literatur und Semiotik. Hg. von Armin Burkhardt. Braunschweig 1991

Utz, Peter: Tanz auf den Rändern. Robert Walsers Jetztzeitstil. Frankfurt/M. 1998

Vaget, Hans R.: Thomas Mann und Wagner. In: Literatur und Musik. Ein Handbuch zur Theorie und Praxis eines komparatistischen Grenzgebiets. Hg. von Steven P. Scher. Berlin 1984, S. 326-347

Venturelli, Aldo: Robert Musil und das Projekt der Moderne. Frankfurt/M. 1988

Vietta, Silvio: Die literarische Moderne. Eine problemgeschichtliche Darstellung der deutschsprachigen Literatur von Hölderlin bis Thomas Bernhard. Stuttgart 1992.

Vollmann, Rolf: Die wunderbaren Falschmünzer. Ein Roman-Verführer. 1800-1930. Frankfurt/M. 1997

Vom Ästhetizismus zum Nouveau Roman. Hg. von Peter Bürger. Frankfurt/M. 1975

Von der Stimme zum Internet. Texte aus der Geschichte der Medienanalyse. Hg. und kommentiert von Detlev Schöttker. Göttingen 1999

Wehle, Winfried: Französischer Roman der Gegenwart. Erzählstruktur und Wirklichkeit im Nouveau Roman. Berlin 1972

Weisstein, Ulrich: Heinrich Mann. In: Expressionismus als Literatur. Gesammelte Studien. Hg. von Wolfgang Rothe. Bern, München 1969, S. 609-622

Wellershoff, Dieter: Der Roman und die Erfahrbarkeit der Welt. Köln 1988

Wellershoff, Irene: Innen und Außen. Wahrnehmung und Vorstellung bei Alain Robbe-Grillet und Peter Handke. München 1980

Wellmer, Albrecht: Zur Dialektik von Moderne und Postmoderne. Vernunftkritik nach Adorno. Frankfurt/M. 1985

Welsch, Wolfgang: Einleitung. In: Wege aus der Moderne. Schlüsseltexte zur Postmoderne-Diskussion. Hg. von Wolfgang Welsch. Weinheim 1988, S. 1-43

Weltrevolution der Seele. Ein Lesebuch der Gnosis. Hg. von Peter Sloterdijk und Thomas Macho. München, Zürich 1993

Wild, Peter: Hugo Ball. Tenderenda der Phantast. Untersuchungen zu Sprache und Stil. Bonn 1979

Wilhelm Kurt: Claude Simon als Nouveau Romancier. In: Zeitschrift für französische Sprache und Literatur LXXV, 4 (1965), S. 309-352

Wilhelm, Kurt: Der Nouveau Roman. Ein Experiment der französischen Gegenwartsliteratur. Berlin 1969

Wilke, Sabine: Poetische Strukturen der Moderne. Zeitgenössische Literatur zwischen alter und neuer Mythologie. Stuttgart 1992

Wittstock, Uwe: Leselust. Wie unterhaltsam ist die neue deutsche Literatur? München 1995

Witzleben, Brigitte von: Untersuchungen von Rainer Maria Rilkes »Die Aufzeichnungen des Malte Laurids Brigge«. Studien zu den Quellen und zur Textüberlieferung. Vaasa 1996

Wolfradt, Jörg: Der Roman bin ich. Schreiben und Schrift in Kafkas *Der Verschollene*. Würzburg 1996

Wolfzettel, Friedrich: Michel Butor und der Kollektivroman. Von *Passage de Milan* zu *Degrés*. Heidelberg 1969

Zeichen in Umberto Ecos »Der Name der Rose«. Hg. von Burkhart Kroeber. München, Wien 1987

Ziegler; Heide: John Barth. London, New York 1987

Zima, Peter V.: Roman und Ideologie. Zur Sozialgeschichte des modernen Romans. München 1986

Žmegač, Victor: Döblins Poetik des Romans. In: Deutsche Romantheorien. Beiträge zu einer historischen Poetik in Deutschland. Hg. von Reinhold Grimm. Bonn 1968, S. 297-320

Zotz, Volker: André Breton. Mit Selbstzeugnissen und Bilddokumenten. Reinbek 1990

Personenregister

Sammlung Metzler